하룻밤에
읽는
세계사

하룻밤에
읽는

세계사

400만 년 전
인류의 기원부터
21세기 글로벌
사회까지

미야자키 마사카츠 지음
이영주 옮김

알에이치코리아

대학원 박사과정 시절 한 입시 학원에서 1년 남짓 한국사와 세계사를 가르친 적이 있었다. 그때는 학부부터 따져서 역사 공부를 시작한 지 8~9년은 족히 되었을 때라 나름대로 역사에 자신이 있었기 때문에 결심한 일이었다.

학생들에게 단순한 사실 나열이 아니라 혼과 재미가 담긴 역사의 세계를 펼쳐 보이겠다는 생각에서 고교를 졸업한 지 실로 오랜만에 국사와 세계사 교과서를 펼쳐 보았다. 교과서를 펼치고 그 내용을 찬찬히 살펴보는 동안 이 순진한 의욕은 깨지기 시작했다.

나를 당혹하게 만든 것은 국정인 국사나 검인정인 세계사 할 것 없이 그 내용이 난해하다는 사실이었다. 더구나 그 내용을 난해하게 만드는 주범이 무미건조한 사실의 나열이라는 사실은 나를 절망하게 했다. 당연히 그 난해한 교과서는 너무 재미없어서 역사를 전공으로 삼은 내가 보기에도 지루하고 짜증 날 정도였다.

그러나 이미 결심한 일, 시작도 안 하고 그만둘 수는 없다는 생각에 강단에 섰다. 몇 번 강의하는 동안 발견한(그렇다. 그것은 분명 발견이었다) 더욱 놀라운 사실은 학생들이 역사를 암기 과목으로 여긴다는 점이었다. 학생들은 마치 화학 공식 외우듯이 역사 사실들과 연대들을 암기하고 있었다. 'H2O=물'이라고 외우는 식으로, '청일전쟁의 결과=시모노세키조약 체결'이라고 외우는 것이었다.

나는 절망했다. 인간의 꿈과 도전, 그리고 기쁨과 눈물이 담긴 역사가 암기 과목이라니……. 이럴 수는 없는 노릇이었다.

세계사 교과서도 마찬가지였다. 한 예를 들어보자.

"단테는 신곡을 토스카나 방언으로 저술했는데, 그의 지성은 아직 중세적 신앙심을 벗어나지 못했으나, 그 내용에는 인간성에 대한 깊은 이해가 나타나 있다."

어떤 학생은 '단테'라는 항목에 밑줄을 그어놓고 '마지막 중세인'이라고 써놓았다. 그 학생에게 단테는 마지막 중세인이라고 외워야 하는 역사 공식이었던 것이다. 하긴 이런 심오한 내용을 외우지 않고 어떻게 이해할 수 있으랴.

그 시절의 경험을 토대로 나는 대중으로부터 역사를 몰아내는 주범이 국사와 세계사 교과서이며 학생들은 중·고교에서의 역사 시간을 통해 역사에 대한 정을 확실히 뗀다는 사실을 알 수 있었다. 그 시절의 경험은 나에게 역사 대중화를 운동으로 삼겠다는 신념을 주었다. 인간들이 기쁨과 눈물이 담긴 생동하는 역사가 어찌 암기 과목이 될 수 있겠는가? 그때의 낭패감은 나로 하여금 많은 반성을 요구했다. 이런 반성이 그간 《우리 역사의 수수께끼》, 《당쟁으로 보는 조선역사》, 《사도세자가 꿈꾼 나라》 같은 인문 분야에서는 꽤 알려진 역사책을 쓰게 한 동기였다.

그러나 대중에게 쉽게 접근할 수 있는 이런 역사책을 쓰면서도 늘 채워지지 않는 갈등이 있었다. 그것은 '역사의 전체상을 한 권의 책에 담을 수는 없을까'라는 질문에서 시작되었다. 일단 한 권에 담으면 그토록 나를 절망케 했던 현행 국사, 세계사 교과서처럼 재미없을 뿐만 아니라 혼도 뼈도 없는 사실 나열의 또 다른 암기 책이 되지 않을까 하는 우려가 나를 갈등하게 만들었던 것이다.

그러던 중 바로 이 책《하룻밤에 읽는 세계사》의 원고를 보고는 무릎을 치며 감탄했다. 바로 이런 책이었다. 한 권으로 선사시대부터 현대에 이르는 인류의 전 시기를 서술하면서도 전혀 지루하지 않았다. 고대부터 현대까지 시기순으로 서술했으므로 굳이 역사 서술 방식을 따진다면 편년체 서술 방식이지만 이를 단순한 시기순 나열이 아니라 주제별로 분류해 기사본말체 방식을 취한, 굳이 이름을 붙이자면 편년체적 기사본말체 서술 방식을 택한 점이 이를 가능하게 한 키워드로 내게는 받아들여졌다. 편년체 서술 방식의 가장 큰 단점인 무미건조성과 기사본말체 서술 방식의 가장 큰 단점인 복잡성을 절묘하게 피해 나가면서 전체성과 재미라는 두 마리 토끼를 잡은 것이었다.

내용이 부실한 것도 아니었다. 한 권의 책에 전체 시기를 서술하려는 욕심은 자칫 부실하고 딱딱한 글로 나타나기 쉬운 법이다. 이런 어려움을 극복하게 해준 비결은 바로 수많은 도표와 지도, 그림에 있었다. 원고지 수십 매가 설명해야 할 내용을 한 장의 도표와 지도, 그림이 충분히 설명하고 있었다. 주제마다 지도나 그림, 도표가 있어서 마치 한 폭의 그림에 대한 재미있는 설명을 듣듯이 읽고 나면 그 복잡한 내용들이 단순하게 정리되어 머릿속에 들어오는 것이었다.

《하룻밤에 읽는 세계사》란 제목을 자신 있게 붙인 이유를 알 수 있을 것 같았다. 하룻밤은 짧다는 뜻으로 흔히 쓰이지만 사실상 하룻밤을 책으로 붙잡아놓기란 쉬운 일이 아니다. 하룻밤에 만리장성을 쌓는다는 말도 있듯이 하룻밤은 경우에 따라서는 기나긴 시간일 수도 있다. 실제로 수면제 역할을 하는 책들이 수두룩한 세상에서 하룻밤을 꼬박 새울 수 있는 책이란 쉽지 않은 법이다. 그만한 자신감이 없으면 감히《하룻밤에 읽는 세계사》란 제목을 붙이지는 못했을 것이다. 바꾸어 말하면 그만한 자신감이 있기 때문에《하룻밤에 읽는 세계사》란 제목을 붙인 것이다. 이 책은 그런 이름을 가질 충분한 자격이 있다.

이 책을 붙잡고 하룻밤만 여행을 떠나면 중·고교 시절 마치 고문을 당하듯 외웠던 역사 공식들이 재미있는 인간의 이야기로 살아 다가오는 경험을 할 수 있을 것이다. 이 책은 한마디로 역사의 세계가 얼마나 재미있을 수 있는가에 대한 길잡이 구실을 하는 책이다. 이 책을 길잡이 삼아 역사의 세계로 여행을 떠나보자.

한가람역사문화연구소 소장
천고(遷固) 이덕일

요즘 세계정세를 보면 인류 사회가 끊임없는 다툼 속에서 미지의 차원을 향해 움직이고 있음을 실감합니다. 지구온난화와 글로벌화, 정보혁명, 도시화, 중국·인도·중동 지역의 복권, 지역 분쟁의 격화 등 새로운 움직임이 끊임없이 일어나고 있습니다. 바야흐로 19세기적 세계 질서가 무너지고 '글로벌 혁명'의 시대를 향해 나아가고 있는 것입니다.

세계 트렌드가 크게 바뀌는 가운데 우리의 일상생활도 '변화'를 요구받고 있습니다. 글로벌화와 생활의 토대가 바뀌는 상황에 맞추어 우리의 안목과 사고방식도 다각적으로 넓어져야 합니다. 사물을 생각하는 토대를 '우리나라'에서 벗어나 전 세계로 옮기고 다양한 사고와 판단의 축을 가지도록 요구받고 있는 것입니다.

"뛰어난 정치가, 재계 인물은 뛰어난 역사가이다"라는 말이 있습니다. 이 말은 트렌드를 적확하게 읽는 것이 얼마나 중요한가를 뜻합니다. 트렌드를 파악하기 위해서는 현 세계가 어떻게 성립되었는지 판단할 필요가 있습니다. 이 책은 여기에 큰 도움을 주는 파트너가 될 것입니다.

이 책은 세계사를 ① 여러 지역 세계가 서로 다투는 시대 ② 유라시아 세계가 일체화하는 시대 ③ 대서양 세계에서 자본주의 시스템이 형성되는 시대 ④ 유럽이 여러 지역을 정복하는 19세기적 질서의 시대 ⑤ 글로벌 혁명의 시대, 이렇게 다섯 가지 주제로 나누었습니다. 유럽과 중국을 중심으로 하지 않고 인류 사회의 움직임을 전체적으로 파악할 수 있도록 고려한 결과입니다. 그리고 바쁜 생활 가운데 어떤 부분을 펼쳐 읽어도 내용이 한눈에 들어오도록 소주제마다 두 쪽 내외로 정리했습니다. 일러스트와 지도 등도 함께 넣어 더욱 이해하기 쉽도록 했습니다.

이 책의 초판이 발행된 것은 나가노 올림픽이 개최된 1998년입니다. 다행히 많은 사랑을 받아 번역까지 되었고, 지금은 한국, 대만, 홍콩 등지에도 독자가 생겼습니다. 개정증보판을 내게 된 것도 독자 여러분 덕입니다. 깊은 감사를 드립니다.

개정증보판에서는 책 서두에 세계사의 큰 흐름을 한눈에 볼 수 있게 정리한 페이지를 마련해 먼저 큰 틀을 제대로 파악할 수 있도록 했습니다. 《하룻밤에 읽는 세계사》로 역사 공부를 즐겁게 할 수 있다면 더 바랄 게 없겠습니다.

개정 작업에 함께 수고해 준 출판사 편집부 여러분께 감사드립니다.

2008년 10월

미야자키 마사카츠

'역사는 미래와의 대화'라는 말이 있습니다. 우리들은 마라톤 계주에 참가한 선수처럼 '이전 세대'에게 바통을 넘겨받아 '일상생활'이라는 현실을 살다가 '다음 세대'에게 넘겨줍니다.

언뜻 단조로워 보일지도 모르지만 인류의 역사가 응축된 우리들의 일상생활은 사실 상당히 복잡합니다. 인류의 역사란 꽉 찬 통조림과도 같아서 일정한 방향성을 지니고 있으며 '미래'에 대한 열쇠도 그 안에 숨어 있기 때문입니다. 요컨대 교묘히 숨어 있는 그 열쇠를 찾을 수 있느냐 없느냐가 중요한 문제라고 하겠지요.

1970년대 이후 세계의 구도는 크게 변했습니다. 여러 국가들을 모아 놓기만 한 기존의 세계사로는 현실 세계의 움직임을 제대로 설명하기가 어려워지면서, 시대별로 인류의 움직임 전체를 시야에 넣는 '동시대적 견해'가 중요해졌습니다. 이 책은 그러한 구도를 적극적으로 도입하여 세계사의 다이나미즘(dynamism)과 인류 사회의 확대 과정을 그리기 위해 새로운 장 구성을 시도해 보았습니다.

　세계사를 흥미롭고 간결하며 알기 쉽게 기술한다는 것은 매우 어렵고, 많은 시간을 필요로 하는 작업이었습니다. 그래서 처음 이 책의 집필을 의뢰받았을 때는 다소 주저하기도 했습니다. 그러나 주위 사람들과 의논하면서, 세계사의 전체상을 간결하게 그려내는 작업에 도전해 보는 것도 재미있겠다는 생각이 들었습니다. 서로 모순되는 세 가지 요소를 한정된 공간 안에 표현하는 이번 도전의 결과는 독자 여러분의 판단에 맡길 수밖에 없겠지요.

　이 책은 세계사를 개관하는 데 필요한 최소한의 사항만을 엄선하고 간략하게 정리해 독자들이 재미있게 읽을 수 있도록 했습니다. 내용을 정리하고 이해를 돕기 위해 지도, 약도, 흐름도 많이 첨부했습니다. 이 책이 세계사의 간결하고 명확한 이미지를 떠올리는 데 도움이 된다면 저자로서 매우 기쁘겠습니다.

　끝으로 편집 과정에서 많은 도움을 주신 일본실업출판사의 야스무라 준 씨에게 감사의 마음을 전합니다. 그분이 적극적으로 협력해 주지 않으셨다면 이 책은 아마 빛을 보지 못했을 것입니다.

1998년 7월

미야자키 마사카츠

◆ 차 례 ◆

3부 하나로 연결되는 유라시아 세계

6장 변동하는 동아시아

5부 유럽이 세계를 제패한 시대

11장 국민국가의 출현

12장 미국의 독립

15장 제2차세계대전과 세계의 변모

GREENLAND
(Denmark)
ICELAND
STATES
CANADA
UNITED STATES
North Atlantic Ocean
MEXICO
MAURITANIA
GUINEA
VENEZUELA
COLOMBIA
PERU
Pacific Ocean
BRAZIL
BOLIVIA
CHILE
ARGENTINA
South Atlantic
N
NE
E
S

세계사
흐름 잡기

인류의 5,000년 역사를 움직인 '엔진'

문명이 성립된 이후 세계사는 크게 넷으로 나눌 수 있다. ① 유라시아의 대건조지대가 역사를 움직인 시대 ② 대서양 세계가 역사를 움직인 시대 ③ 19세기 유럽이 패권을 잡았던 시대 ④ 20세기 후반 이후 미국이 패권을 가진 시대. 각각의 중심 지역이 세계사를 움직이던 '엔진'이었다.

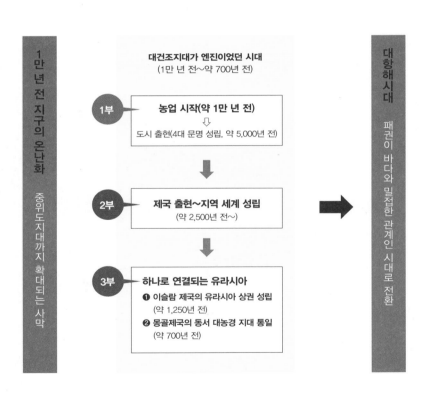

①에서 ②로는 '대항해시대'에 의해, ②에서 ③으로는 '산업혁명과 교통혁명'에 의해, 그리고 ③에서 ④로는 '두 번의 세계대전'에 의해 전환되었다. 현재 세계는 과도기를 거치고 있으며 다음 시대를 움직일 엔진이 어디가 될지는 아직 명확하지 않다.

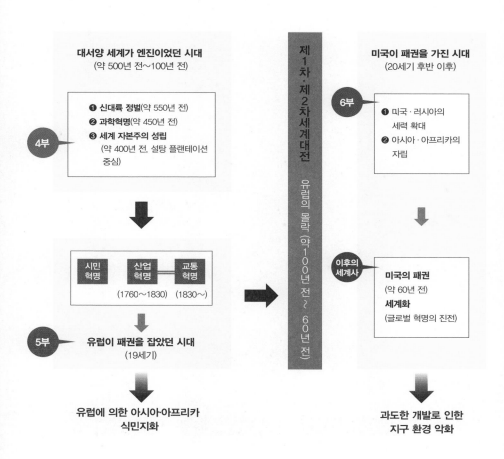

최초로 탄생한 4개의 세계

4대 문명과 대제국의 성립

5,000년 전, 광활한 사막 주변의 건조 지대를 흐르는 큰 강 유역이 관개(灌漑)를 통해 대규모로 개발되는 가운데 '도시'가 만들어지고 세계사의 '핵'이 되는 이집트, 메소포타미아, 인더스, 황허 등 4대 문명이 출현했다. 인류 최초의 '엔진 지역'이다.
이후 2,500년 전부터 2,000년 전에 걸쳐 지난 4대 문명을 토대로 아케메네스왕조,

▶ 선사시대 세계

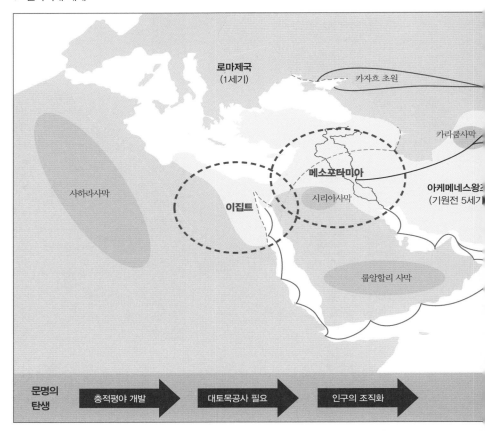

로마제국, 마우리아왕조, 진 제국 등 거대 제국이 세워지고, 공통된 문자, 종교, 법을 가진 '여러 지역 세계'가 형성되었다.

유라시아에는 농경 지대 북쪽에 동서로 이어지는 사막지대, 그 북쪽으로 띠 모양의 대초원이 펼쳐져 있었다. 이들 거대 제국은 남쪽의 바닷길, 북쪽의 실크로드, 초원길을 통한 교역으로 유지되었다.

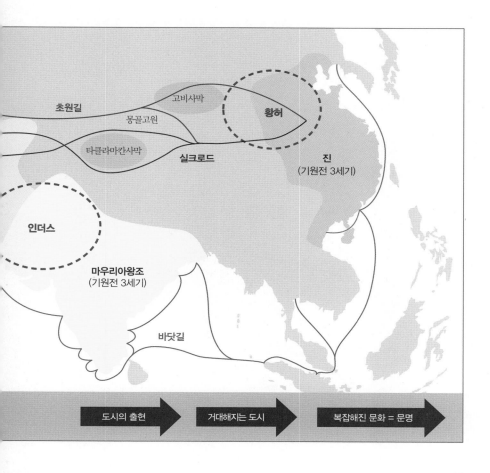

줄지어 나타나는 거대 제국과 유목민

로마의 평화와 한(漢) 시대

지중해를 내해로 유라시아 서부에 세워진 로마제국은 '로마의 평화'라 일컬어지는
전성기를 맞았고, 바닷길을 통해 인도 남부 안드라왕조와 향신료 무역을 활발하게
이루었다. 남아시아에서는 이란계 유목민인 파르티아가 로마제국과 맞서는 한편 로
마와 후한 사이를 잇는 실크로드 교역의 중심이 되었다.

인도에서는 벵골만 주변 및 동남아시아와의 교역이 활발해지고, 동남아시아가 인도
세계의 영향 아래 놓이게 되었다.

동아시아에서는 후한이 전한의 뒤를 이어 중화 제국이 되었지만 호족이 출현하자
황제의 힘은 약해졌다.

2세기 후반에는 로마 5현제의 마지막 황제, 마르쿠스 아우렐리우스의 사절이 후한
의 지배 아래 있던 일남(日南, 베트남 중부)에 이르렀다.

▶ 기원후 1~2세기 세계

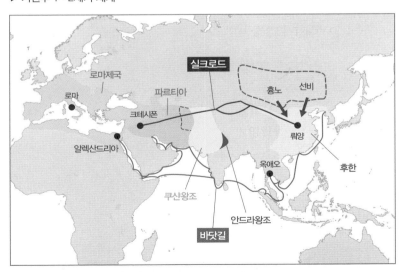

유라시아 대혼란의 시대

5~6세기는 각지의 거대 제국이 내정 문제로 혼란스러워진 가운데 지구의 기온이 낮아지면서 북쪽 유목민의 활동이 활발해졌다. 유라시아 서부의 로마제국은 375년 시작된 게르만족의 대이동으로 갈리아 지방부터 혼란에 빠졌다. 395년에는 동·서 로마제국으로 분열되었고, 476년에는 서로마제국이 멸망한다.

유라시아 동부에서는 4세기 초 8명의 왕의 난을 계기로 5호라 불리는 기마 유목민이 황허 중류 지역을 점령하며 동아시아 규모의 민족 이동이 시작되었다. 유라시아 중앙부에서는 5세기 이후 유목 민족 에프탈이 남쪽으로 이동하기 시작했다. 인도는 6세기 중엽 굽타왕조가 멸망하면서 혼란스러워졌다. 6세기 후반 들어 비잔틴제국과 사산조페르시아 간 사투가 되풀이되면서 양 제국의 세력은 급격하게 약해졌다.

▶ 5~6세기 세계

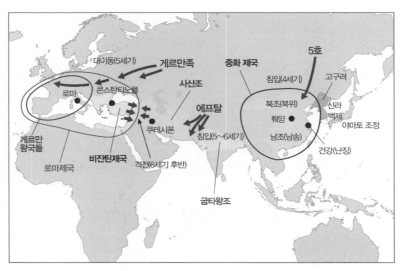

이슬람 상권 시대에서 몽골제국 시대로

이슬람 대상권(大商圈)이 엔진이었던 시대

7~8세기 동안 이슬람 교단이 이끄는 아라비아반도의 아랍 유목민은 정복 운동을 대대적으로 벌여 3대륙에 걸친 대제국을 건설했다. 바그다드를 수도로 하는 아바스 왕조는 제국의 넓은 영토를 바탕으로 지중해, 아라비아해, 남지나해의 바닷길, 실크 로드, 초원길을 잇는 대상권을 구축하고 세계사를 이끌어갔다. 북유럽의 바이킹, 사하라사막 남쪽의 흑인들도 이 대상권에 흡수되었다. 이 시대는 '팍스 이슬라미카(이슬람의 평화)' 시대라고도 불린다.

지중해에서 후퇴한 그리스도교 세계에서는 800년 카를대제가 교황 레온 3세에게 왕관을 받고 서로마제국의 황제에 오르며 서유럽 세계가 열렸다.

번영을 구가하던 당나라는 안사의 난(755~763) 이후 분열하기 시작했다. 인도는 7세기 중엽 바르다나왕조가 멸망하면서 정세가 어지러워졌다.

▶ 8~9세기 세계

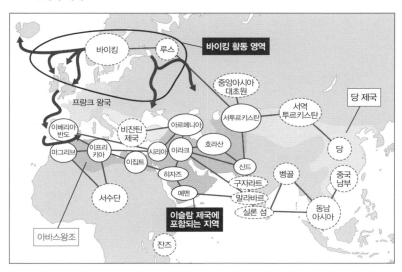

몽골제국이 엔진이었던 시대

13세기부터 14세기는 몽골고원의 기마 유목민이 중앙아시아의 대초원을 중심으로 유라시아 전 지역의 대규모 농경 지대를 정복하고 대제국을 건설, 유라시아 각지에 지대한 영향을 끼친 시대였다. 대도(현 베이징), 소그드 지방, 볼가강, 헝가리 평원이 농경 지대로 침입하는 입구 역할을 했다. 몽골인이 엔진이 된 이 시대는 '팍스 몽골리카(몽골의 평화)' 시대라 불린다.

원 제국의 대도와 일한국의 타브리즈가 몽골제국의 2대 중심 도시였으며 이슬람 세계의 중심 도시는 이집트의 카이로로 옮겨졌다.

▶ 13~14세기 세계

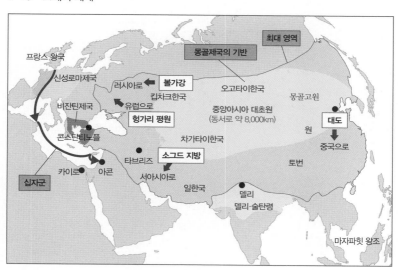

대항해시대와 팽창하는 유럽

대서양 세계가 유럽 성장의 엔진이었던 시대

16세기는 포르투갈과 스페인이 종횡으로 대서양 항로를 개척하면서 유럽 세계가
광활한 바다 네트워크를 지배한 시대였다. 콜럼버스가 신대륙을 발견하고 항해가
쉬워지면서 아스테카왕국, 잉카제국이 차례로 멸망했다. 한편 유럽 사람들이 전염
시킨 천연두 등의 역병에 면역력이 없었던 원주민들은 속절없이 죽어나갔다.

페루의 포토시, 멕시코의 사카테카스에서 대규모 은산(銀山)이 발견되어 값싼 은이
대량으로 유럽에 흘러들어갔다. 이는 유럽에 '가격혁명'을 일으키며 유럽 경제를 크
게 성장시켰다.

아시아에서는 3대륙에 걸친 오스만제국이 전성기를 맞았고, 인도에서는 무굴제국,
중국에서는 명나라가 세력을 떨쳤다.

▶ 16세기 세계

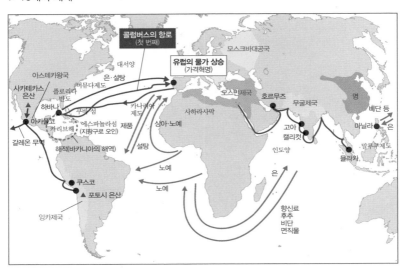

대서양 세계가 세계 자본주의를 이끌어간 시대

18세기는 패권을 잡은 영국이 대서양 세계를 이끌어간 시대였다. 북아메리카에서도 13개의 식민지를 세운 영국이 7년 전쟁에서 프랑스를 무찌르고 지배 체제를 굳혔다. 이 시대에는 영국과 프랑스가 카리브해에서 대규모로 설탕을 생산하면서, 노예, 노예 식량, 수공업 제품의 삼각무역이 활발했다. 대규모 설탕 생산은 세계 자본주의를 성장시키는 엔진이 되었다. 영국 동인도회사가 인도에서 들여온 면직물은 대서양 세계의 대히트 상품이 되었고, 영국이 면직물의 국산화를 꾀하는 과정에서 '산업혁명'이 일어났다.

아시아에서는 오스만제국과 무굴제국이 번영기를 지나고, 중국에는 명나라 대신 청나라가 들어섰다. 러시아는 광활한 페르시아를 정복하고 유라시아의 대국이 되었다.

▶ 18세기 세계

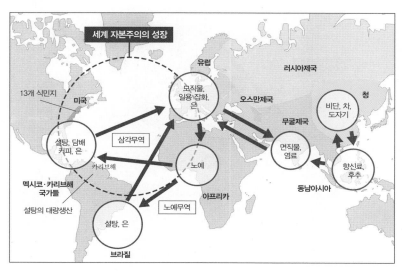

유럽이 세계를 장악한 시대

국민국가의 성립과 증가

현재 세계는 190개가 넘는 국민국가로 이루어져 있는데, 1773년에 일어난 '보스턴 차사건'이 국민국가 형성의 계기가 되었다.

식민지인 미국과 본국인 영국의 전투에서 독립 전쟁이 발발했고, 이 전쟁에서 승리한 미국에는 국왕이 없는 국가가 세워졌다. 몇 년 뒤 프랑스혁명이 일어나 프랑스에도 국민국가가 탄생했다. 이것이 1810~1820년대 라틴아메리카 국가들의 독립으로 이어졌다. 이처럼 국민국가 체제는 대서양 세계에서 먼저 이루어졌다.

19세기 후반에는 이탈리아, 일본, 독일에도 국민국가가 형성된다. 20세기에 일어난 두 번의 세계대전으로 유럽의 식민지 체제가 무너지자 구 식민지에도 잇따라 국민국가가 세워지면서 국민국가 체제는 전 세계로 번졌다.

▶ 18~20세기에 확대되는 국민국가

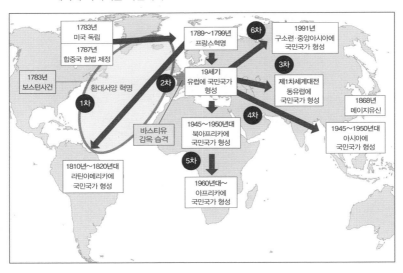

유럽이 아시아·아프리카를 식민지로

산업혁명과 세계 규모의 철도망 건설, 증기선 항로 개척, 기관총과 대포 등의 무기 개발로 힘을 얻은 유럽 국가들은 영국을 필두로 아시아·아프리카에 식민지를 확보하는 데 매진했다. 그렇게 유럽 중심의 19세기적 세계 질서가 완성된다.

그러나 19세기 말 철강, 전력, 내연기관 등이 개발되어 산업구조가 바뀌자(제2차산업혁명), 노동력이 싼 독일과 미국이 급속한 경제 성장을 이루었다. 그들은 영국을 제치고 세계 질서를 재편했다.

특히 독일이 해군력을 강화해 새로운 세계정책을 실현하려고 하면서 영국과의 마찰이 심해졌다. 이제 세계사는 두 번의 세계대전을 향해 움직이기 시작한다.

▶ 19세기 후반 세계

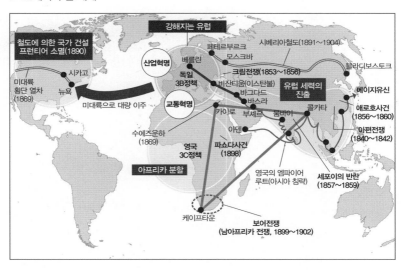

두 번의 세계대전으로 몰락하는 유럽

미국의 대두

20세기 전반에만 약 20년의 간격을 두고 두 번의 세계대전을 치른 결과, 유럽 국가들이 몰락하고 19세기적 세계 질서가 무너졌다. 전쟁터 대신 세계의 무기 공장, 식량 공장이 되었던 미국이 세계사의 엔진 자리를 차지했고, 전쟁으로 큰 타격을 입은

▶ 20세기 전반 세계

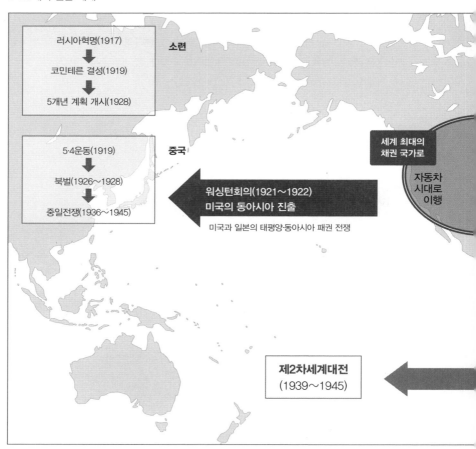

러시아혁명(1917)
⬇
코민테른 결성(1919)
⬇
5개년 계획 개시(1928)

소련

5·4운동(1919)
⬇
북벌(1926~1928)
⬇
중일전쟁(1936~1945)

중국

워싱턴회의(1921~1922)
미국의 동아시아 진출

미국과 일본의 태평양·동아시아 패권 전쟁

세계 최대의
채권 국가로

자동차
시대로
이행

제2차세계대전
(1939~1945)

러시아에서는 혁명이 일어나 사회주의 정부가 수립되었다.
제2차세계대전 후 45년간 미국과 소련의 냉전이 이어지는데, 20세기 말 소련의 내부 붕괴로 냉전은 끝이 났다.

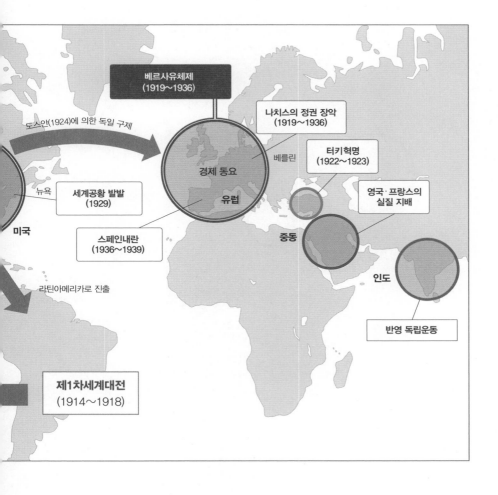

베르사유체제
(1919~1936)

나치스의 정권 장악
(1919~1936)

도스안(1924)에 의한 독일 구제

터키혁명
(1922~1923)

베를린

세계공황 발발
(1929)

경제 동요

영국·프랑스의
실질 지배

뉴욕

유럽

미국

스페인내란
(1936~1939)

중동

인도

라틴아메리카로 진출

반영 독립운동

제1차세계대전
(1914~1918)

글로벌 혁명 시대

세계 규모의 격변 시대

19세기적 질서가 무너진 20세기 후반에는 냉전이 계속되는 한편, 구 식민지의 민족 독립운동이 아시아에서 아프리카로 확대되어 식민지 지배 체제가 무너졌다.
1970년대에는 컴퓨터가 보급되면서 정보혁명이 시작되어 정보 전달과 수송 비용이

▶ 20세기 후반 세계(동서 대립)

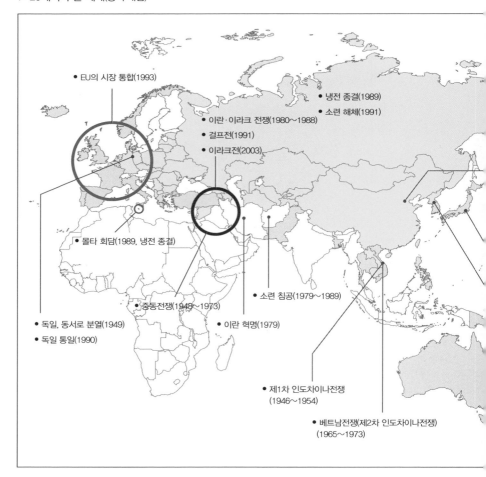

- EU의 시장 통합(1993)
- 냉전 종결(1989)
- 소련 해체(1991)
- 이란·이라크 전쟁(1980~1988)
- 걸프전(1991)
- 이라크전(2003)
- 몰타 회담(1989, 냉전 종결)
- 독일, 동서로 분열(1949)
- 독일 통일(1990)
- 중동전쟁(1948~1973)
- 이란 혁명(1979)
- 소련 침공(1979~1989)
- 제1차 인도차이나전쟁 (1946~1954)
- 베트남전쟁(제2차 인도차이나전쟁) (1965~1973)

크게 낮아졌고, 돈·사람·물건이 세계 규모로 교류되었다.
은행·기업의 세계화가 진전되는 가운데, 브릭스(BRICs)가 대두하는 등, 세계는 격변
기에 들어서고 있다.

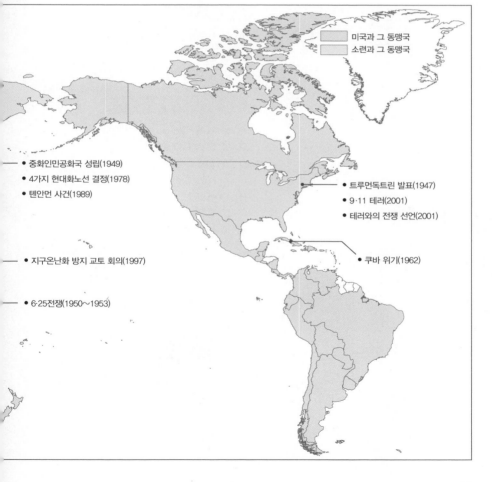

미국과 그 동맹국
소련과 그 동맹국

● 중화인민공화국 성립(1949)
● 4가지 현대화노선 결정(1978)
● 톈안먼 사건(1989)

● 트루먼독트린 발표(1947)
● 9·11 테러(2001)
● 테러와의 전쟁 선언(2001)

● 지구온난화 방지 교토 회의(1997)

● 쿠바 위기(1962)

● 6·25전쟁(1950~1953)

세계는 끊임없이 확대되어 왔다

이동 수단의 진화로 넓어지는 세계

'World'라는 단어의 본래 의미는 '인간의 일생' 또는 '생활의 장'이다. 직립보행으로 생활의 장을 구축해 온 인류는 5,000년 전 문명이 형성된 이래 급격하게 World를 확대해 왔다. 그리고 현재 세계화가 진행 중이다. 이제 넓어진 World의 형성 과정을 살펴보자.

세계 제국의 형성

2,500년 전부터 2,000년 전

(대도로, 수로망이
많은 보행권을 연결한다)

유라시아 규모의 제국 형성

유라시아의 일체화
1,200년 전부터 600년 전

1차 - 이슬람 제국과 대상권
          (낙타와 범선에 의해 형성)
2차 - 몽골제국
          (말에 의해 형성, 초원길과
           바닷길을 연결한다)

농업혁명

약 1만 년 전

(직립보행으로
World가 만들어진다)

도시혁명

하천문명의 탄생
약 5,000년 전

(보행과 낙타, 말,
범선 등이 결합된다)

말 · 낙타 ·
범선 World

보행 World

자동차 · 제트기 · 대형 선박 World

철도 · 증기선 World

정보혁명 · 하이테크

세계화 진행
40년 전

- 제트 항공기망, 자동차 보급, 콘테이너 수송과 선박의 대규모화, 철도의 고속화
- 인터넷, TV 등 정보 전달의 고속화 · 세계화
- 콜드 체인에 의한 식량 공급의 세계 규모화
- 환경 문제의 심각화

선박 World

산업혁명

강하고 거대해진 유럽이 아시아, 아프리카를 정복
약 150년 전

- 유럽 주도로 세계 규모의 철도망, 증기선망 건설

대서양 세계 형성

지구의 풍향 발견과 범선의 진보
500년 전 '대항해시대 이후

- 대서양 주변에 유럽 주도의 세계 형성
- 설탕 생산을 중심으로 자본주의 경제 형성
- 미국독립전쟁, 프랑스혁명을 계기로 국민국가 탄생

세계사 간략 연표

세계의 역사를 압축해서 본다

지구는 여러 '지역'으로 나뉘어 있다. 세계사는 그러한 지구에서 각각의 민족, 인종의 사람들이 영위해 온 생활과 분쟁의 연속이었다.

여기서는 다양한 지역의 움직임을 한눈에 알 수 있도록 유럽과 아시아, 서아시아 등

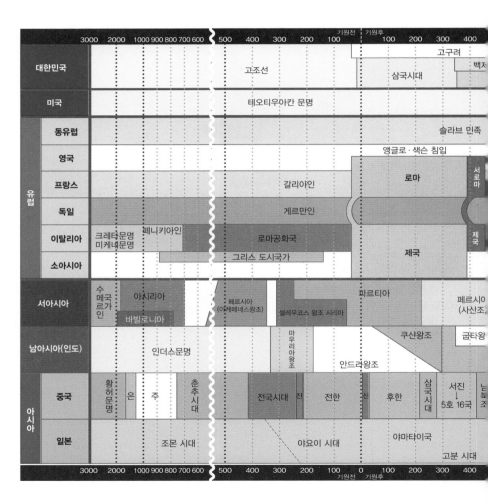

이 어떻게 변천해 왔는지 간략한 연표로 소개했다.

요점만 추린 것이지만 우리 역사와 비교해 봄으로써 세계사의 흐름을 느꼈으면 한다.

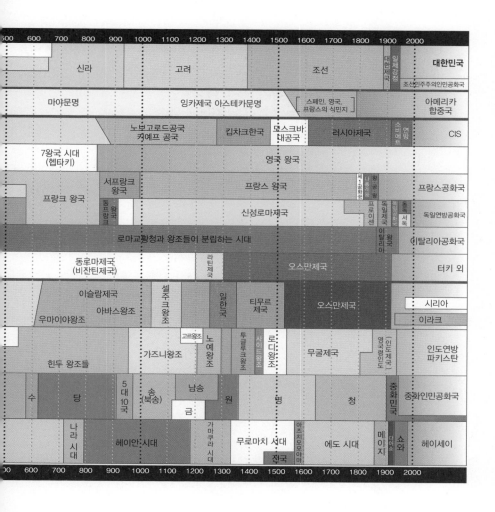

1부

세계 역사의
시작

▶ 인류의 탄생부터 현재까지

호모사피엔스는 4만 년 전에 출현했다

인류 최초의 선조는 에티오피아에서 화석 인골이 발견된 약 400만 년 전 여성으로 알려져 있다. 이 인골의 신장은 약 120센티미터, 체중은 약 26킬로그램에 불과했다.

400만 년 전은 빙하기가 아직 지구를 덮치기 전으로 그 후 빙하는 네 번에 걸쳐 얼었다 녹기를 반복했다. 혹독한 자연환경과 싸우면서 인류는 고향인 아프리카에서 천천히 각지로 흩어져 나와 도구와 불과 의복을 이용해 살아남았다. 인류는 400만 년이라는 길고 긴 여행을 해온 것이다.

약 50만 년 전에 출현한 원인(原人)과 약 20만 년 전에 출현한 구인(舊人)을 거쳐 약 4만 년 전에는 우리들의 직접적인 선조인 호모사피엔스가 나타났다. 그 후 3만 년에 걸쳐 인류는 세계 전역으로 퍼져나갔다.

사막의 확대로 농업을 시작하다

2만 년 전 지구는 표면의 약 4분의 1이 빙하로 덮여 있었으며 적도 이

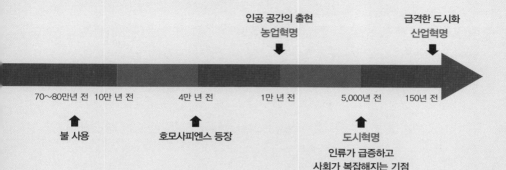

인공 공간의 출현
농업혁명

급격한 도시화
산업혁명

70~80만년 전 10만 년 전   4만 년 전   1만 년 전   5,000년 전   150년 전

불 사용   호모사피엔스 등장   도시혁명
                                                    인류가 급증하고
                                                    사회가 복잡해지는 기점

외의 지역은 기온이 현재보다 15도나 낮았다. 그리고 약 1만 년 전 마지막 빙하기가 끝나면서 해수면이 높아졌고, 이로 인해 광대한 토지가 물에 잠겼다.

　대지가 메말라버려 많은 사람들이 먹고살 식량을 얻기 어려워진 건조지역에서는 혹독한 환경에 맞서 농업과 목축을 시작했다. 농작물은 지금까지도 인류의 생명줄이다. 농업이 없었더라면 오늘날 인류 사회는 존재하지 못했을 것이다. 농업은 인류 최대의 '발명' 중 하나이다.

　농업은 숲이나 평원을 태워서 농지를 만들면서 시작되었다. 곡물을 재배하기 위한 '밭'은 다른 모든 생물을 쫓아내고 인간이 관리하는 인공적인 공간이다. 그 후 1만 년 동안 인류는 끊임없이 지형을 바꾸고 밭을 넓혀갔다.

밭을 넓히기 위해 도시를 세우다

　농업의 시작과 더불어 인구가 점점 늘어남에 따라 새로운 밭이 더 필요해졌다. 그러나 더 이상 밭으로 개간할 땅이 남지 않자, 이전에는 전혀 이용할 수 없을 것 같던 메마른 토지까지도 밭으로 가꾸지 않으면 생활이 불가능했다. 그래서 수로를 파고 제방을 쌓고 저수지를 만드는 등의 관계 공사가 시작되었다. 이런 일에는 금속기같이 발달된 도구와 많은 사람들의 공동 작업이 필요했다. 다수의 노동자를 모은 사람들은 시간이 지나면서 신전과 성채 등을 중심으로 특별한 장소를 만들어 생활했다. 이것이 바로 '도시'이다.

현재 밝혀진 가장 오래된 도시는 요르단강 유역의 예리코로 약 1만 년 전에 세워졌다. 약 5,000년 전에는 서아시아 지역에서 도시가 일반화되었다. 그 후 도시는 주변 부락을 흡수하면서 도시국가로 발전했고, 중심 도시와 주변 부락은 밀접하게 연결되어 복잡한 사회를 만들었다.

문자를 비롯해 도시에서 만들어진 복잡한 문화를 '문명'이라고 한다. 도시가 출현한 이후 현재까지의 5,000년 역사는 도시와 문명이 확대되고 보급된 역사이다. 지금도 도시는 급격한 팽창을 계속하고 있다.

1장

농업혁명과
도시혁명

400만 년 전: **인류의 기원**

아프리카에서 전 세계로 퍼져나간 인류

인류의 어머니, 루시

46억 년 전에 탄생한 지구에 최초의 생명체가 출현한 것은 30여억 년 전이다. 그 후 많은 생명체가 지표에 활기를 불어넣었다. 그렇다면 인류는 과연 언제쯤 등장한 것일까?

현재 가장 오래된 것으로 추정되는 '사람'의 선조는 1974년 에티오피아 북부에서 발견되어 '루시'라고 이름 붙여진 화석 인골과 같은 유의 아파르 원인(Afar 猿人)이다. 이 화석 인골은 약 400만 년 전의 것이라 한다(루시는 조사대가 즐겨 부른 비틀즈의 ⟨Lucy in the sky with diamonds⟩

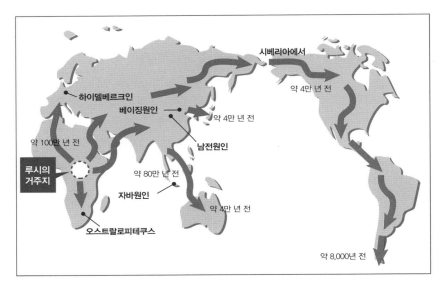

▶ 인류의 이동 경로(추정)

에서 따온 이름으로, 가장 온전한 형태로 출토된 여성 골이다).

지구가 건조해지면서 숲에서 초원으로 나온 신장 120센티미터 전후의 그들은 직립해 두 다리로 걸었고 자유로워진 앞발(손)을 사용해 간단한 도구(역석기[礫石器])를 만들었다.

현재의 인류는 아프리카에 출현한 이 그룹(오스트랄로피테쿠스)이 세계 각지로 퍼져나간 것이라는 설이 유력하다.

인간의 신체에 담긴 400만 년 역사

도구와 불을 사용하게 된 인간은 환경에 적응하는 능력이 비약적으로 발달해 활동 범위를 넓혀갔다. 또한 뇌 용적이 3배(1,500cc)로 늘어나 복잡한 언어와 사회를 만들었고, 지구 구석구석으로 서식지를 넓혔다.

긴꼬리원숭이   인간 유아   인간 어른

▶ 원숭이와 인간의 엄지 방향

인간의 신체는 진화의 역사를 보여준다. 예를 들어 엄지는 다른 손가락에 비해 거의 직각으로 붙어 있다. 이 '엄지의 맞섬'이 정교한 도구의 제작과 사용을 가능하게 했으며, 안쪽이 벌어진 치열은 복잡한 발음을 가능하게 했다. 길고 긴 세월 동안 일어난 신체의 변화가 '인간'을 만들어낸 것이다. 실제로 성장한 사람의 대뇌피질 대부분은 손과 입으로 연결되어 있다. 이 사실은 도구와 언어가 인류 진화에 큰 관계가 있음을 나타낸다.

마지막 빙하기가 한창이었던 약 4만 년 전부터 현재에 이르기까지 호모사피엔스(지혜 있는 자)라는 학명을 지닌 '사람'이 여러 인종으로 나뉘면서 지구 전체로 퍼져갔다.

현대인은 모두 이브의 후손?

지금까지는 인류가 아프리카에서 처음 출현해 각지로 퍼져나가 진화를 거듭한 끝에 다수의 호모사피엔스가 되었다는 설이 일반적이었다. 그러나 1987년, 캘리포니아대학교 학자가 다수의 인류 세포에서 미토콘드리아 DNA를 추출해 조사한 끝에, 20만 년 전 아프리카에 살았던 한 여성('이브'라고 명명)이 모든 호모사피엔스의 어머니라는 가설을 세웠다. 이처럼 사람의 뿌리 찾기는 빠르게 구체화되고 있다.

기원전 7000년경: **농업혁명**

인류의 역사를 바꾼 '농업'

밭의 출현으로 바뀐 생활

인류는 400만 년에 이르는 역사에서 99.99퍼센트 이상의 기간을 수렵과 어로, 채집을 중심으로 생활했다. 그 무렵 인구는 매우 적었고, 사람은 각자 생활환경에 맞는 식량을 모아 안정적인 생활을 영위했다.

그런데 약 1만 년 전 빙하기가 끝난 후 기후가 따뜻해지고 건조해지면서 대지가 메말라 사냥과 식물 채집만으로는 생활할 수 없는 지역이 생겼다. 이런 지역의 사람들은 숲과 들판을 불태워 밭으로 만들고 주위에서 자라는 야생 보리와 조 같은 특정 작물(곡물)을 재배했다. 즉 농업이 시작된 것이다. 농업으로 좁은 공간에서 많은 수확을 할 수 있게 되자 인구수가 크게 증가했다. 생활의 위기에 직면해 있던 건조지역은 자연에 둘러싸인 밭으로 바뀌면서 단번에 인류사를 주도하게 된다.

라틴어로 '경작하는 것(cultura)'이 '문화(culture)'의 어원이라는 점에서 알 수 있듯이, 밭의 확대는 인류사를 크게 바꾸어놓았다. 이는 동시에 있는 그대로의 자연이 훼손되는 역사의 시작이기도 했다. '개발'의 시대가 열린 것이다.

대지의 여신과 곡물의 신

본래 자연에서 수렵과 식물 채집을 하던 사회에서는 식량을 신(자연)에게서 받는 것이라고 믿었다. 따라서 그들의 신앙은 자연을 식량을 주는 신으로 여기고 숭배하는 애니미즘(자연 숭배)이다. 그러나 농경이 시

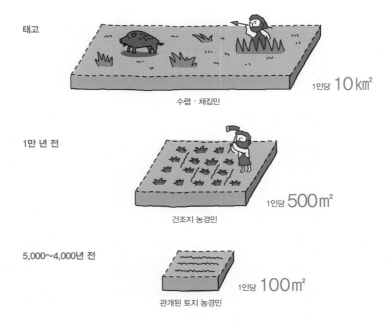

태고

1인당 10 km²

수렵 · 채집민

1만 년 전

1인당 500 m²

건조지 농경민

5,000~4,000년 전

1인당 100 m²

관개된 토지 농경민

▶ 농업 발달에 따른 1인당 필수 토지 면적 변화

농경민 한 사람은 수렵 · 채집민에 비해 훨씬 작은 면적의 토지로 생활이 가능하다.

작되자 밭의 생산력을 회복하는 신(지모신[地母神])과 곡물을 발아시키고 생장시키는 신(곡령[穀靈]), 물의 신이 새로운 숭배 대상이 되었으며, 사람의 '노동'이 부를 이루어준다고 여기게 되었다.

　인구가 크게 늘어나자 일정 지역에 혈연집단이 정착했고, 토지와 사람의 관계는 더욱 긴밀해졌다. 곡물 위주의 식생활을 하면서 식물섬유를 자를 수 있는 새로운 석기(간석기, 날 부분이나 온 면을 갈아서 만든 석기)가 등장했다. 곡물을 저장하고 조리하는 데 필요한 토기도 만들어졌다.

　돌을 깨서 만든 석기를 쓰던 시대를 '구석기시대'라 하고, 돌을 갈아서 만든 석기를 쓴 시대는 '신석기시대'라 한다.

기원전 3000년경: **도시혁명**

도시혁명으로 형성된 문명

실처럼 뻗어나가며 성장하는 '도시'

농지에 이어 도시가 출현했다. 농사 기술이 개량되고 인구가 늘어나 농지가 부족해지자, 사람들은 힘을 합쳐 치수와 관개를 통해 새로운 농지를 만들었다. 그리고 이 같은 개척을 추진하는 중심지로 도시를 이루었다. 도시는 스스로 식량을 생산하지 않는 사람들이 모여 사는 공간으로, 대개 성벽을 쌓아 주위와 격리되었다.

도시의 역할은 무엇이었을까? 도시민은 주변 농촌에 치안 유지, 신앙, 교역 등의 서비스를 제공하고 그 대가로 식량을 얻었다. 이를 위해 도시는 도로와 수로를 정비하고 복잡한 인간관계로 농촌과 연결되어야 했다. 관료, 군대, 신관 등의 조직이나 법률을 이용해 농촌을 통치하고 강제로 세금도 거둬들였다. 도시는 마치 신경세포처럼 많은 실(네트워크)을 여러 농촌으로 뻗어 하나의 사회 단위가 된 것이다.

한편 도시가 신앙의 중심, 정치·군사의 중심, 교역의 거점으로 건설되었다는 설도 다수 있다. 그만큼 도시는 다양한 기능을 지닌 경이로운 공간이었던 것이다. 고고학자 차일드는 도시 형성에 따른 사회의 변동을 '도시혁명'이라 불렀다. 그 후 약 5,000년에 걸쳐 도시는 지구 전체로 퍼져나가 인류 사회를 변화시켰다.

건조 지대에 가장 먼저 나타난 도시

도시는 농경이 시작된 건조 지대에서 탄생해 점점 주변으로 퍼져나갔다. 문명(civilization)은 '도시에서 사는 것'이라는 어원처럼 도시의 성립을 계기로 탄생했다.

인류 역사상 가장 오래된 도시 유적 중 하나가 기원전 7000년대 튀르크의 차탈 휘이크(Catal Huyuk) 유적이다. 햇볕에 말린 벽돌로 지어진 집들이 모여 있는데, 약 1,000세대에 인구 5,000명이 살았던 것으로 추정된다. 간단한 관개로 밀을 재배하고 소도 사육했다.

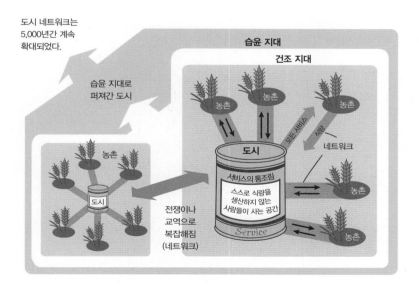

▶ 도시와 네트워크의 팽창

사람이 만들어낸 인공 공간인 도시는, 자연환경을 극복하고 건조 지대에서 온대, 열대, 한대 지역으로까지 확대되었다.

다양한 국가의 출현

도시는 주변 농촌 지배를 확고히 한 후 더욱 안정되고 구조화된 '도시 국가'로 발전했다. 여러 지역에 세워진 도시 국가들은 교역과 전쟁으로 서로 연계를 맺었다. 도시국가 연합(중심 도시의 힘이 약한 경우) 혹은 영역 국가(중심 도시의 힘이 강한 경우)가 형성되어 지방 도시는 강대한 도시(수도)의 지배를 받았다. '목축민이 침입해 도시군(群)을 지배하는 경우도 있었다. 초기 문명에서 보이는 계약 개념, 원격지 교역, 금은 중시 사상, 장신구 발달 등은 목축민의 문화이다.

5,000년 전부터 현재까지 이어지는 세계의 '역사'는 이렇게 시작되었다.

COLUMN 01

완벽한 도로망은 왕의 힘을 상징!

기원전 2600년경이 되면 메소포타미아의 도시는 사방 10킬로미터가 넘는 규모로 커진다. 그리고 신관 대신 군사적 실력자가 왕(루가르[lugar], '큰 남자'라는 뜻)이 되어 도시를 지배했다. 도시 간 분쟁이 치열해진 결과였다. 라가슈에서는 600~700명의 병사가 도시를 지켰다고 한다.

대도시(수도)가 여러 도시들을 지배하면서 관료와 군대를 파견하고, 정보를 수집하고, 상인의 왕래가 활발해졌다. 따라서 도시와 도시를 연결하는 도로망 정비는 왕의 주요 업무였다. 또 사람이 살지 않는 산과 들을 관통해 도로를 만들기도 했다. 도로를 외부의 적에게서 잘 지키기란 어려운 일이었지만, 거대 왕국을 유지하려면 제대로 관리해야만 했다.

우르 3왕조의 왕인 슐기는 기원전 2093년부터 48년간 통치했으며 사계(四界)의 왕이라 불렸다. 《슐기 왕 찬가》는 왕이 가도와 숙박소를 정비한 것을 자랑스럽게 노래하고 있다.

> 나(왕)는 다리를 재빨리 움직여 국토의 모든 길을 행진했다. '거리'를 확실하게
> 하고 거기에 '숙박 역'을 건설하고 그 옆에는 정원을 조성해 휴식처를 만들었
> 다……
> 가도를 여행하는 자는 밤에도 길을 안전하게 여행할 수 있다.
> 가도에서도 잘 정비된 도시에 있는 것과 같은 기분이 들도록!

도시와 도시를 연결하는 복도처럼 도로를 유지하는 것이 훌륭한 왕이 되기 위한 필수조건이었던 셈이다.

2부

최초로 탄생한
4개의 세계

유라시아 4대 문명+1문명의 등장

인류의 역사는 약 5,000년 전부터 유라시아와 신대륙 메소아메리카에서 차례로 문명이라 할 만한 단계로 진입했다. 이 문명들은 이주, 교육, 전쟁 등을 통해 주변 지역으로 전해졌고, 인류의 역사를 움직이는 엔진 역할을 했다.

지도 서쪽부터 이집트문명, 메소포타미아문명, 인더스문명, 황허문명을 4대 문명이라 하고, 이집트문명과 메소포타미아문명을 합해 '오리엔트문명'이라 부른다. 또한 오래전 오리엔트문명이 전해져 동지중해를 중심으로 독자적인 발전을 한 여러 해양 문명을 '지중해 문명'이라 한다.

4대 문명을 중심으로 성립한 '지역 세계'

이들 지역에는 기원전 7세기부터 기원 전후에 걸쳐 여러 지역 세계가 형성되었다. 오리엔트에서는 아시리아와 아케메네스왕조가, 인도에서는 마우리아왕조가, 그리고 중국에서는 진(秦) 제국, 지중해 주변에서는 로마제국이 통일을 이루었다. 이는 지금부터 약 2,500~2,000년 전의 일로, 5,000년에 이르는 문명의 역사가 절반을 지나고 있었다.

이들 제국은 법률과 종교, 제도 등을 같이하는 일종의 국제사회를 만들었다. 그러나 사막과 초원, 바다, 산악 같은 지리적 장애를 극복하고 영역을 확장하기는 아직 무리였기 때문에 지구 상 대부분의 지역에는 도시가 존재하지 않았고, 여전히 인류 대다수가 수렵과 채집 생활을 계속하고 있었다.

4개의 지역 세계를 연결한 것은 초원길과 실크로드, 바닷길이다. 이 길들은 여러 지역 세계의 교류 루트로 중요한 역할을 한다.

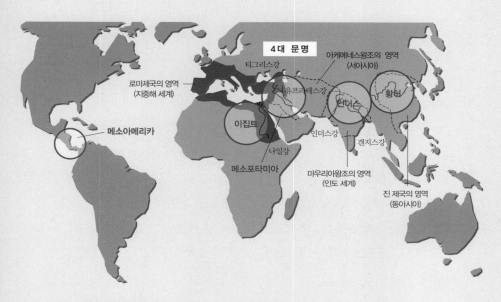

▶ 4대 문명 발생지

넓은 지역을 통일하는 대제국의 등장

기원전 1500년경에 이르면 광대한 지역이 통일된다. 인도와 유럽계의 여러 민족이 침입하면서 말이 끄는 전차와 철기가 전해졌고, 이것이 오리엔트에 통일 움직임을 일으켰다. 최종적으로 통일을 이룬 것은 아케메네스왕조였다. 동지중해에서는 그리스인이 폴리스라는 작은 도시국가들을 세워 독자적인 세계를 형성했다.

기원전 4세기에는 발칸반도 북부의 마케도니아가 대두했다. 마케도니아의 알렉산드로스대왕은 동방 원정군을 이끌고 무려 7,500킬로미터나 되는 원정길에 나서, 오리엔트에서 서북인도까지 아우르는 대제국을 건설했다. 그 후 300년간을 '헬레니즘 시대'라고 부른다. 알렉산드로스의 대제국은 서아시아 대륙의 제국(파르티아, 사산조)과 지중해 주변을 통일한 로마제국으로 나뉜다.

중화 제국과 불교의 탄생

한편 중국에서도 기원전 3세기에 통일이 이루어졌다. 통일을 달성한 진 제국은 시황제가 죽자 곧 무너져 버렸으나 20세기 초반까지 계속된 중화 제국의 원형이 되었다.

인도 세계에서는 인더스강 유역에서 처음으로 문명이 발생했지만 기원전 1000년경에 갠지스강 유역으로 문명의 중심이 옮겨 갔다. 또 기원전 500년을 전후로 새로운 종교인 불교가 탄생해 아시아 각지로 퍼져 나갔다.

2장   서아시아 세계의 탄생

점토로 구축된 '창세기' 문명

성서의 원형이 된 문명?

기원전 3000년경 티그리스강과 유프라테스강 사이에 위치한 메소포타미아(메소포타미아는 그리스어 mesos[한가운데]와 potamos[강]의 합성어로 '강 사이의 토지'라는 뜻이다) 하구 지역(수메르 지방)에 청동기를 쓰는 수메르인이 문명을 이루었다. 수메르인은 기원전 25세기경 우리 1왕조 시대에 전성기를 누렸으나, 기원전 24세기가 되면 셈계 유목민인 아카드인이 수메르인의 도시국가군(群)을 정복한다.

수메르는 '갈대가 많은 지방'이라는 뜻으로, 치수가 어렵고 때때로 대

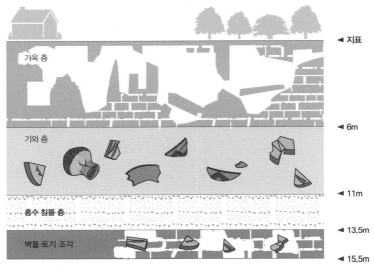

지표 ◄

가옥 층

6m ◄

기와 층

11m ◄

홍수 침물 층

13.5m ◄

벽돌·토기 조각

13.5m ◄

15.5m ◄

▶ 우르의 〈대홍수의 구멍〉 단면도

홍수가 일어나 농지와 도시를 쓸어버리는 데다가 극심한 더위까지 사람
들을 괴롭혔다.《구약성서》창세기에는 타락한 인류에 분노한 신이 일으
킨 대홍수에서 유일하게 방주를 타고 살아남아 새로운 인류의 선조가
된 '노아의 방주' 이야기가 나온다. 이 이야기의 원형은 수메르인이다.
우르에서 확인된 대홍수의 흔적과 메소포타미아의 가장 오래된 서사시
《길가메시 이야기》에서 가족과 함께 대홍수를 피했다는 현인 우트나피
시팀의 이야기가 이러한 사실을 뒷받침한다.

　그리스도교에서는 인류의 선조 아담이 점토로 만들어졌다고 설명하
는데, 이 기원도 메소포타미아이다. 메소포타미아에서는 현명한 신 엔키
가 타는 듯이 더운 날씨에 고된 노동을 하기 싫어서 어머니인 대지의 신
나므에게 말해 지하의 흙탕물로 노예로 부릴 인간을 만들었다고 전해졌

다. 또한 인간은 신들의 변덕스러운 마음에 좌우되는 비관적인 존재로 여겨졌다. 서아시아의 혹독한 자연환경이 반영된 사고인 듯하다.

점토가 만든 도시

건조하고 나무가 적은 메소포타미아에서는 점토가 문명의 기초가 되었다. 볕에 말린 벽돌로 쌓은 신전, 끝이 뾰족한 갈대로 만든 펜으로 쐐기문자를 쓴 점토판, 점토 위를 굴리는 원통 인장 들은 문명과 점토의 관계를 보여준다.

메소포타미아는 달이 차고 기우는 현상을 기준으로 하는 태음력과 60진법도 고안했다. 1년을 12개월, 7일을 일주일로 하는 것 역시 이곳에서 비롯되었다.

흥망을 반복하는 다민족 도시

메소포타미아의 도시는 볕에 말린 벽돌로 쌓은 높은 담으로 둘러싸여 있었다. 이들 도시는 자립심이 강했으며, 도시국가 연합의 형태로 광대한 지역이 통일되어 있었다. 도시 중심부에는 인공으로 언덕(지구라트)을 만들어 수호신을 모시는 신전을 세웠다. 그곳은 수호신의 노예이자 신관의 우두머리인 왕이 지배했다.

메소포타미아는 사방이 트인 평야였기 때문에 도시 주민들은 주위의 산악민이나 사막인들의 침입으로 불안해했다. 도시와 왕국 역시 혼란스러울 정도로 흥망을 반복했다. 그러나 다민족의 교류로 상업이 발달했고, 오랜 옛날부터 품질 보증 각인이 찍힌 은이 통용되었다.

바빌로니아왕국의 함무라비법전

메소포타미아 공통 법 출현

수메르인 시대 이후에 탄생한 큰 국가는 셈계 유목 민족 아무루인이
세운 바빌로니아왕국이다. 기원전 18세기 6대 함무라비 왕 시대에 메소
포타미아 전체를 통일했으며, 도로와 운하를 정비하고 중앙집권 체제를
확립했다. 왕은 경찰 제도와 우편 제도를 만들고 바빌로니아어를 공통
어로 했다.

함무라비 왕은 수메르법 이래의 모든 법을 모아서 유명한《함무라비
법전》을 만들었다. 많은 도시의 광장에 조문을 새긴 돌기둥을 세우고,
메소포타미아 세계의 공통 질서를 확립했다. 법전은 그 목적을 "나라 전
체로 정의가 뻗어가게 하기 위해, 악행을 박멸하기 위해, 강자가 약자를
학대하지 못하게 하기 위해"라고 적고 있다.

눈에는 눈, 이에는 이

1901년 프랑스 탐험가가 이란의 오래된 도시 수사에서 높이 2.25미
터의 둥근 현무암 기둥에 쐐기문자로 새겨진《함무라비법전》을 발굴했
다. 법전은 전문과 282조의 조문으로 이루어져 있었다.

전문에는 신들의 대표인 엔릴이 바빌론의 수호신 마르두크를 전 메소
포타미아의 왕으로 하고, 그 충실한 부하인 함무라비로 하여금 정의를
내세우도록 했다고 쓰여있다.

《함무라비법전》은 '눈에는 눈, 이에는 이'라는 동태복수(同態復讐) 원

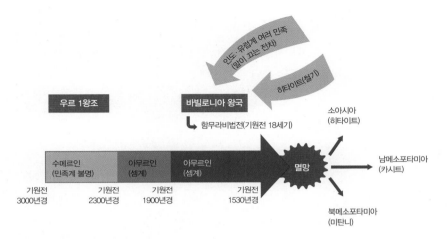

▶ 메소포타미아문명의 변천

칙과 귀족·평민·노예 사이에 엄격한 신분 차를 인정한 형법이다. 목수
가 집을 튼튼하게 짓지 않아 집이 무너져 집주인이 죽으면 목수도 사형
을 받는다는 규정은 동태복수의 응용이다.《함무라비법전》은 오리엔트
여러 민족의 법과 후세 법에 큰 영향을 끼쳤다.

상세히 정해져 있던 상업 규정

함무라비 왕 시대에는 상업이 대규모로 이루어졌고, 도시의 거상에게
밑천을 빌려 지방에서 상업을 하는 대리인도 있었다.《함무라비법전》은
"대리인이 이익을 내지 못했을 때는 큰 상인에게 빌린 은을 2배로 갚아
야 하나, 도둑이 상품을 훔쳐 갔을 때는 책임을 지지 않아도 된다. 대리
인이 거상에게 밑천을 빌린 것을 속이는 경우에는 원금의 3배를 갚고
큰 상인이 대리인에게 이윤을 배분받고 있는데도 아니라고 할 경우에는

받은 양의 6배를 벌금으로 지불한다"는 등의 상세한 규정을 두고 있다.

이 무렵 이미 포도주와 맥주가 제조되었고, "즐거움 그것은 맥주, 괴로움 그것은 원정"이라는 속담도 있었다.

인도·유럽계 민족의 침입

메소포타미아는 기원전 2000년대 초 이후 중앙아시아의 인도·유럽계 유목 민족의 빈번한 침입으로 위협을 받았다. 그중에서도 소아시아에 강력한 왕국을 수립한 히타이트는 세계 최초로 철기 문화를 이루었는데, 말이 끄는 이륜 경전차를 이용해 기원전 1530년경 바빌로니아왕국을 멸망시켰다.

기원전 4000년~기원전 6세기: **고대이집트문명**

비와 홍수가 만든
비옥한 땅에서 발달한 문명

'검은 땅'이 키운 이집트문명

메소포타미아문명과 거의 같은 시기에 일어난 이집트문명은 사하라사막과 연결된 반사막에서 발달한 문명으로, 생활에 필요한 물 전부를 나일강에 의존했다. 기원전 5세기에 그리스 역사가 헤로도토스가 "이집트는 나일강의 선물"이라 한 것처럼, 상류의 에티오피아고원에 매년 정기적(6월 중순~10월 하순)으로 내리는 비가 홍수를 일으켜 관개하기 쉬운 광대한 농지를 만들어냈다.

홍수가 운반한 검고 쉽게 부서지는 비옥한 흙이야말로 행복의 근원이었다. 이 때문에 이집트에서는 검정을 축복받은 색으로 존중했고, 빨강은 불모지 색으로 여겨 꺼렸다.

나일강 유역에서는 기원전 4000년경 관개 농경을 시작해, 42개의 노모스(하구 델타지대의 하[下]이집트에 20개, 상류의 상[上]이집트에 22개로 나뉘어 있던 행정구역)가 만들어졌다. 이윽고 기원전 3000년경에 통일 왕조가 탄생해 파라오('큰 집에 사는 사람'이라는 뜻, 왕)에 의한 신권정치가 약 2,900년이나 계속되고, 26개 왕조가 흥망을 되풀이했다.

신과 같은 존재였던 왕과 피라미드

상이집트(나일강 중류 지역)와 하이집트(나일강 하류 지역)는 기원전 3000년경 메네스 왕에 의해 통일되었다. 상이집트는 붉은 관을 쓴 왕이, 하이집트는 하얀 관을 쓴 왕이 지배했는데, 통일 후의 왕은 붉은색과 하얀색을 섞은 관을 썼다.

피라미드는 이집트를 통일한 왕의 권위를 나타내는 것으로, 사후에 태양이 되는 왕의 관을 모셨다. 피라미드 네 변은 정확하게 동서남북을 향하고 있는데, 왕의 사체를 넣은 묘실 입구는 반드시 북쪽에 있고 통로는 거의 북극성 방향을 가리키고 있었다. 피라미드 수는 약 80개에 이르며, 제일 큰 것은 약 4,600년 전에 만들어진 쿠푸 왕의 피라미드이다. 밑변 230미터, 높이 약 146미터의 사각추로 평균 2.5톤의 자른 돌 230만 개가 겹쳐 쌓여 있다. 본체 부분을 쌓는 데에만 10만 명이 동원되어 완성까지 20년이나 걸렸다고 한다. 외부를 장식하는 돌과 돌 사이의 빈틈은 폭이 0.5밀리미터밖에 안 될 정도로 고도의 기술로 만들어졌다. 참고

로 피라미드라는 이름은 그리스어의 피라미스(pyramis, 세모꼴 빵)에서
유래했다.

나일강이 낳은 태양력과 파피루스

이집트인은 매년 동쪽 지평선 상에 샛별(시리우스)이 나타나고, 이때
를 전후해 멤피스에 홍수가 시작된다는 사실에서 착안해 12번의 달의 차
고 기움(360일)과 수확 후의 제일(祭日) 5일을 1년으로 하는 태양력을 고
안했다. 이집트력은 기원전 45년에 카이사르가 로마에 들여왔는데, 4년
마다 하루의 윤일을 두는 율리우스력이 되어 현재 역법의 근원이 되었다.

또한 이집트인은 강변에서 자라는 2~3미터 길이의 갈대인 파피루스
로 일종의 종이를 만들고, 여기에 매연으로 만든 잉크와 갈대 줄기로 만
든 펜으로 상형문자를 적었다. 글을 쓸 줄 아는 서기는 특권계급이었고,
서기를 양성하는 학교도 세워졌다.

기원전 16세기~기원전 6세기: **오리엔트 세계의 확대**

알파벳의 근원은 페니키아문자

크레타문명과 미노타우로스의 미궁

기원전 13세기에 접어들면서 바빌로니아왕국을 멸망시킨 히타이트
왕국도 쇠퇴한다. 철기는 오리엔트 세계로 퍼져나갔고, 동지중해 해역에
서 '바닷사람들'의 약탈과 파괴가 반복되자 교역도 시들해지고 말았다.

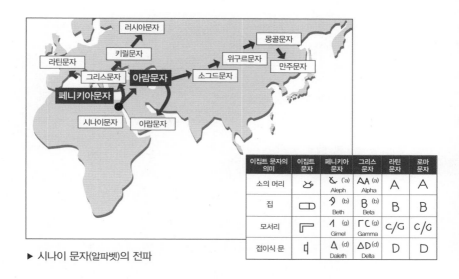

▶ 시나이 문자(알파벳)의 전파

에게해에서 메소포타미아와 이집트 두 문명의 영향을 받아 기원전 20세기경 꽃피기 시작한 크레타와 트로이 문명도 쇠퇴했다.

기원전 1600년경 크레타문명의 중심지인 크레타섬에서는 올리브를 재배했다. 크레타인은 또한 대형 선박을 건조해 교역을 발전시키고, 크노소스에 거대한 왕궁을 건설했다. 그리스 전설에는 사람 몸에 소머리를 한 괴물 미노타우로스가 나온다. 이 괴물은 한번 들어가면 절대 나오지 못하는 '미궁'에 사는데, 그곳이 바로 크노소스 왕궁이었다.

고고학자 에번스의 추정에 따르면, 크노소스는 약 8만 명이 살던 대도시로 작은 산의 정상을 깎아 중정(中庭)을 만들었고, 주변에는 방이 1,500개나 되는 3~5층짜리 건물이 있었다고 한다. 방은 대부분 창고와 공방으로 이용되었다.

크레타문명은 동지중해 세계가 대변혁을 겪는 가운데 바닷사람들에게 약탈당해 기원전 1200년경 망하고 말았다. 최근에는 멸망 원인이 지진과 과도한 경작에 따른 삼림 파괴라는 설도 나오고 있다.

지중해의 새로운 지배자, 페니키아인

크레타인 대신 지중해의 상업 패권을 장악한 것은 페니키아인이었다. 그들은 해안의 백색 규사를 원료로 한 유리와 뿔고둥(murex)을 으깨어 만든 진홍색 염료로 염색 가공업을 발달시켜 교역에 나섰다. 이 염료로 물들인 진홍색 모직물은 높은 지위의 사람들에게 인기가 있어 비싼 값에 거래되었다. 페니키아인은 레바논 삼(杉)이라는 양질의 목재로 배를 만들어 오리엔트와 지중해의 여러 지역을 오가며 교역했다. 그들은 기원전 6세기에 그리스인이 본격적으로 진출하기 전까지 동지중해의 해상무역을 지배하며 지중해 연안 각지에 식민지를 건설했다.

알파벳의 등장

페니키아인은 메소포타미아와 이집트의 선진 문명을 지중해 각지에 전달했다. 그러던 중 이집트의 상형문자에서 착안해 새로운 문자를 만들어냈다. 알파벳(시나이 문자)을 이용한 22개의 자음으로 된 편리한 문자로, 문자 수가 적고 배우기 쉬워 교역에 이용하기 좋았다. 이는 로마로 전해져 서유럽 여러 문자의 근원이 되었다. 이 알파벳에 모음이 첨가된 것이 그리스문자인데, 나중에 동유럽으로 전해져 슬라브 여러 문자의 근원이 되었다.

페니키아 이후 지중해 교역을 지배한 그리스인도 문자, 상업 기술, 문화를 페니키아인에게 배웠다. 미의 여신 아프로디테(비너스)도 원래는 페니키아인의 신이었다고 한다.

헤브라이인의 고난이 키운 유대교

모세와 야훼(여호아)의 신앙

셈계 헤브라이인은 기원전 2000년경 팔레스타인 지방에 정착했고, 일부는 이집트로 이주해 노예가 되었다.

이들은 모세를 따라 이집트를 탈출할 때 십계명을 지키는 조건으로 탈출을 도와준 야훼(여호와, 원래는 시나이산의 자연신, 군신이자 정의의 신)를 민족 신으로 믿었다. 그들은 기원전 11세기 선주민 필리스티아인(Pelishte)과 다투면서 예루살렘을 수도로 하는 왕국을 건설했다. 팔레스타인은 원래 '필리스티아인의 토지'라는 뜻이며, 헤브라이란 '강(유프라테스강) 저쪽에서 온 자'란 뜻으로 이민족이 붙인 이름이다. 헤브라이인 스스로는 이스라엘이라 불렀다.

이 왕국은 널리 통상을 했던 솔로몬 왕 시대에 최고 전성기를 맞이했는데, 점차 주변 강국들이 압력을 가하면서 고난의 길을 걷게 되었다.

바빌론유수(幽囚)의 고난이 낳은 유대교

이 왕국은 기원전 586년 신바빌로니아왕국(기원전 625~539)에 의해 멸망했다. 이때 귀족에서 서민까지 많은 헤브라이인이 바빌론으로 끌려가 고난의 세월을 보내야 했다(바빌론유수). 이들은 높이 43미터의 7층짜리 지구라트(바벨탑) 공사에 동원되었다. 고난이 계속되는 가운데 헤브라이인 사이에 신의 뜻을 전하는 예언자(카리스마)들이 나타나 메시아(구세주)가 구원해 줄 거라고 말했다. 그러자 사람들의 신앙이 모이기 시

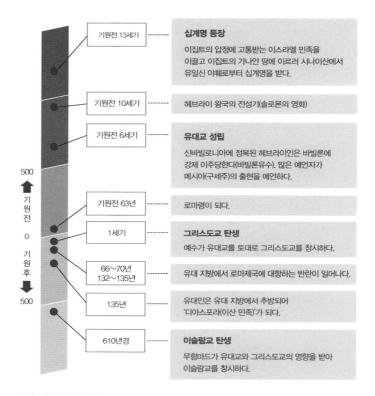

기원전 13세기	**십계명 등장**	
	이집트의 압정에 고통받는 이스라엘 민족을 이끌고 이집트의 가나안 땅에 이르러 시나이산에서 유일신 야훼로부터 십계명을 받다.	
기원전 10세기	헤브라이 왕국의 전성기(솔로몬의 영화)	
기원전 6세기	**유대교 성립**	
	신바빌로니아에 정복된 헤브라이인은 바빌론에 강제 이주당한다(바빌론유수). 많은 예언자가 메시아(구세주)의 출현을 예언하다.	
기원전 63년	로마령이 되다.	
1세기	**그리스도교 탄생**	
	예수가 유대교를 토대로 그리스도교를 창시하다.	
66~70년 132~135년	유대 지방에서 로마제국에 대항하는 반란이 일어나다.	
135년	유대인은 유대 지방에서 추방되어 '디아스포라(이산 민족)'가 되다.	
610년경	**이슬람교 탄생**	
	무함마드가 유대교와 그리스도교의 영향을 받아 이슬람교를 창시하다.	

▶ 유대교와 그 영향

작했고, 야훼를 천지와 인간을 창조한 유일신으로 믿는 유대교가 형태를 갖추게 되었다.

세계사에 큰 영향을 준 유대교

유대교는 유일신을 믿는 보기 드문 종교이다. 이 세상의 종말에 메시아가 나타나 헤브라이인만이 신에 의해 선택받은 민족으로 구제받을 것

(선민사상)을 믿는다. 야훼란 '내가 있다'라는 뜻으로, 천지를 창조한 전능한 신, 군신, 율법과 정의의 신, 다른 신앙을 금하는 질투심 많은 신이다. 유대교의 경전은 《구약성서》이다.

유대교에서는 메시아라 칭하는 예언자가 차례차례 나타났는데, 이들 중에는 새로운 종교를 창시한 사람도 있었다. 그리스도교의 창시자 예수와 이슬람교의 창시자 무함마드도 스스로를 메시아라 칭했다. 크리스트(christ, 그리스도)는 메시아를 뜻하는 그리스어 '크리스토스'에서 온 말이다.

아시리아의 멸망과 페르시아의 오리엔트 재통일

단명한 아시리아

기원전 1530년경 바빌로니아왕국이 히타이트에 의해 망하자, 메소포타미아 지방은 카시트왕조와 미탄니왕국 등 여러 왕국이 혼재하는 혼란기를 맞았다.

기원전 9세기, 북메소포타미아의 상업 민족이었던 아시리아인은 두 마리 말이 끄는 전차와 기병 등으로 무장한 군대를 조직해 정복 전쟁에 나섰다. 아시리아인은 많은 도시를 철저하게 파괴했다. 저항하는 도시는 시체를 쌓아놓고 불을 지르며 약탈을 일삼았다. 이들은 가차 없는 기세

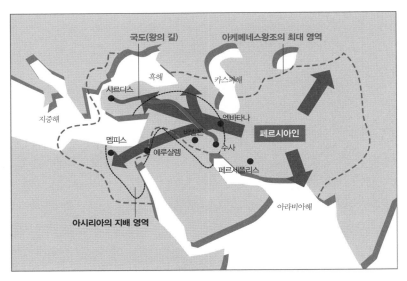

▶ '왕의 길'과 아케메네스왕조의 영역

로 기원전 7세기 메소포타미아에서 이집트에 걸친 대제국을 건설했다.
아시리아는 정복지에 가혹한 세금을 매기고 피정복민의 전통 종교를 부
정했으며, 중앙집권적 지배 체제로 군사의 의무를 부과했다.

하지만 이 같은 강압적인 지배는 피정복민의 반란을 불러일으켰고,
결국 아시리아는 기원전 612년 멸망하고 만다. 그 후로 4개의 왕국이
함께 성장한다.

오리엔트를 온건하게 지배한 아케메네스왕조

다음으로 오리엔트를 지배한 것은 페르시아였다. 이란고원의 남서부
에서 일어난 페르시아인은 네 나라를 차례로 정복하고 기원전 525년 오
리엔트를 재통일했다. 이것이 바로 아케메네스왕조이다.

페르시아제국은 풍습과 신앙의 자유를 인정하는 등 정복한 이민족을 관대하게 대했다. 수도는 수사(정치 중심지), 바빌론(겨울 궁전), 엑바타나 (여름 궁전) 등 3개의 도시로 정해 계절마다 순환했다.

그리스 역사가 헤로도토스는 수사와 소아시아의 사르디스를 잇는 약 2,400킬로미터의 간선도로(왕의 길)를 언급하면서, 상인이 3개월 걸리는 길을 왕의 사자는 일주일 만에 주파했다고 적고 있다. 세계 제국은 이렇게 잘 갖춰진 도로망에 의해 유지되었다.

1년 동안 모은 약 367톤의 은

제국의 기초를 닦은 제3대 다리우스 1세(재위 기원전 522~486)는 전 국토를 20개의 주로 나누고 중앙에서 페르시아인 총독(사트라프)을 파견했다. 총독은 여러 민족의 지배층을 하급 관리로 삼아 세금으로 은과 금을 거두어들였다. 왕이 모은 은(금은 은의 13배로 환산)은 1년에 약 367톤이나 되었으며 이것으로 금화와 은화를 주조했다.

다리우스 1세는 흑해 연안의 기마 유목민인 스키타이와 지중해의 그리스로 원정(페르시아전쟁)했는데 둘 다 실패했다. 제국은 기원전 330년에 알렉산드로스의 원정군에 의해 멸망했다.

동서로 뻗어나간 페르시아 문화

동과 서를 이은 유목민의 나라, 파르티아

기원전 3세기 중반부터 기원후 7세기 중반에 걸쳐 서아시아에는 2개의 페르시아인 대제국인 파르티아와 사산조가 건설되었다. 이들은 메소포타미아 지배권을 둘러싸고 로마제국과 격렬한 싸움을 반복했다.

파르티아는 카스피해 남쪽의 유목 민족인 페르시아인이 서아시아의 농경 사회를 정복해 세운 국가였다(기원전 3세기 중반~기원후 3세기 초). 그래서 서아시아에서는 파르티아를 외부에서 침입한 정복왕조로 여긴다.

말에게 신기던 짚신을 대신해 편자를 발명한 파르티아 왕조는 전형적인 기마민족 국가로, 강한 군대를 가지고 있어 로마제국과의 싸움에서 종종 승리를 거두었다. 또한 한(漢) 제국과 로마제국의 중간에 위치한 지리적 이점을 이용해, 비단 매매 중심의 중계무역으로 큰 이익을 얻었다.

태양신 미트라를 숭배하는 파르티아의 미트라교는 동·서 세계로 전해졌다. 로마제국에서는 민중들 사이에 군신 미트라의 신앙이 퍼져나가 그리스도교와 대등할 만큼 번성했다. 동방에 전해진 미트라는 불교와 융합해 미래불은 미륵이 되었다. 미륵은 당 제국과 신라, 아스카[飛鳥] 시대 일본에서 많이 믿었다.

아케메네스왕조의 전통을 부활한 사산조

파르티아 이후에도 역시 페르시아인의 나라인 사산조가 세워졌다(기원후 3세기 전반~7세기 중반). 사산조는 예전 아케메네스제국의 부흥을

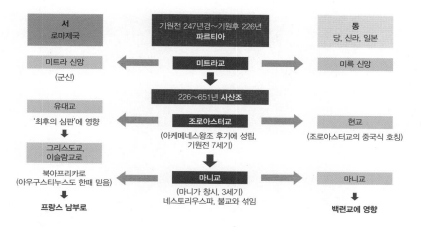

서 로마제국	기원전 247년경~기원후 226년 파르티아	동 당, 신라, 일본
미트라 신앙 (군신)	미트라교	미륵 신앙
유대교 '최후의 심판'에 영향	226~651년 사산조 조로아스터교 (아케메네스왕조 후기에 성립, 기원전 7세기)	현교 (조로아스터교의 중국식 호칭)
그리스도교, 이슬람교로		
북아프리카로 (아우구스티누스도 한때 믿음) 프랑스 남부로	마니교 (마니가 창시, 3세기) 네스토리우스파, 불교와 섞임	마니교 백련교에 영향

▶ 동서로 전해진 이란 문화

꾀한 복고적인 제국으로, 아케메네스왕조의 국교였던 조로아스터교가 이어져 내려와 경전 《아베스타》가 편찬되었다. 왕은 광명의 신 '아후라 마즈다'의 대리인으로 절대적인 권력과 권위를 지녔으며, 대규모 관료 기구를 지배했다.

사산조는 쇠퇴기에 접어든 로마제국을 괴롭혔는데, 3세기 후반에는 황제를 포함한 7만의 로마 병사를 포로로 잡아 카파도키아까지 영토를 넓혔다. 동방에서도 중앙아시아부터 인도 북부까지 세력을 넓힌 쿠샨왕조(1~3세기)를 멸망시키고 넓은 영역을 지배했다. 또한 실크로드를 지배하며 주변 여러 지역에 큰 영향을 끼쳤다. 예를 들면 로마제국에서 이단으로 배척당한 네스토리우스파의 그리스도교가 사산조를 통해 동방으로 전해져, 당나라는 이를 경교(景敎)로 믿었다. 조로아스터교와 불교가 융합되어 탄생한 마니교는 서쪽으로는 아프리카 북부와 프랑스 남부로, 동쪽으로는 중국(마니교[摩尼敎]라 불렀다)에까지 전파되었다. 또한 사산조의 정교한 금은 세공, 유리그릇, 직물 등의 뛰어난 공예품은 실크로드를 통해 당나라의 국제도시 장안으로 전해졌다.

이렇게 세력을 자랑하던 사산조도 중앙아시아에서 남하한 에프탈족 및 비잔틴제국과 싸우느라 힘이 약해졌다. 7세기 중엽에 이르러서는 아라비아반도에서 부흥한 이슬람교도에 의해 망하고 말았다.

로마의 군신과 미륵불은 같은 것?

파르티아는 다수의 민족을 통합할 필요가 있었기에 관대한 종교 정책을 폈다. 그러나 30명의 왕 가운데 5명의 이름이 '미트라다테스(미트라에게 수여된 자라는 뜻)'라는 데에서 알 수 있듯이 신 미트라에 대한 믿음이 대단했다.

미트라는 태양신, 계약 혹은 정의와 우정의 신, 군신을 말한다. 전해 내려오는 이야기로는 엘브루스산에 미트라가 살았는데, 그곳에는 낮과 밤의 구별이 없고 질병과 죽음이 존재하지 않았다 한다. 미트라 신앙은 교역과 전쟁, 이주 등을 통해 동서로 전해졌다.

서방 로마제국에서는 파르티아와의 싸움이 계속되는 가운데 이민자와 상인들을 매개로 미트라 신앙이 퍼져나갔다. 로마제국에서 미트라는 태양신 또는 군신으로 신도들을 모았고, 그리스도교에 이어 제2의 종교가 되었을 정도였다.

그리스도교를 박해한 것으로 유명한 디오클레티아누스 황제는 370년에 미트라를 황제의 수호신으로 정했다. 그는 미트라의 원광(머리 위에서 뿜어 나오는 둥근 빛)으로 머리를 감싸 육체를 신격화했다.

동방에서는 대승불교에 미트라 신앙이 미륵 신앙으로 도입되어 원광은 광배(光背)로 불상 조각에 사용되었다. 미륵은 불법이 잊힌 다음에 도솔천에서 내려와 불법을 전하는 '미래불'로 자리 잡았다.

3장

지중해 세계의 탄생

에게해에 모인
1,000개 이상의 폴리스

연못 주위로 모여드는 개구리?

　페니키아인 등 선주민의 영향을 받은 그리스인은 발칸반도 그리고 소아시아 연안의 분지와 좁은 평야에서 올리브 재배지를 넓혔다. 이를 바탕으로 기원전 약 8세기경부터 인구 수백에서 수천에 이르는 소규모 도시(폴리스)를 형성해 나갔고, 1,000여 개 이상의 폴리스가 만들어졌다.

　일반적으로 폴리스의 규모는 작았다. 폴리스의 이상적인 시민 수에 대해 플라톤은 5,040명이라 했고, 아리스토텔레스는 "한곳에 모아서 웅

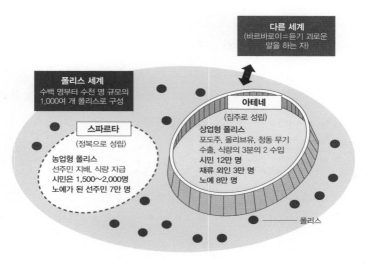

다른 세계
(바르바로이=듣기 괴로운
말을 하는 자)

폴리스 세계
수백 명부터 수천 명 규모의
1,000여 개 폴리스로 구성

아테네
(집주로 성립)
상업형 폴리스
포도주, 올리브유, 청동 무기
수출, 식량의 3분의 2 수입
시민 12만 명
재류 외인 3만 명
노예 8만 명

스파르타
(정복으로 성립)
농업형 폴리스
선주민 지배, 식량 자급
시민은 1,500~2,000명
노예가 된 선주민 7만 명

폴리스

▶ 폴리스 세계의 구조

변가의 소리가 닿는" 범위인 2,000명이라고 했다. 폴리스는 교역의 중심
이자 농민 공동방위의 거점으로 도시 중앙에는 아크로폴리스(성체)와
아고라(광장)가 있었다.

　인구가 증가하면서 파도치듯 이주와 식민이 반복되었고, 흑해, 에게
해, 동지중해 주변에 많은 식민도시가 세워졌다(플라톤은 이를 "연못 주위
로 모여드는 개구리"라고 표현했다). 현재의 이스탄불, 나폴리, 마르세유, 모
나코 등도 원래는 그리스의 식민도시였다.

거대해지는 상업 폴리스, 아테네

　기원전 6세기가 되자 소아시아와 흑해 연안 지방에서 노예 수입이 활
발해지고, 소아시아의 리디아 공화국이 발명한 화폐(금과 은을 합금한 주

화로 일렉트론이라 불렸다)를 본 딴 은화(스타테르)가 보급되었다. 이로 인해 상업은 점점 활기를 띠었다.

아테네는 올리브유, 도기, 무구(武具)를 수출하고 대량의 곡물과 노예를 수입하는 무역국가로 급성장했다. 전성기 아테네의 인구는 30만 명이나 되었다. 처음에는 3명의 귀족이 집정관(아르콘)으로 권력을 쥐고 있었으나, 부유해진 시민이 직접 무기를 구입해 폴리스 방위의 일익을 담당하면서 정치 참여를 요구했다.

기원전 6세기 초가 되자 집정관 클레이스테네스는 형식적인 면에서 귀족과 평민의 차이를 없애고 시민이 권리와 의무로 정치를 하는 민주정치(데모크라시)를 시작했다. 또 민회에서는 독재자(참주)가 출현할 가능성을 배제하기 위해 도편추방제(오스트라키스모스)도 시행했다. 이는 시민들이 독재자가 될 가능성이 있는 사람의 이름을 도편(陶片)에 적어, 일정 수 이상 나온 최고 득표자를 10년간 추방하는 제도이다.

스파르타를 지탱한 스파르타교육

스파르타는 원주민인 아카이아인을 정복해 넓은 농지를 얻었는데, 그들의 수가 시민의 10배가 넘었다. 스파르타는 원주민을 지배하기 위해서 강력한 군사력을 갖춰야만 했다. 기원전 4세기 전반에는 1,500~2,000명의 시민이 2만 명의 페리오이코이(반자유민)와 5만 명의 헤일로타이(예속 농민)를 지배했던 것으로 추정된다.

스파르타는 사치를 금했으며 시민의 아이들은 일곱 살이 되면 엄격한 집단 교육(스파르타교육)을 받았다. 그리고 서른 살이 되어서야 비로소 가정을 가질 수 있었다. 평상시에는 15명이 식사단을 조직해 생활했는데, 전시에는 이 집단이 전투단위가 되었다.

이처럼 유아기부터 혹독한 군사훈련을 한 덕분에 스파르타는 폴리스 세계에서 최강의 육군을 자랑했다.

기원전 492~기원전 404년: 페르시아전쟁과 펠로폰네소스전쟁

페르시아전쟁의 승리가 앞당긴 폴리스의 붕괴

페르시아전쟁과 마라톤

기원전 499년, 페르시아의 지배를 받던 소아시아 이오니아 지방의 그리스인 식민도시들이 독립을 위해 봉기를 일으켰다. 이때 아테네 등의 폴리스가 이오니아를 돕고자 군대를 보냈는데, 페르시아제국의 다리우스 1세는 이들에 대한 보복으로 세 번에 걸쳐 발칸반도로 원정군을 파견했다(페르시아전쟁).

제1차 원정(기원전 492)은 함대의 난파로 실패했고, 제2차 원정(기원전 490)군은 아테네 북동쪽 30여킬로미터에 있는 마라톤 상륙에 성공했다. 하지만 아테네의 중장보병군은 마라톤 전투에서 페르시아군을 격파하고 폴리스 세계를 지켰다. 그 후 페르시아군이 아테네를 다시 공격할 움직임을 보였으나 중장보병군이 서둘러 아테네로 돌아와 위기를 넘겼다. 이때 아테네의 승전보를 1명의 전령이 전했다는 이야기가 퍼져나갔고, 이를 기리기 위해 현재의 마라톤 경기가 생겼다고 한다.

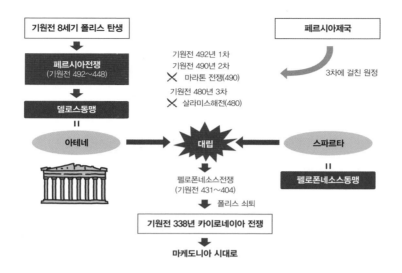

▶ 폴리스 세계의 쇠퇴 과정

힘겹게 페르시아군을 격퇴한 아테네 해군

기원전 480년 제3차 원정 때는 페르시아 왕 크세르크세스 1세가 직접 대군을 이끌고 쳐들어왔고, 아테네는 페르시아군에게 점령당했다. 목조로 된 신전이 파괴되고 올리브 나무들도 베어지는 등 도시는 50년이 지나도 회복되지 못할 만큼 큰 타격을 입었다. 이런 상황에서 아테네의 지도자 테미스토클레스는 전투 가능한 시민을 군함에 태워 살라미스 해협에서 페르시아 해군과 최후의 결전을 벌인 끝에 승리를 거두었다.

아테네 민주정과 폴리스 세계의 대분열

그 후 페르시아가 다시 침공해 올 것에 대비해 200여 개 폴리스가 아테네를 중심으로 델로스동맹을 맺었다. 아테네 지도자 페리클레스는 반대세력을 누르고 델로스동맹의 기금을 유용해 아테네를 재건했다. 페리클레스의 지배 아래 아테네는 황금기(기원전 443~429)를 맞았다.

페리클레스는 파르테논신전을 비롯해 대극장, 성벽을 지었고, 빈부 차별 없이 시민들을 정치에 참여시켰다. 또 민회에 의한 입법, 시민 배심원으로 구성된 재판, 특별직을 제외하고는 추첨으로 뽑은 시민이 행정을 담당하는 민주정치를 시행했다. 폴리스 운영에 참여한 시민에게는 일당을 주었다.

그러나 델로스동맹은 폴리스의 자립을 원칙으로 하는 폴리스 세계의 전통을 깨트렸다. 아테네가 강해지는 것을 겁낸 여러 폴리스들은 스파르타를 중심으로 아테네에 맞서는 펠로폰네소스동맹을 맺었다. 이윽고 두 세력 사이에 펠로폰네소스전쟁(기원전 431~404)이 일어나 30년 가까이 계속되었다. 농성 작전을 편 아테네가 페스트의 창궐로 인구의 3분의 1을 잃고 패했으며, 이를 계기로 폴리스 세계는 쇠퇴하기 시작한다.

기원전 334년~기원전 30년: 헬레니즘 시대

알렉산드로스가 세운 거대 제국

그리스의 쇠퇴를 이용한 마케도니아

만성적인 전쟁으로 그리스 세계의 농업은 황폐해지고 폴리스 내의 빈부 격차는 커져만 갔다. 게다가 선동정치가(데마고그)가 자신의 이익을 위해 폴리스를 이용하는 중우정치를 펼치면서 그리스 세계는 쇠퇴기로 접어들었다.

이런 그리스 세계를 통합한 것이 북방 신흥 세력인 마케도니아였다. 기원전 338년, 마케도니아의 필리포스 2세는 카이로네이아 전쟁에서 아테네와 테베 등으로 구성된 그리스 연합군을 격파하고 패권을 잡았다.

자신이 멸망시킨 제국을 계승하려 한 알렉산드로스

필리포스 2세의 아들로 젊은 나이에 마케도니아 왕위를 계승한 알렉산드로스(재위 기원전 336~323)는 페르시아제국이 혼란한 틈을 타, 기원전 334년 보병 3만여 명과 기병 5,000여 명의 마케도니아군과 그리스군을 이끌고 원정길에 올랐다. 식량은 겨우 10일분밖에 없었고, 군대는 무산 시민과 상인, 노예가 섞여 있어 '도시의 행진'이라고밖에 표현할 수 없는 상태였다. 그러나 페르시아제국은 서서히 붕괴되고 있었고, 곡창지대인 이집트는 페르시아의 지배에서 벗어나려 하고 있었다. 알렉산드로스는 이 기회를 놓치지 않고 기원전 330년 페르시아제국을 공격해 페르세폴리스궁전을 불태우고 많은 재물을 손에 넣었다.

그 후 알렉산드로스는 페르시아제국을 계승하고자 자신도 페르시아 왕의 딸인 스타테일라와 결혼했을 뿐 아니라 80명의 고관과 1만여 명의 장병을 페르시아 여성과 결혼시켰다.

대왕의 갑작스러운 사망으로 완전히 붕괴한 제국

알렉산드로스는 이집트와 시리아 등 많은 지역에 조폐소를 만들고 페르시아제국에서 몰수한 막대한 양의 지금(地金)을 화폐로 바꾸었다. 이 화폐로 대경제권을 형성해 바빌론을 수도로 하는 신제국을 세우려 했던 그는 뜻하지 않은 열병으로 33세에 세상을 떠나고 만다.

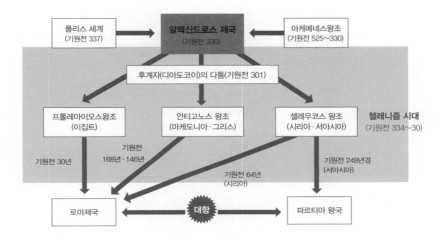

다음 도표의 내용:

폴리스 세계 (기원전 337) → 알렉산드로스 제국 (기원전 330) ← 아케메네스왕조 (기원전 525~330)

알렉산드로스 제국 → 후계자(디아도코이)의 다툼(기원전 301)

프톨레마이오스왕조 (이집트)
안티고노스 왕조 (마케도니아·그리스)
셀레우코스 왕조 (시리아·서아시아)

헬레니즘 시대 (기원전 334~30)

기원전 30년
기원전 168년·146년
기원전 64년 (시리아)
기원전 248년경 (서아시아)

로마제국 ← 대항 → 파르티아 왕국

▶ 헬레니즘 시대

　그의 죽음이 너무나도 갑작스러운 일인 데다 제국의 체제가 미처 갖추어지지 않은 상태라 후계자인 장군들 간에 세력 다툼이 일어났다. 결국 제국은 그리스인이 지배하는 시리아, 이집트, 그리스·마케도니아의 세 왕국으로 분열했다.

동서 문명 융합의 거점이 된 알렉산드리아

　알렉산드로스는 원정 도중에 몰락한 그리스인을 정착시키기 위해 70여 개(일설은 35~39개)의 도시 알렉산드리아(현재 25곳 확인)를 건설했다. 그 가운데 가장 번성한 곳은 "없는 것은 눈뿐"이라 일컬어진 이집트의 알렉산드리아로, 인구가 50만에 이르렀다.

　이 시대에는 많은 그리스인이 궁핍하고 혼란한 그리스에서 동방으로 이주했다. 그 결과 아테네의 그리스어를 토대로 페르시아어 등 여러 언어가 섞여 '코이네'라는 공통어가 탄생했다. 이러한 융합 문화를 '헬레니즘(그리스풍의) 문화'라고 한다.

알렉산드로스가 동방 원정을 떠난 기원전 334년부터, 분열한 세 왕국 가운데 가장 마지막까지 남은 이집트의 프톨레마이오스왕조가 로마에 의해 무너지는 기원전 30년까지의 300년을 '헬레니즘 시대'라고 부른다.

기원전 7세기~기원전 27년: 공화제 로마
지중해를 제패한 도시국가 로마

교묘한 이탈리아반도의 통일법

기원전 7세기경, 지중해 중앙부에 있는 이탈리아반도의 중심 테베레 강 유역에 '도시 로마'가 건설되었다. 로마는 페니키아와 달리 농업 국가였다.

기원전 5세기경부터 대토지 소유자인 귀족과 중장보병으로 활약한 평민(중소농민 및 상인)이 치열하게 다툼을 벌인 끝에, 기원전 3세기 초 두 계층은 법률상 평등해졌다. 로마인은 이런 국가를 'res publica('공적인 일'이라는 의미)'라고 불렀는데, 이것이 후에 'Republic(공화국)'의 어원이 되었다.

또한 로마인은 이와 거의 비슷한 시기에 이탈리아반도를 통일하는 데 성공했다. 로마는 정복한 여러 도시에 불완전한 시민권을 부여했으며, 스스로 맹주가 되어 도시동맹을 맺었다. 그리고 도시마다 각기 다른 자

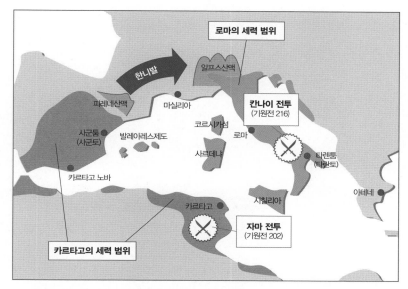

▶ 2차 포에니전쟁 당시 로마와 카르타고

치권과 의무를 부여하는 분할 통치로 교묘한 지배 정책을 펴면서 군사 도로로써 도로망을 정비했다. 이렇게 도시국가 로마는 세계적인 제국으로 비약하는 토대를 마련했다.

포에니전쟁에서 승리해 지중해 세계를 통일하다

로마가 이탈리아반도를 통일하던 무렵, 동지중해는 이집트, 시리아, 마케도니아 3국의 계속되는 다툼으로 세력이 약해진 상태였다. 또한 서지중해에서는 제해권을 둘러싸고 이탈리아반도 남부의 그리스 식민도시들과 북아프리카의 카르타고를 중심으로 한 페니키아인이 다투고 있었다. 카르타고는 페니키아인의 도시 티레의 망명 여왕 엘린사가 기원전 9세기에 건설했다고 한다.

신흥 세력인 로마는 그리스인과 힘을 합쳐 카르타고와의 전쟁(포에니 전쟁, 기원전 264~146년. 포에니란 라틴어로 '페니키아인'이라는 뜻이다)에서 승리한 뒤 바다 세계로 진출, 마침내 지중해 세계를 통일했다. 그 후 동 지중해로도 세력을 넓혀 기원전 146년에는 마케도니아를, 기원전 64년 에는 시리아를, 기원전 31년에는 이집트를 차례로 정복했다. 지중해의 제해권을 장악하고 그 주변의 광대한 토지를 차지한 로마가 지중해 세 계를 통일한 것이다.

기원전 146년~기원전 27년: **로마제국 ①**

삼두정치에서 제정기로

무위도식에 빠진 인구 100만의 도시 로마

지중해를 제압한 로마는 정복한 토지를 속주(屬州, 식민지)로 삼았다. 속주에는 토지 수입의 10분의 1이 인두세로 부과되었고, 공납과 수도에 곡물을 공급하는 일 등을 의무로 부여했다. 때때로 총독에 따라 가혹한 지배가 행해지기도 했다.

예를 들면 기원전 42년 속주 아시아의 총독이 된 브루투스(카이사르를 암살한 인물)는 속주민에게 10년 치 세금을 미리 내라고 요구했고, 다음 해 부임한 총독 안토니우스 또한 9년 치 세금을 미리 요구했다. 즉 속주 민들은 2년 동안 19년 치 세금을 내야 했던 것이다.

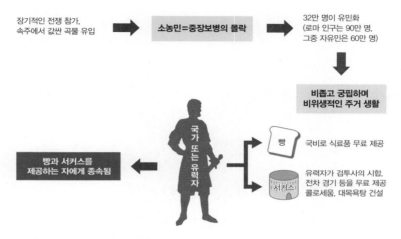

장기적인 전쟁 참가, 속주에서 값싼 곡물 유입 → 소농민=중장보병의 몰락 → 32만 명이 유민화 (로마 인구는 90만 명, 그중 자유민은 60만 명)

비좁고 궁핍하며 비위생적인 주거 생활

국가 또는 유력자

빵과 서커스를 제공하는 자에게 종속됨

빵 국비로 식료품 무료 제공

서커스 유력자가 검투사의 시합, 전차 경기 등을 무료 제공 콜로세움, 대목욕탕 건설

▶ '빵과 서커스'란 무엇인가?

한편 중장보병으로 일하던 중소농민은 몰락해 자산을 잃고 무산 시민이 되었다. 유력자들은 이들을 '빵과 서커스'를 미끼로 포섭했다. 사회가 급변하는 가운데 경기장에서 죽음의 시합을 강요받던 노예들은 스파르타쿠스를 지도자로 하는 반란(스파르타쿠스의 반란)을 일으켰다. 이를 계기로 노예 반란이 잇달아 일어나자 3명의 실력자 카이사르(시저), 크라수스, 폼페이우스는 삼두정치라는 새로운 공동통치 체제로 질서를 확립하고자 했다.

카이사르의 독재와 암살

카이사르는 갈리아(지금의 프랑스)를 평정하고 브리타니아를 정복해 서유럽을 로마화하는 기초를 다졌다. 불안을 느낀 폼페이우스는 원로원과 짜고 카이사르를 로마로 불러들였다. 세력 상실을 두려워한 카이사르는 "주사위는 던져졌다"라는 유명한 말을 남기고는, 군대를 이끌고 건너는 것이 법으로 금지된 이탈리아 북부의 루비콘강을 건넜다. 카이사르는 곧바로 로마를 제압하고 폼페이우스를 쓰러뜨렸다(기원전 48).

개선한 카이사르는 종신 독재자인 임페라토르(최고 군사령관)라는 칭호를 받고 권력을 장악했다. 그러나 기원전 44년 3월 15일 폼페이우스 상 앞에서 브루투스 등의 반대파에게 암살당하고 만다.

로마제국 형성과 복잡하게 얽힌 클레오파트라

카이사르가 암살당한 후 카이사르파는 3명의 수뇌에 의한 2차 삼두정치를 실시해 실권을 장악했다. 그러나 곧 같은 파인 안토니우스(카이사르의 유력한 부하)와 옥타비아누스(카이사르의 양자)는 지중해 세계를 이분해 다투었다. 안토니우스가 교양과 야심에 찬 미녀 클레오파트라에게 매혹되었기 때문이다.

안토니우스는 이집트 여왕 클레오파트라와 함께 동방 제국을 건설해 로마에서 분리하려는 계획을 세웠다. 이에 반대한 옥타비아누스(아우구스투스)는 기원전 31년 벌어진 악티움해전에서 안토니우스와 클레오파트라 연합군을 쳐부수고 이집트까지 무너뜨렸다.

옥타비아누스는 기원전 27년 삼두정치를 폐지하고 모든 권력을 원로원에 돌려주었다. 이에 원로원은 옥타비아누스에게 '아우구스투스(존엄자라는 의미)'라는 칭호를 내려 임페라토르와 사제장 등의 지위를 부여했다. 그러나 옥타비아누스는 독재를 싫어하는 로마의 전통을 존중해 '프린켑스(제1시민·제1인자라는 의미, 프린스[prince]의 어원이다)'가 되어 실질적 독재정치(제정)를 시작했다.

5현제 이후 동서로 나뉜 로마

속주의 고난이 만든 '로마의 평화'

옥타비아누스가 통합한 이후 약 200년간 로마제국은 라인 도나우강을 북쪽 경계로 지중해 주변 지역을 지배했다.

제국은 각지에 군대(전성기에는 40~50만)를 배치하고 식민도시를 건설했다. 각각의 도시는 총길이 약 8만 5,000킬로미터에 이르는 지하 2미터 두께의 견고한 도로로 연결했다. 그런 한편, 라틴어, 로마법, 로마풍의 생활양식과 제국의 화폐, 도량형이 보급되었다. 상업도 활발해져 아라비아, 인도, 중국과의 무역이 활기를 띠었다. 평화로운 상태가 계속된 이 시기는 '로마의 평화(팍스 로마나[Pax Romana])'라 불렸다. 파리, 런던, 빈 등의 도시도 이 시기에 건설되었다.

기원전 100년경 로마시 인구는 120만 명(그중 노예는 40만 명)으로 추정된다. 로마는 필요한 식량 전부를 속주에 의존했으며, 속주를 가혹하게 지배했다. 로마의 역사가 타키투스가 "로마인은 폐허를 만들고 그것을 평화라고 불렀다"고 지적한 것처럼 로마의 번영은 여러 민족에 대한 가혹한 지배 위에 이룩되었다.

96년부터 180년까지 5인의 황제가 지배한 약 100년(5현제 시대)이 로마제국의 전성기였다. 5현제 중 한 명인 트라야누스 황제(재위 98~117) 시대 로마제국의 지배 영역은 동쪽으로 카스피해 서안에서 서쪽으로 대서양 연안에 이르렀으며, 면적은 약 720만제곱킬로미터에 달했다.

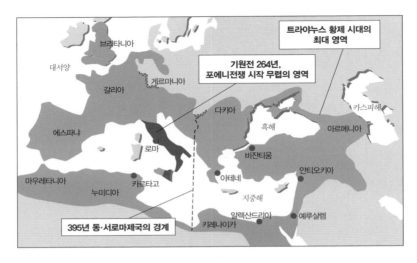

트라야누스 황제 시대의 최대 영역

기원전 264년, 포에니전쟁 시작 무렵의 영역

395년 동·서로마제국의 경계

대서양

브리타니아

갈리아

게르마니아

에스파냐

로마

마우레타니아

누미디아

카르타고

다키아

흑해

비잔티움

아테네

지중해

키레나이카

알렉산드리아

카스피해

아르메니아

안티오키아

예루살렘

▶ 지중해를 완전히 제압한 로마제국

완력으로 제위를 쟁탈하는 시대로

퇴역 군인이 지방 도시에 정착하면서 지중해 세계의 로마화가 진행되고, 수도 로마의 특권적 지위가 흔들리기 시작했다. 193년에는 북아프리카 출신으로 도나우 연안의 군단장이었던 셉티미우스 세베루스가 로마인이 아닌 사람으로서는 처음으로 황제가 되었다. 이윽고 속주의 군대가 하급 병사 출신의 힘 있는 지도자를 서로 추대해 격렬하게 다투는 '군인황제시대(235~284)'가 열렸다.

이 시대에 26명의 군인(병사) 출신 황제가 잇따라 즉위했는데 그중 천수를 누린 황제는 한 명뿐이었다. 이 사실로 미루어 군인황제시대가 얼마나 혼란스러웠는지 짐작할 수 있다. 게다가 그때까지 번영을 유지하던 도시는 혹독한 징세로 인해 점점 쇠퇴했다.

로마제국의 그리스도교화

혼란스러운 제국을 재통일한 것은 3세기 말, 군인황제 중 한 명인 디오클레티아누스 황제였다. 그는 군대 규모를 2배로 늘리고, 정제(正帝) 2인과 부제(副帝) 2인에 의한 통치 제도를 도입했다. 또 세제 개혁으로 국고를 확보했으며, 중앙집권적 관료 제도를 정비하는 등 제국을 재건하는 데 온 힘을 기울였다.

이어서 혼란을 극복하고 단독 지배자가 된 콘스탄티누스 1세는 313년 밀라노칙령을 내려 그리스도교를 공인했다. 그는 그리스도교를 민족을 초월한 보편성을 갖는 종교라 하고 제국 통치에 이용해 안정을 구축했다.

그러나 4세기 말 테오도시우스 1세는 혼자서 광대한 제국령을 통치하기가 힘들다는 것을 깨닫고, 세상을 뜨기 직전인 395년 제국을 이분했다. 이로써 로마제국은 동쪽의 그리스적 로마(동로마제국 또는 비잔틴제국)와 서쪽의 라틴적 로마(서로마제국)로 나뉜다.

기원전 4년~기원후 392년: **그리스도교의 반전**

박해의 시대를 넘어 로마 국교가 된 그리스도교

제자들이 만든 종교

예수는 기원전 4년경 베들레헴에서 태어났다. 그리고 27년경 요한에게 세례를 받고 메시아(구세주) 운동을 일으켰다. 그는 "천국이 가까웠도다, 회개하라"며 최후의 심판이 가까웠음을 지적하고 신의 절대적인 사랑과 이웃에 대한 사랑을 설파했다.

그러나 계율과 의식을 배제하고 "가난한 자만이 신의 나라로 들어갈 자격이 있다"는 설교로 유대교 사제들의 미움을 샀다. 그리고 포교 3년 만에 사람들을 현혹하는 반역자로 로마 총독에게 고발당해, 36세에 예루살렘 교외의 골고다 언덕에서 십자가에 매달려 처형되었다(30년경). 그가 죽은 후 제자들이 예수의 '부활(3일 후에 부활해 유훈을 남기고 40일 후에 승천)'을 믿으면서 예수야말로 메시아(그리스어로 크리스토스)라는 믿음이 탄생했는데 이것이 그리스도교이다.

처음에는 유대교 경전 일부를 신앙의 토대로 삼았으나, 50년부터 140년에 걸쳐 예수의 언행(4복음서)과 사도의 서간(대부분 바울의 서간)을 그리스어로 정리한 《신약성서(新約聖書)》가 완성되었다. 여기서의 '약(約)'이란 신과의 약속이라는 의미로, 유대인과 신이 나눈 '오래된 약속'은 없어지고 '새로운 약속'이 맺어졌음을 보여준다.

20~30년

| 유대교 | → | 예수의 포교 | → | 십자가 처형 | → | 그리스도교 성립 | → | • 사도들의 전도 (30년경)
• 바울의 포교 활동 (1세기 중반경)
• 《신약성서》 완성 (1~2세기) |

▶ 그리스도교의 변천

박해의 시대에서 공인의 시대로

로마제국은 종교에 비교적 관대했으나 국가 제사를 거부하는 그리스도교 교도는 점차 이질적인 집단으로 간주했다. 4세기 들어 독재 지배를 강화한 디오클레티아누스 황제는 황제 숭배를 강요하고 이를 거부한 그리스도교 교도들에게 대대적인 박해를 가했다.

예수를 따라 속죄를 위해 죽음으로써 전 인류를 구제할 수 있다고 믿은 신자들은 박해에도 굴하지 않고 카타콤이라는 지하 묘지에서 집회를 열며 신앙을 유지했다. 로마의 카타콤은 총길이가 560킬로미터에 달했다고 한다.

그러나 이어서 즉위한 콘스탄티누스 1세는 그리스도교를 이용해 황제권을 신성화하는 방법을 택했고, 313년 밀라노칙령을 내려 그리스도교의 신앙을 인정했다.

드디어 국교가 되다

그리스도교 교도가 된 콘스탄티누스 1세가 교회에 물질적 지원을 하

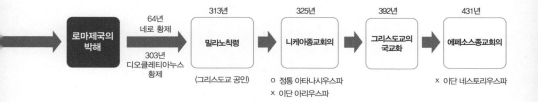

자 교회 조직은 빠른 속도로 정비되었다. 그러나 비합법 시대에 생긴 다양한 교의 간 대립이 심각하게 표면화되었다.

325년, 콘스탄티누스 1세는 니케아종교회의를 소집해 교의 통일을 도모하고, 신과 예수를 동일하다고 간주하는 아타나시우스파의 주장을 '정통'으로, 예수를 신에 가장 가까운 인간이라고 보는 아리우스 파의 주장을 '이단'으로 규정했다. 하지만 교의를 둘러싼 혼란은 392년 테오도시우스 1세가 이단과 이교(異敎)의 신앙을 엄격하게 금지할 때까지 계속되었다.

5세기에는 마리아를 '신의 어머니'로 인정하는 데 반대하던 네스토리우스파와, 예수에게는 인성이 사라지고 신성만이 남아 있다고 하는 단성론(單性論)이 이단으로 배척당했다. 또한 신과 예수, 성령의 3자가 일체라는 삼위일체설을 정통으로 하는 가르침의 형태가 갖추어졌다.

헬레니즘 세계를 떠맡은 미녀 클레오파트라

클레오파트라는 서양을 대표하는 미인이었다고 하는데 대영박물관에 있는 두상을 보면 반드시 그렇지는 않은 듯하다. 그러나 7개 국어에 능통할 정도로 교양이 있었으며 로마의 두 실력자를 좌지우지한 것은 사실이다.

클레오파트라는 기원전 52년 17세에 아홉 살인 동생과 결혼해 이집트 왕이 되는데, 당시는 강대해진 로마가 이집트를 삼키려 하던 때였다. 그녀가 왕에 즉위한 지 5년 후 로마의 실력자 폼페이우스가 카이사르에게 패해 이집트로 도망쳐 오면서 이집트는 로마의 정쟁에 휘말리게 되었다.

로마에 반감을 품은 이집트인은 폼페이우스를 살해했고, 뒤쫓아 온 카이사르도 폭도로 변한 민중의 습격을 받아 간신히 왕궁으로 피신했다. 그때 클레오파트라는 자신의 젊음을 무기 삼아 카이사르의 권력을 이용하겠다는 결심을 한다.

그녀는 나체가 된 자신을 선물로 포장하게 하고 심복에게 어둠을 틈타 카이사르의 방으로 가져가게 했다. 53세의 카이사르가 22세인 클레오파트라의 젊음과 세련된 매너에 포로가 되었음은 말할 것도 없다. 클레오파트라는 카이사르의 아이를 출산하고 카이사르는 로마로 개선한 후 클레오파트라와 아이를 손님 자격으로 불러들여 자신의 아내와 함께 살도록 했다.

카이사르가 암살당하자 클레오파트라도 이집트로 돌아갔으나 이번에는 새로운 실력자가 된 안토니우스를 유혹해 동지중해를 제패하려 했다. 그러나 안토니우스가 덧없이 옥토비아누스에 패하는 바람에 야망은 물거품이 되고 말았다. 실의에 빠진 클레오파트라는 독사가 가슴을 물게 함으로써 39세의 나이에 스스로 목숨을 끊었다.

4장   인도 세계와 동남아시아

인더스강 문명에서 갠지스강 문명으로

환경 파괴로 쇠퇴한 인더스문명

인도 북서부를 흐르는 길이 약 3,000킬로미터의 인더스강 유역에서는 기원전 2300년경부터 인더스문명이 번성했다. 이 문명의 2대 도시인 모헨조다로와 하라파의 교역망은 페르시아만을 경유해 메소포타미아까지 이어졌다.

두 도시는 똑같은 규격으로 구운 벽돌로 건설되었고, 정비된 포장도로와 하수 설비 외에도 대목욕탕, 성채, 여러 개의 곡물 창고를 갖추고 있었다. 특히 전성기 때 인구가 3만 명에 달했던 모헨조다로는 질서 있

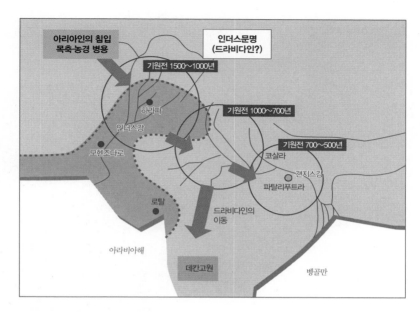

▶ 인더스문명과 아리아인의 침입 및 이동

는 도시계획으로 세워져서, 사방 1.6킬로미터에 10미터 폭의 큰길과 3미터 길이의 거리가 바둑판처럼 시가지를 나누었다. 또한 각 집마다 정화조가 있어서, 4분의 3이 차면 자동으로 30센티미터 폭의 하수구를 흘러 나갔다.

인더스문명에는 목면이 보급되었고, 교역에 이용한 것으로 추정되는 250~400종류의 인더스문자가 존재했음이 밝혀진 바 있다. 이 문자는 활석(滑石) 인장에 새겨져 있었는데, 단어만 있고 문장이 없어 해독은 못한 상태이다.

문명을 이끈 것은 현재 남인도를 중심으로 거주하는 드라비다인으로 추정된다. 그들의 성우(聖牛)·보리수·물의 정화력에 대한 신앙은 후세 문명에도 계승되었다.

번창했던 인더스문명은 도시에 필요한 대량의 벽돌을 구워내기 위해 강 유역의 나무를 마구 베어낸 탓에 홍수가 반복해 일어나면서 기원전 1700년경 쇠망하고 말았다. 환경 파괴가 문명의 기반을 붕괴시킨 것이다.

인도의 주역이 된 아리아인

한편 중앙아시아에서 유목 생활을 하던 아리아인은 기원전 2000년경부터 이동하기 시작해 기원전 1500년경에는 인더스강 유역의 펀자브 지방에 정착했다. 이들은 인더스문명을 이끌고 있던 드라비다인을 정복했다.

기원전 1000년경 아리아인 일파는 선주민을 정복하며 습윤한 갠지스강 유역으로 서서히 진출했다. 이 과정에서 아리아인들이 선주민을 차별 대우하며 생겨난 것이 인도의 신분제도인 카스트제도이다.

비옥한 갠지스강 유역은 곡창지대로, 이후 인도 역사의 주요 무대가 된다. 갠지스강 중류 지역에서는 도시국가가 성장해, 기원전 6세기에는 마가다국 등 16개 국가가 서로 다투게 되었다.

인도에서 창시되어 아시아로 확대된 불교

수행하기 쉬워 널리 전파된 종교

기원전 약 500년 전후, 고타마 싯다르타가 불교를, 마하비라 바르다마나가 자이나교를 창시했다. 자이나교는 '업(業)'을 더러운 물질로 여겼다. 따라서 업이 체내에 들어가지 않도록 살생하지 말아야 하며, 체내의 업을 없애기 위해서는 고행이 필요하다고 말했다. 이 종교는 상공업자들 사이에 널리 퍼졌다. 반면 불교는 비교적 쉬운 수행으로 해탈할 수 있다고 하면서 여러 계층에서 신자를 확보했다. 이후 불교는 이슬람교(7세기에 성립), 그리스도교(1세기에 성립)와 함께 세계 3대 종교로 성장하게 되었다.

석가모니가 걸은 길

고타마 싯다르타는 히말라야 산기슭에 살던 석가족의 소국, 카필라 왕국의 왕자로 태어났다. 16세에 결혼해 아이가 1명 있었으나 인생의 무상함을 느끼고 29세에 출가, 6년 동안 숲에서 고행 생활을 했다. 마침내 육체를 괴롭혀서는 깨달음을 얻지 못함을 알고 부다가야의 보리수 밑에서 명상하던 중, 35세에 깨달음을 얻어 '불타(佛陀[Buddha], 진리를 깨달은 사람)'가 되었다.

그는 카스트를 초월해 모든 인생을 고(苦)로 보았고, 무상(無常, 만들어진 것은 모두 변한다)을 깨달으면서 고를 극복하는 길을 찾아냈다. 이것이 사제(四諦, 인간이 겪는 여러 괴로움의 근원과 이를 없애기 위한 과정)이며, 번

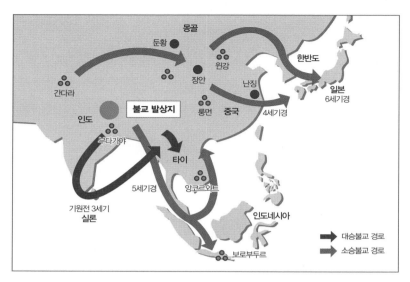

지도 내 지명:
몽골, 둔황, 원강, 장안, 한반도, 간다라, 난징, 일본, 6세기경, 불교 발상지, 롱먼, 중국, 4세기경, 인도, 부다가야, 타이, 5세기경, 앙코르와트, 인도네시아, 기원전 3세기 실론, 보로부두르

대승불교 경로
소승불교 경로

▶ 불교의 전파

뇌를 극복하는 수행 방법을 가리켜 팔정도(八正道)라 한다. 그 후 45년 간 싯다르타는 포교에 힘을 기울였으며, 고향으로 돌아가는 도중 쿠시나가르의 사라수 밑에서 입적했다. 그는 '석가족의 깨달은 자'라는 의미에서 석가모니라고 불리고 있다.

소승불교와 대승불교로 나뉘어 아시아 각지로

이후 불교는 마우리아왕조가 보호했다. 인도 전역을 정복한 마우리아왕조는 달마(達磨, 보편적 진리·불법)에 의한 통치를 목표로 삼고 불교를 전파했다. 기원전 3세기, 불교 교단은 화폐로 보시하는 일을 둘러싼 시비 논쟁으로 상좌부 불교와 대중부 불교로 나뉘었다.

석가모니의 가르침을 이어받아 개인의 깨달음을 중시하는 상좌부 불교(소승불교)는 실론(지금의 스리랑카)에서 동남아시아로 전해져(남방불교) 인도차이나반도의 여러 지역으로 퍼져나갔다. 한편 서북인도로 전해진 불교는 그리스·페르시아 문화를 수용해 다신교가 되었고, 보살이 중생을 구제한다는 교의를 포함한 대승불교로 중앙아시아에서 중국과 한국, 일본으로 전해졌다(북방불교).

그러나 정작 불교가 탄생한 인도에서는 부처를 비슈누(태양) 신의 9번째 화신으로 여기면서 신자 대부분을 힌두교에 빼앗기고 소수의 신자(약 380만 명)만 남았다.

불교는 처음에는 보리수나 불족석(佛足石)을 부처의 상징으로 이용했는데, 기원전 1세기경부터는 그리스 문화의 영향을 받아 간다라 지방에서 그리스 양식의 불상(간다라 불)이 만들어지기 시작했다. 이는 대승불교와 함께 중국과 한국, 일본에까지 전해졌다.

기원전 317년~기원후 550년경: 고대 인도의 여러 왕조

힌두교 창시와 혼란의 시대를 맞이한 인도

불교를 이용해 대제국을 지배하고자 한 마우리아왕조

알렉산드로스대왕 군대가 서인도에 침입하면서 인도에는 대제국이 건설되었다. 이에 맞서 대군을 조직한 찬드라굽타는 알렉산드로스대왕의 군대가 철수한 후 혼란을 틈타 기원전 317년경 마우리아왕조를 세우고 갠지스강과 인더스강 유역을 지배했다.

3대 아소카왕은 남인도의 드라비다 세계를 정복하고 남단을 제외한 인도 대부분을 장악했다. 그러나 비참한 정복 전쟁을 경험한 아소카왕은 불교에 귀의해 달마에 의거한 정치를 펼쳤다. 전국에 마애비와 돌기둥을 세워 불교 정신을 전파하고 경전을 정리했는데, 이는 다양한 문화와 민족으로 구성된 인도 세계를 불교라는 이데올로기로 통합하고자 했던 것이다. 아소카왕이 죽고 약 반세기 후 마우리아왕조는 멸망했지만 불교는 인도 전역으로 퍼져나갔다.

마우리아왕조가 멸망한 뒤에는 실크로드 요지를 지배한 중앙아시아·서북인도의 쿠샨왕조(1~3세기), 바닷길과 이어진 남인도의 안드라왕조(기원전 1세기~기원후 3세기)가 번창했으며, 페르시아, 그리스, 로마 제국 등의 여러 문화가 들어왔다.

인도의 풍토에서 성장한 힌두교

기원후 320년, 찬드라굽타 1세는 갠지스강 중류 지역에 굽타왕조를 건설하고 갠지스 문화 전통의 부흥을 꾀했다.

이런 와중에 제례를 중심으로 하는 브라만교는 불교의 윤회 사상을 받아들였고, 우주의 순환을 감독하는 브라흐마 신(창조의 신), 비슈누 신(태양신, 우주를 지탱하는 유지의 신), 시바 신(파괴와 재생의 신)의 3신을 주축으로 무수한 토착신을 체계화한 힌두교가 형태를 갖추었다.

힌두교는 창시자가 없는 민족종교로, 카스트제도를 비롯한 여러 제도와 법률, 도덕을 일체화해 사람들의 일상에 밀착한 종교이며, 지금도 인도인들의 생활의 밑바탕이 되고 있다.

힌두교에는《성서》같은 특별한 경전은 없고, 생활의 기준은《마누법

전》에 정리되어 있다. 굽타왕조 시대에 완성된 민족 서사시《라마야나》
와《마하바라타》가 종교적으로 해석되면서 시바 신과 비슈누 신의 일화
가 되어 경전에 준하는 위치를 차지하고 있다.

굽타왕조 시대에는 수학, 천문학, 역법이 발달했고, 아라비아숫자의
토대가 된 인도숫자와 영(0)의 개념이 생겨 이슬람 세계와 유럽 세계의
과학에 큰 영향을 주었다. 굽타왕조는 중앙아시아에서 온 유목 민족 에
프탈족의 침입을 받아 6세기경에 쇠퇴했으며, 이후 인도는 유목민의 잦
은 침입으로 혼란의 시대를 맞이했다.

1~13세기: 동남아시아 세계
인도의 영향으로 거대 건축물을 남긴 문화

국제적인 교류 지역, 동남아시아

동남아시아라는 말은 제2차세계대전 이후, 연합군이 작전 지역을
'South-east Asia'라고 부르면서 사용되기 시작했다. 그 이전에는 인도
차이나나 남양 등의 애매한 단어가 쓰였고, 동남아시아 지역에 대한 이
미지도 막연하기만 했다. 넓은 면적에 비해 인구밀도도 낮아 19세기 초
까지도 총인구가 1,000만 명 정도였다. 동남아시아 지역은 북쪽에서 민
족이 계속 이동해 온 탓에 민족 구성이 매우 복잡했다. 또 바닷길의 중
심부에 위치하고 있고, 향신료나 금 등의 특산품이 풍부해 각지에서 상
인들이 찾아왔다. 그 결과 인도 문명, 중국 문명, 이슬람 문명, 유럽 문명

이 서로 섞여 국제성이 강한 지역이 되었다.

인도 문명권의 변방에서

동남아시아 문자와 언어의 대부분은 인도에 기원을 두고 있다. 중국 문명권에 속해 있던 베트남을 제외한 대부분의 동남아시아 국가들은 13세기까지 인도 문명권 변방에 위치했다.

이 지역에서 가장 오래된 국가는 메콩강 하류에 세워진 부남(扶南)으로, 1~2세기에 세워졌으며 인도에서 온 이주자가 왕이 되었다. 부남의 수도 외항으로 추정되는 옥애오유적(Oc-Éo遺跡)에서는 로마의 금화가 발굴되어 이 상업 국가의 교역권이 넓었음을 보여준다.

192년 베트남 남부의 짬족이 한나라의 지방장관을 살해하고 세운 짬파에서도 인도 문명의 흔적이 많이 보인다.

거대 건축물, 앙코르와트와 보로부두르

6세기, 크메르족(캄보디아인)은 앙코르를 수도로 하는 강대한 농업 왕국을 세우고, 전성기인 12세기에는 앙코르와트라는 힌두교의 거대 석조 건축물을 지었다. 앙코르와트는 비슈누 신의 환생으로 여겨졌던 왕을 모시는 신전으로, 우주의 중심을 본 따 세운 중앙 대첨탑의 높이는 65미터에 이른다.

7세기에는 믈라카해협을 통치하는 여러 항구도시가 연합해 해양 왕국으로 발전, 수마트라섬의 팔렘방을 중심으로 스리위자야 왕국을 세웠다. 이 왕국은 13세기까지 번영을 누렸다. 7세기 후반 바닷길로 인도에 간 당나라 승려 의정(義淨)은 1,000명이 넘는 불교 승려를 양성하는 항구도시 팔렘방의 번영에 놀라움을 금치 못했다고 기록하고 있다.

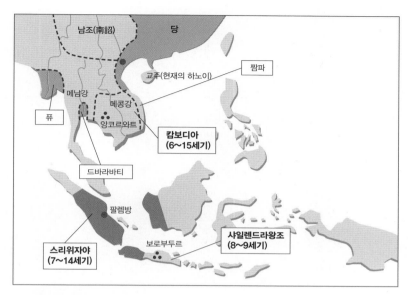

▶ 8세기경 동남아시아

9세기, 인구밀도가 높은 농업 지역인 자바섬에는 샤일렌드라왕조가 번성했다. 이 왕조는 한 변이 약 115미터인 정사각형 기단에 6층의 사각형 단과 3층의 원형 단을 겹친 대승불교의 장대한 석조 건축물, 보로부두르를 세우기도 했다.

8세기경부터는 이슬람 상인이, 10세기경부터는 중국 상인이 찾아오면서, 동남아시아는 점차 세계 교역의 중심으로 떠올랐다.

5장

동아시아 세계의 탄생

기원전 2000년~기원전 770년: **황허문명에서 은·주나라로**

황허가 낳은 황금빛 문명

황토가 있었기에 가능했던 중국 문명

총길이 5,400킬로미터의 황허는 동아시아 문명의 요람이었다. 서북의 중앙아시아 사막에서 편서풍을 타고 날아온 황토(직영 0.05밀리미터 이하의 미세한 흙)가 두텁게 퇴적한 황허의 중·하류는 동아시아 농경문화의 중심지였다. 황토는 양분, 통기성, 투수성이 뛰어나 물만 풍부하면 비옥한 농지가 될 수 있었기 때문이다. 기원전 2000~1500년경에는 황허와 그 지류 지역에 집단 취락이 발달했고, 이어 작은 도시국가가 출현했다. 그러나 황허는 황토가 퇴적하면서 강바닥이 높아진 탓에 3년에

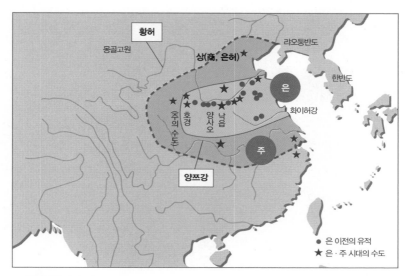

▶ 황허문명과 은·주

두 번은 범람했다. 따라서 역대 왕조의 최대 과제는 언제나 황허의 치수였다.

중국에서는 황토의 색인 '황색'이야말로 가장 귀하고 모든 것을 창조하는 색으로 인식되었다. 황허나 황해 등의 지명, 전설상 최초의 지배자인 황제(黃帝), 사후 세계인 황천(黃泉), 황제만이 입을 수 있는 황포(黃袍), 궁성의 황색 기와 등, 황색이 가득하다.

뼈를 구워 신의 뜻을 점친 은나라 왕

황허 유역에 세워진 가장 오래된 도시국가 연합은 하(夏) 왕조였으나, 기원전 1600년경 은(殷)나라에 의해 망한다. 은나라 왕은 사제장으로서 천제(天帝, 세계를 지배하는 신)와 선조를 모셨고, 정치와 군사 문제에서 농사 등 일상생활에 이르기까지 대소사를 뼈를 구워 점을 쳐 결정했다. 이러한 점의 결과를 새긴 뼛조각 10만여 편이 발굴되었고, 여기에서 한 자의 토대가 되는 4,000여 개의 문자(갑골문자)가 확인된 바 있다.

은나라는 여러 번 천도했는데, 최후의 수도 유적지인 은허(殷墟)에서 는 청동으로 만든 훌륭한 제기와 무기가 풍부하게 출토되었다. 전 세계 의 청동 유물 중 가장 크다는 청동 솥 사모무정(司母戊鼎)은 무게가 875킬로그램이나 되는 거대한 것으로 당시의 기술 수준이 얼마나 높았 는지 추측할 수 있다.

주지육림으로 일어난 은주(殷周) 혁명

은 말기에 이르자, 산둥반도에서 강력한 신흥 세력이 일어나 왕명을 따르지 않았다. 왕은 이들을 대대적으로 토벌했지만 높은 세금과 잦은 병역 의무로 인한 원성이 끊이지 않았다. 그럼에도 불구하고 은 왕은 《사기(史記)》에서 '주지육림'이라고 표현한 것처럼, 연못을 술로 가득 채 우고 고기를 숲처럼 매다는 호화로운 주연에 빠져 지냈다.

기원전 11세기 말, 서쪽 지방의 주(周)는 여러 나라의 요청을 받고 병 사들을 일으켜 은나라 군대를 쓰러뜨렸다. 이때의 왕조 교체를 '은주 혁 명'이라 하며, 여기에서 혁명이란 '천제의 뜻이 새로워지고 왕의 성이 바 뀐다'는 뜻이다.

주는 수도를 호경(鎬京)으로 정하고 왕족과 인척 관계에 있던 일족을 발탁해 여러 도시에 지배자로 파견했으며, 납세와 군사의 의무를 부여 했다. 이러한 제도를 봉건제라 하며, 이는 혈연관계에 따르는 중국 고유 의 시스템이다.

제후가 격렬하게 싸운 550년간의 난세

약 550년이나 계속된 춘추전국시대

기원전 770년 혼란이 계속되던 수도 호경(鎬京)이 이민족에게 정복당하자 주 왕조는 할 수 없이 수도를 버리고 동쪽의 낙읍(洛邑)으로 천도했다. 이후 주 왕조의 권위는 땅에 떨어졌고, 각지의 유력한 제후가 패권을 노리며 서로 다투었다. 주실동천(周室東遷) 이후 진(秦)의 시황제가 중국 전체를 통일하는 기원전 221년까지의 약 550년을 춘추전국시대라고 한다.

약 360여 년간 계속된 춘추시대의 명칭은 공자가 편찬한 《춘추(春秋)》에서 유래했다. 이 시대에는 각지의 유력 제후[覇者]가 동맹(會盟)을 맺어 도시국가 연합을 조직하고 격렬하게 싸웠다. 그 결과 1,800개나 되던 제후국이 140개국으로 줄어들었다.

특히 남쪽의 이민족인 초(楚)의 장왕(莊王)이 북상해 중원을 위압하며 "왕위의 경중을 묻는다(주왕의 권위를 모욕하다)"고 하자 제후들은 존왕양이(尊王攘夷, 주 왕실을 받들어 모시고 이민족 오랑캐들을 물리친다)의 슬로건을 내걸고 세력 확대를 꾀했다.

춘추시대 말기에는 화로를 항상 고온으로 유지하는 기술이 개발되면서 주형에 넣어 만든 철기가 대량으로 생산되었다. 이로 인해 대규모 관개 사업이 시행되었고, 대제후는 넓은 평원을 개간해 광대한 농지와 대군을 거느리게 된다.

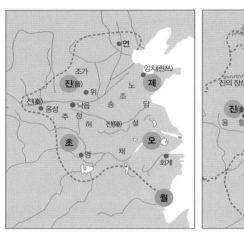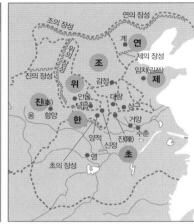

▶ 춘추전국시대의 변화

진의 하극상으로 전국시대 돌입!

중앙부에 위치했던 대국 진(晉)에서 하극상이 일어나 3국으로 분열된 후에는 실력 중심의 전란 시대가 시작된다. 약 180여 년간 이어진 이 시대를 전국시대라 부르는데, 종횡가가 제후에게 건의한 책략을 수록한 《전국책(戰國策)》에서 유래한 이름이다. 이 시기에 이르면 왕은 일개 제후에 불과하고 대제후를 '왕'이라 부르게 된다. 강한 힘을 가진 왕들은 전쟁을 일으켜 약한 제후의 영토를 정복하고 중앙집권적 영역 국가를 형성했는데, 최후에는 '전국 7웅'이라 불린 7대국만 남는다.

전쟁 규모가 커지면서 피해가 큰 전쟁을 피하는 것이 현명한 왕의 조건으로 꼽히게 되었다. 예를 들면 병법을 연구한 병가(兵家)의 손자(孫

114

子)는 "100번 전쟁을 해 100번 이기는 것이 가장 뛰어난 일이 아니다. 전쟁하지 않고 적을 굴복시키는 것이야말로 가장 뛰어난 일이다"라고 적고 있다. 다시 말해 정치적 협상이 중요해진 것이다.

춘추시대 말기에 등장한 중국 사상의 원류

춘추시대 말기에 등장한 유가

춘추시대 말기, 혈연에 의한 지배 체제가 무너지자 광대한 영토를 중앙집권으로 통치하기 위한 새로운 시스템이 필요해졌다. 왕들은 신분에 관계없이 유능한 인재를 등용해 새로운 개척지나 지배지를 다스렸다. 왕들이 인재를 확보하고자 학문을 보호하면서 '제자백가(諸子百家)'라 불리는 많은 학문의 유파가 등장해 서로 영향력을 다투었다. 제자(諸子)의 '자'는 선생을, 백가(百家)의 '가'는 학파를 뜻한다.

그중 춘추 말기에 활약한 공자에서 시작된 학파를 '유가'라고 하는데, 유가의 가르침(유학, 유교)은 중국을 대표하는 사상이 되었다. 유가 사상은 시대에 따라 내용이 변하면서 동아시아 세계에도 큰 영향을 주었다.

주나라를 이상 국가로 삼은 공자는 키가 거의 2미터에 이르는 장신이었다고 한다. 공자는 인(仁)의 실현을 이상으로 삼았는데, 인의 근본은 가족을 사랑하는 효(孝)와 제(悌)이며, 여기에 충(忠, 공평)과 노(恕, 동정)를 더해 이웃에 대한 사랑에서 인류애로 넓혀가야 한다고 주장했다. 그

		기원전 600	기원전 500	기원전 400	기원전 300	기원전 200

▶ 제자백가의 활약

는 많은 제자(문하생 3,000명에, 특히 우수한 제자 72명)를 키워내 일대 유파의 기초를 마련했다.

우후죽순처럼 출현한 제자백가

전국시대에 이르러 인간의 천성은 선하다는 '성선설'을 주장하는 맹자가 대두했다. 순자는 맹자와 반대로 '성악설'을 주장했는데, 인간은 천성적으로 이기적인 마음이 강하기 때문에 인간을 속박해 예(禮)를 가르침으로써 악을 교정하지 않으면 안 된다고 설파했다.

순자의 성악설을 계승하였으나 예가 아닌 법과 술(術, 법을 운용하는 방법과 수단)로 사람들 다스려야 한다고 주장한 것이 한비(韓非) 등의 법가

(法家)이다. 묵자(墨子)가 창시한 묵가(墨家)는 공평한 천도(天道)에 의거한 겸애(兼愛, 박애[博愛])와 흥리(興利)를 강조했으며 물자를 절약해 천하 국가를 이롭게 해야 한다고 주장했다. 가장 큰 낭비라는 이유로 전쟁을 부정하기도 했다.

노자(老子)는 유가가 주장하는 '인'은 인위적이라 하여 무시하고, 천지 만물의 근원인 도(道)에 충실해야 한다고 주장했다. 장자(莊子)는 개개의 현상은 전체 판국에서 보면 다를 바 없으므로 자기 자신을 기준으로 하는 판단을 버리고 만물은 모두 평등하다는 이치(제물론)에 따라 유유자적 생활할 것을 주장했다.

이러한 사상들은 중국 문화의 원류가 되어 후세에 많은 영향을 주었으며, 지금도 고전으로 그 생명을 유지하고 있다.

기원전 221년~기원전 206년: 중국 최초의 통일 왕조 진

15년 만에 사라진 거대 제국

시황제에 의한 차이나(China)의 탄생

기원전 221년 전국 7웅 중 하나였던 진나라의 31대 왕으로 13세의 나이에 즉위한 정(政)은 다른 6개국을 차례로 격파해 중국을 통일하고 스스로를 시황제라 칭했다. 사상 유래가 없는 넓은 영토를 지배한 거대 제국 진의 이름은 '치치' 또는 '시나'라는 이름으로 널리 알려졌다. 영어 '차이나(China)'의 어원이 바로 진이다.

시황제는 전 국토를 군(郡)과 현(縣)으로 나누고 중앙에서 관료를 파견해 중앙집권으로 지배했다(군현제). 지방 도시의 성벽을 무너뜨렸고, 무기 또한 몰수했다.

무덤까지 미친 시황제의 힘

시황제는 수도 함양(咸陽, 셴양)에 12만 호의 부호(富豪)를 이주시키고 1만 명을 수용할 수 있는 아방궁(동서 690미터, 남북 115미터)을 지었다. 또한 교외에서 70만 명을 동원해 세계 역사상 최대 규모라는 자신의 묘지(시황제릉, 현재는 높이 76미터, 한 변이 500미터인 사각형 분묘)를 짓게 했다. 1974년 능묘의 동쪽 1.5킬로미터에 있는 옥수수 밭 밑에서 발견된 3개의 지하 못에는 사후의 황제를 지키려는 목적에서 흙으로 만든 1,500구의 병사와 군마, 전차(병마용)가 함께 묻혀 있어 세계를 놀라게 했다. 더 놀라운 점은 이것이 극히 일부이며, 전체는 약 7,000구에 이른다는 사실이다.

지금은 사라져버린 만리장성

진 왕조는 문자(전서[篆書]), 화폐(반량전[半兩錢]), 도량형, 차궤(車軌)를 통일하고 도로망을 정비했으며, 민중은 법으로 엄격하게 지배했다. 정치 비판의 근원이 될 가능성이 있는 저작물은 전부 불태우고 시황제를 비판한 유가의 학자는 생매장했다(분서갱유). 이렇게 진 제국은 20세기 초까지 2,000년 넘게 이어진 중화 제국의 틀을 쌓았으며 중국 사회의 토대를 마련했다.

당시 진의 북방 초원 지대에서는 묵돌선우(冒頓單于)가 이끄는 흉노가 유목 기마 제국을 건설하고 있었다. 시황제는 10만 명의 군대를 파견해

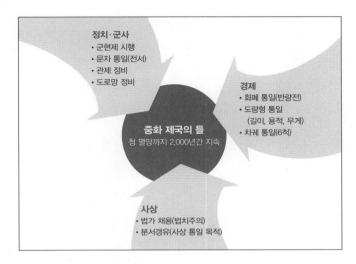

정치·군사
· 군현제 시행
· 문자 통일(전서)
· 관제 정비
· 도로망 정비

경제
· 화폐 통일(반량전)
· 도량형 통일
　(길이, 용적, 무게)
· 차궤 통일(6척)

중화 제국의 틀
청 멸망까지 2,000년간 지속

사상
· 법가 채용(법치주의)
· 분서갱유(사상 통일 목적)

▶ 진이 만든 중화 제국의 기반

흉노를 북쪽으로 격퇴하고, 다시 침입해 오지 못하도록 전국시대에 여러 나라가 건설한 장성의 일부를 이용해 만리장성을 쌓았다. 이 장성은 현재 남아 있는 명(15~16세기)의 장성보다 훨씬 북쪽에 있으며, 흙을 쌓아 굳힌 것으로 지금은 거의 남아 있지 않다.

백성의 희생을 바탕으로 건설된 진 제국은 기원전 210년 시황제가 전국 순행 중 세상을 뜨자 중국 사상 최초의 농민봉기인 진승(陳勝)과 오광(吳廣)의 난을 맞이한다. 이를 시작으로 혼란에 빠진 진은 기원전 206년 멸망하고 만다. 불과 3대 15년 만에 무너져버린 것이다.

중국 문명의 토대를 구축한 한 제국

농민 유방이 세운 한 제국

진이 멸망한 후, 각지에서 군대를 일으킨 세력 중에서 농민 출신 지도자인 유방(劉邦)과 초나라 귀족 출신 지도자인 항우(項羽)가 패권을 놓고 다투었다. 전쟁은 5년간 계속되었는데, 처음에는 40만의 군을 거느린 항우가 10만의 유방에 비해 우세했으나 점차 궁지에 몰려 기원전 202년 안후이성 가이샤[垓下]에서 유방에게 포위당하고 만다. 초나라로 도망친 항우는 그 후 스스로 목숨을 끊었다. 항우가 주위 적군들에 둘러싸인 채 흘러나오는 고향 초나라의 노래를 듣고(사면초가) 운이 다했음을 알았다는 것은 유명한 일화이다.

항우를 무찌른 유방은 기원전 202년 한을 건국했다. 한은 진나라 같은 가혹한 통치를 하지 않았고 무리하게 집권하지도 않았기 때문에 전한과 후한을 합해 400년이 넘도록 나라를 유지할 수 있었다. 한자, 한문, 한민족 등의 단어들은 한 제국의 문화가 중국 문화의 토대가 되었음을 보여준다.

전한의 전성기는 무제(武帝, 재위 기원전 141~87)가 지배한 시대였다. 흉노 토벌에 나선 무제는 격전 끝에 흉노를 일시적으로 고비사막 북쪽으로 쫓아냈다. 그 과정에서 장건(張騫)이 서방으로 파견되어, 일찍이 흉노에게 패퇴해 트란스옥시아나 지역에 나라를 세운 대월지(大月氏)와 연계를 이루었다.

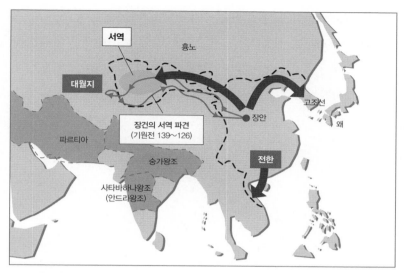

▶ 전한의 최대 영역

동서로 확대되는 무제의 한 제국

무제는 흉노의 지배 아래 있던 서역 36개국을 다스리며 서방 문화를 적극적으로 받아들였다. 황허 상류와 서역을 연결하는 허시후이랑[河西回廊]에 다수의 중국인을 이주시켜 둔황[敦煌] 등 4군을 설치한 것도 실크로드를 잇는 루트를 안정적으로 지배하기 위함이었다.

무제는 기원전 108년에는 한반도 북부를 정복해 낙랑군 등 4군을 두고 많은 중국인을 이주시켰다. 또 기원전 111년에는 남월을 정복해 베트남 북부를 지배했다. 이것이 1,000년에 이르는 베트남 지배의 출발점이다. 이후 티베트와 윈난성([雲南]省)까지 원정해 5군을 두었다.

거세당한 후 《사기(史記)》를 저술한 사마천

유학이 국학이 되어 정치와 깊은 관련을 맺은 것도, 위대한 역사가 사마천이 부친의 유지를 이어받아 전설의 황제(黃帝) 시대부터 무제 시대에 이르기까지 52만 6,500자나 되는 《사기》 130권을 완성한 것도 무제 시대의 일이다. 사마천은 불과 10세에 고전을 읽고 이해할 정도로 뛰어난 재능의 소유자였다. 그는 20세에 전국을 여행하며 견문을 넓히고 역사에 남을 저서를 쓸 기반을 다졌다.

사마천은 무제에게 굴욕적인 일을 당했다. 기원전 99년, 고명한 장군들이 본분을 다하지 않는 가운데 청년 장군 이릉(李陵)이 용감하게 흉노의 대군과 맞서 싸우다 포위되어 항복하는 사건이 일어났다. 많은 조정 중신들은 이릉을 비난하고 일족을 멸해야 한다고 했으나 사실에 충실해야 한다고 믿은 사마천은 이릉을 변호했다. 분노한 무제는 당시 48세였던 사마천을 궁형(宮刑)에 처했다. 사마천은 죽음보다 더한 고통과 굴욕을 극복하고 중국을 대표하는 방대한 역사서 《사기》를 완성한 것이다.

25~220년: 후한(後漢)의 번영

실크로드와 바닷길로
로마제국과 교류한 한

유교에 빠져 실패한 신(新) 왕조

무제가 흉노와 벌인 일련의 대전쟁으로 세금이 높아지자 백성의 삶은 궁핍해졌고, 지방 호족이 대두하는 결과를 낳았다. 이로 인해 한 제국은 혼란에 빠지고 만다.

기원후 8년, 외척 왕망(王莽)은 황제를 살해하고 새 황제로 두 살에 불과한 황제를 즉위시켰다. 그러고는 "한의 운명은 다했다"며 제위를 빼앗고 신(新)이라는 왕조를 세웠다. 그는 유교 이데올로기를 기초로 농지를 국유화하고 상업 통제 정책을 썼으나 실패하고, 대외적으로는 주변 이민족의 지위를 격하해 그들의 침입까지 자초하면서 혼란을 키웠다. 머지않아 한의 부흥을 내걸고 눈썹에 빨간 표시를 한 농민들의 반란(적미의 난)이 일어났고, 왕망은 반란군에게 살해당하고 장안은 약탈당했다.

혼란을 수습한 것은 지방 호족의 지지를 얻은 전한 황제의 후예 유수(劉秀), 즉 광무제(光武帝)로, 25년에 후한을 세웠다.

로마제국과 이어진 한 제국

1세기 후반에 들어, 후한은 흉노의 분열을 이용해 재차 실크로드에 진출했다. 서역에 파견된 반초(班超)는 뤄부포호 부근에 있는 누란으로 가서 한에 귀속하라고 설득했다. 하지만 마침 북흉노의 사자가 누란을 방문 중이었던 탓에 요청이 받아들여지지 않자, 반초는 북흉노의 사자를 살해하고 누란을 복속시켰다. 이때 반초가 한 말이 유명한 "호랑이 굴에 들어가지 않고는 호랑이 새끼를 잡을 수 없다"였다. 반초는 31년간 서역의 장관을 역임했고, 50개국 이상을 종속시켰다.

한편 반초는 부하 감영(甘英)을 로마제국에 파견했는데, 감영은 대해(지중해라는 설과 페르시아만이라는 설이 있다)에 이르기는 했으나 로마제국에 도착하지는 못했다. 또한 166년에는 로마제국의 왕인 마르쿠스 아우렐리우스 안토니우스(로마 5현제 중 마지막 황제)의 사자가 바닷길로

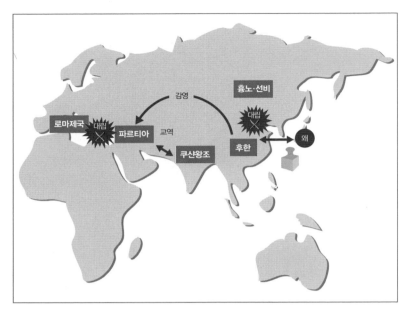

▶ 한 제국과 연결된 파르티아와 로마제국

한 제국의 지배 아래 있던 베트남 북부의 일남군(日南郡, 지금의 후에)을 방문했다.

　지방 호족의 힘이 강한 탓에 결속력이 없었던 후한은 태평도라는 민간신앙의 교조가 황건적의 난(새로운 왕조 창설을 도모한 농민 대반란)을 일으켜 동요하기 시작한 이후 힘 있는 호족이 서로 싸우는 삼국시대로 접어들었다.

중국 → 한반도 → 왜국으로
흘러가는 문화

중국 문명의 중계지가 된 한반도

전한의 무제는 앞서 기술한 대로 기원전 1세기 말 한반도 북부를 정복하고 낙랑군 등 4군을 두었다. 그리고 각 군에 태수(지방장관)를 파견하고 많은 중국인을 이주시켰다.

낙랑은 산둥반도로부터 랴오둥반도, 한반도 연안, 대한해협, 북규슈로 연결되는 바다 교역의 중심 도시로, 중국 문명의 중계지가 되었다. 한반도 남부에서는 한(韓)족 사회가 형성되어 마한·진한·변한이 성립했다.

그러나 5개 유목민(5호)이 황허 유역으로 진출해 중국 사회가 혼란스러워지자, 313년 북방의 고구려가 낙랑군을 공략하고 큰 세력을 이뤄 바다의 네트워크를 지배했다. 남부에서도 마한 지역에는 백제가, 진한 지역에는 신라가 세워졌다.

고구려는 광개토대왕 시대에 강성해져 남쪽의 백제와 신라를 여러 번 공격했다. 백제는 왜국과 손을 잡고 이에 대응했는데, 이 때문에 불교를 비롯한 백제의 뛰어난 문화가 왜국으로 전해져 아스카문화의 모태가 되었다.

수·당과 신라, 일본의 관계

중화 제국을 재건한 수는 동쪽의 중요 지역을 지배하고 있던 고구려에 세 번에 걸쳐 대군을 파견했으나 그때마다 격퇴당하고 말았다. 이후

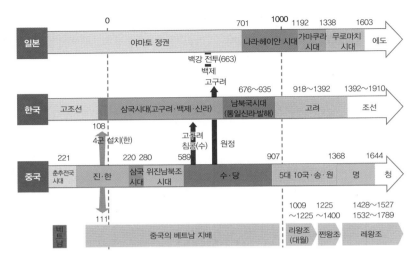

▶ 중국과 일본·한국·베트남의 관계

세워진 당 제국은 원교근공(遠交近攻) 정책에 따라 신라와 연합하고 백제와 고구려를 공격했다. 이렇게 660년에는 백제가, 668년에는 고구려가 멸망하고 유일하게 신라만이 남는다. 한편 야마토 정권의 나카노 오오에[中大兄] 왕자는 백제의 재건을 돕기 위해 663년 대규모의 해군을 파견했으나 백강 전투에서 패한다.

당 제국은 한반도에서 일본 열도로 지배를 확대하려 했으나 신라가 왜국과 제휴해 당과 맞서는 바람에 요동으로 후퇴할 수밖에 없었다. 신라는 전통 사회에 당의 율령을 도입해 통치 체제를 굳혔다. 야마토 정권도 강한 자극을 받아 율령을 도입하고 도성을 건설했으며 일본이라는 국호를 채용하는 등 집권 체제를 정비해 나갔다. 신라의 수도 서라벌과 일본의 수도 헤이조쿄[平城京]는 동아시아의 새로운 문화 중심지로 성장하게 되었다.

화기 출현으로 쇠락한
유목민의 군사 대국

역사를 바꾸는 힘이 있었던 유목민

유목 세계는 현재 인구도 적고(몽골고원 유목민은 약 60만 명) 세계를 뒤흔들 만한 영향력도 사라진 지 오래이다. 그러나 15세기경까지만 해도 중앙아시아의 기마 유목민은 유라시아 역사를 크게 바꾸어놓을 힘을 지니고 있었다.

몽골고원에서 남부 러시아에 이르는 총 7,000킬로미터 이상의 대초원에 거주하던 유목민은 재산인 양과 말을 이끌고 이동하면서 살았다. 따라서 가재도구는 간소했고, 이동식 천막집인 게르에서 생활했다. 한 가족이 생활하는 데는 약 200마리의 양이 필요했으며, 한 장소에 머물 수 있는 집단의 규모는 기껏해야 대여섯 가족 정도여서, 소집단들이 10킬로미터 이상의 간격을 두고 초원에 흩어져 살았다. 교통수단으로 말은 없어서는 안 될 필수품이었다.

이렇듯 유목민은 생활을 가축에 의존했다. 가축의 고기, 뼈, 발굽, 배설물 또한 의식주와 연료의 재료로 널리 이용되었다.

인간 집단의 결속으로 이루어진 국가

초원에서 양의 무리를 쫓는 유목민의 생활은 언뜻 보기에는 목가적으로 보일지 모르나 실제로는 외적의 습격, 자연환경의 격변, 질병의 창궐 등 많은 불안 요인을 안고 있어 서로의 도움이 필요했다. 따라서 가족

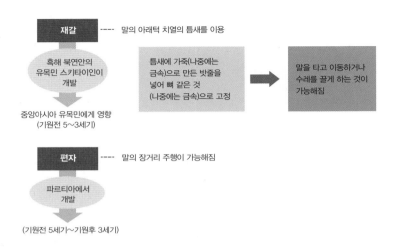

▶ 기마 기술의 획기적인 진보, 재갈과 편자

같은 소집단이 결합된 부족을 단위로 집단의 이합집산이 반복되었다.

유목 사회에서는 인적 결합이 모든 것이다. 강력한 통솔자가 나타나면 부족이 대집단을 이루어 큰 나라가 되었으며 부족으로 분열되면 하룻밤 새에 '나라'는 없어져버렸다. 유목 사회는 농경 사회와는 다른 원리와 체계를 지니고 있었다.

13세기까지는 군사 대국이었다?

흑해 북쪽 연안에 살던 이란계 유목 민족 스키타이인은 고삐를 잡는 재갈 등의 마구(馬具), 말 위에서 쏠 수 있고 사정거리가 100미터를 넘는 강한 단궁 등을 개발했다. 그들의 기술은 동으로는 몽골고원, 서로는 헝가리 평원으로 널리 전파되어 전투적인 기마 유목민이 각지에서 출현했다. 유목 집단은 기동성과 공격력을 살려 농업 국가와 대등한 군사력을 지닌 군사 대국이 되었고, 때로는 농업 국가를 정복해 지배 집단이 되기도 했다.

전자의 예로는 진과 한을 위협해 만리장성을 쌓게 한 흉노, 4~5세기에 중국을 위협한 5호와 유연(柔然), 유럽에 침입한 훈족, 6~9세기에 활약한 터키계 돌궐과 위구르, 유럽에 침입한 마자르족이 있다.

후자의 예로는 11세기 이슬람 세계를 정복한 셀주크왕조, 13세기에 금, 남송, 이슬람 제국 등을 정복해 유라시아 대제국을 세운 몽골족을 들 수 있다. 몽골족은 실크로드를 대신하는 주요한 교역로로 초원길을 발전시켜 유목민의 전성기를 누렸다.

그러나 총포와 대포 등 화기가 출현하면서 전투법이 바뀌고 농업 사회의 군사력이 비약적으로 발전하자 유목민의 군사적 우위가 흔들렸고, 이렇게 유목민의 시대는 종말을 고해야 했다.

연대 불명: **실크로드**

실크로드를 지탱한 도시국가군

사막 안의 오아시스 도시국가군

중앙아시아의 톈산산맥과 시르강을 연결하는 선 남쪽에는 건조한 사막지대가 파미르고원에 의해 동서로 나뉘어 있었다. 토지가 비옥해 물만 충분하면 농경이 가능했던 이 지역에는 작은 경지와 도시국가(오아시스 도시국가)가 점점이 있었다. 이런 도시국가를 서로 잇고 동·서·남아시아의 대농경지대로 연결한 것이 실크로드이다.

서에서 동으로 이어진 실크로드

실크로드를 장안에서 로마에 이르는 루트라고 하면 그 거리는 무려 1만 2,000킬로미터에 달한다. 중국을 세계의 중심으로 보는 중국 역사서에 근거해 실크로드가 동쪽에서 시작했다고 하나, 실제로 실크로드는 서쪽에서 동쪽으로 이어졌다. 그 중심이 된 것은 파미르고원에서 서쪽으로 흘러가는 제라프샨('황금을 뿌린다'라는 의미)강 유역인 소그드 지방이었다.

오래전 이란계 주민이 개발한 이 오아시스 지역은 인구도 많았고, 사마르칸트나 부하라 같은 대도시가 이미 기원전부터 성장해 있었다. 그런데 인구가 늘어나면서 교역과 식민 활동이 활발하게 이루어지고 교역로가 점차 확대되어, 머지않아 유라시아 각지를 연결하게 된 것이다.

빈틈없는 소그드인의 길

실크로드라는 이름은 독일인 리히트호펜이 만든 말로, 중국산 비단이 이 루트의 주요 상품으로 거래된 데서 비롯되었다. 소그드 지방을 중심으로 한 실크로드는 아프가니스탄을 지나 서아시아와 인도로 이어지고 파미르고원을 넘어 서역 북도와 서역 남도로 나뉘어졌다. 서역 북도는 다시 톈산 북로와 톈산 남로로 갈라졌고, 시르강을 건너 유목 세계까지 연결되었다.

실크로드에서 활약한 것은 빈틈없는 소그드 상인이었다. 당나라 사람들은 소그드인들에 대해 "아이 입에 꿀을 넣고 아교를 묻히고 달콤한 말을 하며 쥔 돈을 놓치지 않도록 교육한다"라고 험담했다.

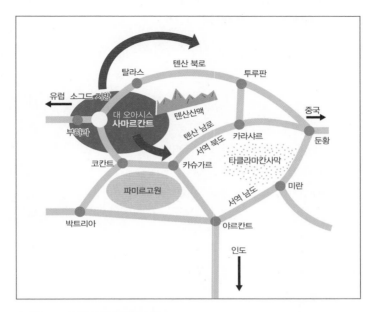

▶ 실크로드의 발상지인 사마르칸트

　중국이 실크로드를 지배한 것은 한 제국과 당 제국 시대의 한때 (7~8세기 중반경)에 불과했다. 8세기 중반 이후부터 실크로드는 이슬람 세계로 편입되었다.

연대 불명: 바다의 세계와 항시(港市) 국가

유라시아에도 있었던 '대항해시대'

연결되는 해역

지역과 문명을 가로막는 장애물이었던 바다는 조류나 계절풍의 본질이 밝혀지면서 점차 교통로 역할을 하게 되었다. 사막의 오아시스처럼 바다 교역망의 요지가 된 도시를 '항시'라 하는데, 각각의 해역에서 항시가 성장하고 항시를 잇는 항로가 정기적으로 생겨 해역과 해역이 이어지자 지역과 문명 또한 연결되었다. 이미 메소포타미아문명과 인더스문명이 해로를 통해 정기적으로 교역을 했다고 밝혀졌다.

히파로스의 바람을 타고 흘러 들어온 금화

기원 원년경 이집트 상인이 겨울에는 동북쪽에서 불고 여름에는 서남쪽에서 부는 인도양의 계절풍(히파로스의 바람)을 발견했다. 로마 상인들도 이집트를 기지로 홍해와 인도양 무역에 나섰다. 그들은 대량의 금화를 가지고 비단과 면직물 등을 찾아 남인도의 안드라왕조로 갔고, 스리랑카를 경유해 동남아시아까지 이르렀다.

인도의 데칸고원에서는 로마제국의 순도 높은 금화가 대량으로 발굴되었다. 플리니우스에 따르면 매년 5억 5,000만 세스테르티우스나 되는 은이 인도로 유입되었고, 막대한 양의 비단과 면직물을 교환하느라 로마제국의 금화는 바닥을 드러냈다고 한다.

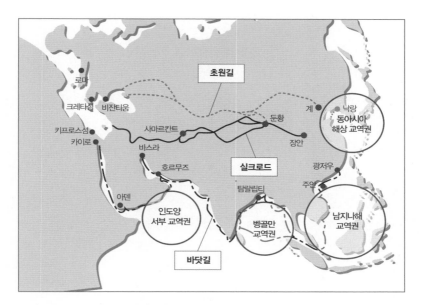

▶ 유라시아 대륙을 둘러싼 바닷길·초원길·실크로드

인도화된 동남아시아

한편 인도의 안드라왕조에서는 많은 상인들이 향료와 금을 얻고자 벵골만을 가로질러 동남아시아 각지로 건너가 교역을 했다. 이 때문에 문자와 언어를 필두로 인도 문화가 동남아시아로 전해졌다. 동남아시아의 여러 문자는 그란타 문자라는 남인도 문자에 기원하고 있으며, 언어의 10~20퍼센트가 인도 언어라고 한다. 이후 이슬람과 중국 상인이 진출할 때까지 동남아시아는 인도 문명권에 속해 있었다.

세라믹 로드의 등장

8세기 중반경, 이라크를 중심으로 이슬람 제국의 아바스왕조가 성립하면서 페르시아만의 항시에서 인도 서안, 스리랑카, 동남아시아를 거쳐 당의 광저우에 이르는 항로가 정기화되었고, 유라시아 대륙 남부에는 장대한 바닷길이 열렸다(1차 대항해시대). 〈뱃사람 신드바드의 모험〉 이야기는 그 당시 바다 네트워크의 발전을 보여주고 있다. 신드바드는 모두 7번의 항해를 했는데 마지막 항해는 셀렌디브(현재의 스리랑카)였다.

10세기 후반이 되자 중국 연해부의 상인이 '정크'라는 외양선을 타고 나침반을 이용해 동남아시아와 남인도로 진출했고, 남인도를 경계로 바닷길의 세력권을 이슬람 상인과 나눠 가졌다(2차 대항해시대). 중국 상인의 주된 상품이 도자기였기에, 바닷길은 '세라믹 로드(도자기의 길)'라 불리기도 한다.

고대에 태양은 10개였다?

고대 중국의 은 왕조에서는 태양이 10개가 있어(널리 알려져 있는 갑·을·병·정이라고 이름 붙였다) 하루씩 교대로 하늘에 뜬다고 믿었다.

왕은 10개 태양의 자손으로 죽은 뒤에는 태양이 사는 땅속 깊은 곳으로 내려가 새로운 태양이 된다고 여겼다. 그래서 순환이 한 바퀴 이루어지는 열흘이 당시의 생활 단위였으며, 이를 순(旬)이라 불렀다. 새로운 순이 시작될 때 뼈를 구워 길흉을 점치는 것이 왕의 중요한 업무이기도 했다.

순은 현재도 초순, 하순 등으로 사용되고 있는데 옛날의 종교성은 없어지고 단어만 전해지고 있다. '십간(十干)'은 춘추시대에 서아시아에서 전해진 십이지(十二支)와 연결되어 60으로 순환하는 '간지(干支)'가 되었다.

통치 상징　　　　순환 상징

태양

▶ 은나라 사람들의 자연관을 나타내는 '순(旬)'

3부

하나로 연결되는
유라시아 세계

아랍인이 펼친 대정복 운동

7세기에 들어서면 아라비아반도에서 새로운 세계사의 물결이 일어난다. 무함마드가 창시한 이슬람 교단이 이끄는 아라비아 유목민(아랍인)의 대농경지대를 향한 민족이동(대정복 이동)이 파도처럼 반복해 일어난 것이다. 서아시아의 페르시아제국과 지중해 세계의 남쪽 절반이 아라비아 유목민에게 정복되었고, 그 결과 3개 대륙에 걸친 거대한 이슬람 제국이 탄생했다.

이슬람 제국에도 오랜 기간을 거치면서 질적인 변화가 일어났다. 아랍인의 정복 왕조인 옴미아드왕조(661~750)가 아랍인의 특권을 폐지하고 이슬람교도인 여러 민족이 동등한 대우를 받게 한, 실로 국제적인 제국 아바스왕조(750~1258)로 바뀐 것이다.

유라시아 경제를 하나로 연결한 이슬람 상인

이슬람 상인들의 국제 상업은 아바스왕조 시대에 정점에 이르렀다. 이슬람 제국의 상업망에는 주변 바닷길, 지중해 교역권, 실크로드, 사하라 종단 루트, 카스피해와 발트해를 잇는 루트 들이 연결되었다. 이슬람 상인들이 인구 150만 명의 도시 바그다드를 중심으로 유라시아의 여러 지역 경제를 하나로 묶은 것이다.

십자군 전쟁을 계기로 성장하기 시작한 세계

그러나 이 같은 번영도 그리 오래가지 못했다. 지배 민족인 아랍인의 군사력이 약해지면서 지방분권화가 진행되어 11세기에는 중앙아시아의 유목민인 튀르크인이 이슬람 세계의 중심 세력이 되었다.

튀르크인의 셀주크왕조(1038~1194)는 이슬람 세계를 실질적으로 지

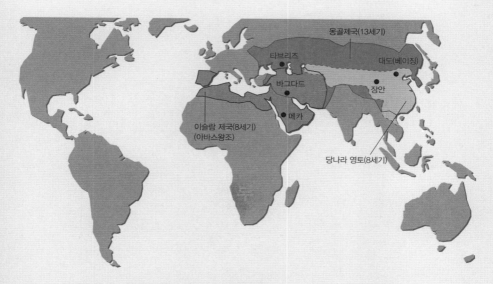

▶ 8세기 이슬람 제국과 당나라, 13세기 몽골제국

배하는 비잔틴제국령, 소아시아로 쳐들어왔다. 셀주크왕조의 거친 공격을 감당하지 못한 황제는 로마 교황에게 원조를 요청했다. 이렇게 170년 동안 간헐적으로 십자군 파견이 시작되었다.

마침 서유럽은 농업기술이 진보하면서 인구가 증가하고 대규모의 개간 사업이 이루어져 팽창기에 접어들고 있었다. 십자군을 계기로 서유럽에서는 도시가 성장하고 왕에 의한 국가 통일 움직임이 강하게 일기 시작했다.

한편 동아시아 세계(중국)에서도 북방 민족의 압력이 거세졌다. 도시와 경제가 번영했던 송은 북방 민족인 여진족이 세운 금의 침입에 맞서다 결국 멸망했고, 화북 지방은 금의 지배를 받게 되었다. 강남 지방을 간신히 지켜낸 남송은 금의 신하로 전락했다. 중화 제국을 중심으로 한 동아시아 세계의 질서도 이 시기에는 무너지고 만다.

몽골이 지배한 시대에 탄생한 거대한 네트워크

13세기부터 14세기에는 이슬람 상인의 협력을 얻은 몽골인들이 중앙아시아의 초원 지대를 중심으로 이슬람 세계와 동아시아 세계의 2대 농경 지대를 지배하는, 전에 없던 대유목 제국을 만들어낸다.

제국의 지배지는 다섯 지역으로 나뉘어 있었다. 그러다가 점차 동서에 걸친 대농업지대를 지배한 원과 일한국, 초원의 세 한국이 서로 싸웠고, 각각의 한국에서도 내분이 일어나 몽골제국은 빠르게 멸망했다. 그러나 바다와 육지의 거대한 네트워크가 연결된 결과 유라시아 지역의 상업은 유례없는 활기를 띠었고, 동서 문화 교류도 매우 활발해졌다.

6장 변동하는 동아시아

220~316년: 삼국시대에서 5호16국 시대로

비참했던 삼국시대와
백수십년의 5호16국 시대

실제로는 비참했던 《삼국지》 시대

지방 호족의 대두로 분열과 쇠퇴의 길을 걷게 된 후한(後漢)에서는 기근이 되풀이되었다. 2세기 중엽에는 심장부인 수도 낙양 근처에서도 "서로 인육을 먹고, 노약자가 길거리에 버려지는" 비참한 모습이 펼쳐졌다.

그런 가운데 184년, 수십만 명의 농민이 참가한 농민반란이 일어났다. 새로운 왕조 건설을 목표로 새 왕조의 상징색인 황색 수건을 들고 일어난 황건적의 난이었다. 난은 진압되었으나 제국의 멸망을 앞당겨 군웅할거 시대로 접어들었다.

220년경 거의 동시에 3개의 나라가 생겼다. 난세의 영웅 조조(曹操)의 아들 조비(曹丕)가 한의 황제에게 천명이 바뀌었다는 칙서를 강요하고 퇴위시킨 후 위(魏)를 세우자 강남의 손권(孫權)이 오(吳)를, 유비(劉備)가 제갈공명(諸葛孔明)의 도움을 받아 사천(四川)에 촉(蜀)을 세웠다. 이로써 삼국이 대립하는 삼국시대가 열린다. 유비를 어진 군주로 묘사한 소설《삼국지연의(三國志演義)》에서 흥미진진하게 그려진 이 시대는 실제로는 지독한 기근에 시달리던 시대였다. 후한 말인 2세기 중엽 약 5,000만 명을 넘었던 인구가 삼국시대 초기에는 세 나라를 합쳐 약 500만 명에 불과할 정도로 급격히 줄었다.

유목민에게 빼앗긴 황허 유역

삼국 가운데 가장 세력이 컸던 위가 촉을 합병해 중국의 재통일이 가까워진 무렵, 실질적인 세력자가 된 무장 사마염(司馬炎)이 위 황제에게 제위를 내놓게 하고 서진(西晋)을 건국했다(265). 그 후 280년, 서진은 오를 무너뜨리고 통일을 이룬다.

그러나 사마염(武帝)의 뒤를 이은 혜제(惠帝)는 곡식이 없어 백성들이 굶어 죽는다는 말을 듣고 "그러면 곡식 대신 고기를 먹으면 될 것 아니냐"고 한 무척 어리석은 임금이었다. 황후 일족이 정치를 좌지우지하게 되자, 황제 자리를 노리고 8명의 왕이 서로 죽이고 죽는 8왕의 난(291~306)이 일어났다.

전란이 일어나면 주변 유목 기마 민족들이 자주 이용되었지만, 흉노족의 왕이 황제를 칭하고 나선 이후 유목민의 지도자들은 각지에서 자립했다. 5호라 불리는 몽골계, 퉁구스계, 티베트계 유목민이 황허 유역을 점령하고 잇따라 국가를 세우면서 서진은 316년에 멸망했다. 그 후

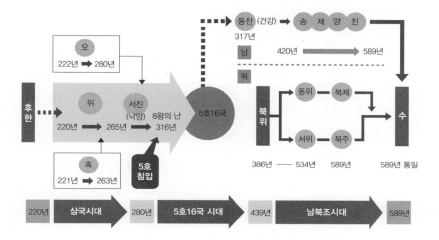

▶ 삼국시대에서 5호16국을 거쳐 수나라로

중국은 백수십 년에 이르는 5호16국 시대를 맞이한다.

동아시아에도 있었던 민족대이동

서진이 무너진 지 1년 후 사마의는 건강(建康, 현재의 난징)을 수도로 동진을 세웠다. 이 시기에 한민족의 대이동이 시작되어 황허 유역에서 발달한 고도의 문명이 널리 전파되었다.

침입한 유목민의 중국화

정복 왕조임에도 중국화한 북위

유목민의 침입으로 오랫동안 혼란스러웠던 화북은 436년 선비족의 북위가 북연(北燕)을 쓰러뜨리면서 백수십 년간 계속되어온 5호16국 시대에 종지부를 찍었다. 그 결과 북의 통일 왕조와 남의 왕조(송·제·양·진으로 이어짐)가 대치하는 남북조시대가 시작되었다.

오랜 기간 장성 내외의 광대한 지역을 지배한 북위는 본격적인 정복 왕조였다. 북위는 서역에서 전래된 불교를 이데올로기로 윈강석굴에 역대 황제의 큰 불상을 만들어 황제의 지배 권위를 확립하려 했다. 그러나 원활한 통치를 위해 한인 관료들의 협력이 불가피해지자 제국은 중국화하기 시작했다.

제6대 효문제(孝文帝)는 수도를 장성 부근의 평성(平城, 지금의 타이둥)에서 후한의 도읍이었던 낙양으로 옮기고 선비의 언어와 풍습을 버렸다. 또한 이름까지 중국식으로 바꾸고 한인 귀족과의 결혼을 장려했다. 마케도니아의 알렉산드로스대왕이 페르시아화하려 했던 것과 비슷한 일이었다.

한편 그는 균전제를 실시해, 원칙적으로 농지를 황제의 지배 아래 두고 농민에게 똑같이 빌려주었다. 또 일정 숫자의 경작용 소를 지급하거나 노비에게도 토지를 주는 등의 양보를 하면서 호족 세력을 견제했다.

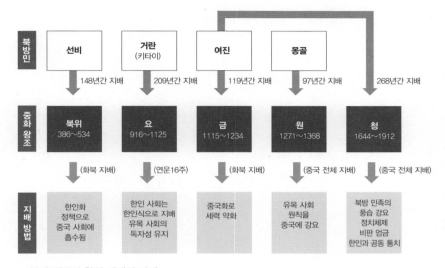

북방민	선비	거란 (키타이)	여진	몽골	
	↓ 148년간 지배	↓ 209년간 지배	↓ 119년간 지배	↓ 97년간 지배	↓ 268년간 지배
중화 왕조	북위 386~534	요 916~1125	금 1115~1234	원 1271~1368	청 1644~1912
	↓ (화북 지배)	↓ (연운16주)	↓ (화북 지배)	↓ (중국 전체 지배)	↓ (중국 전체 지배)
지배 방법	한인화 정책으로 중국 사회에 흡수됨	한인 사회는 한인식으로 지배 유목 사회의 독자성 유지	중국화로 세력 약화	유목 사회 원칙을 중국에 강요	북방 민족의 풍습 강요 정치체제 비판 엄금 한인과 공동 통치

▶ 북방 민족과 한인 세계의 관계

수에 의해 재통일된 중국 세계

중국화에 반발한 선비족이 각지에서 반란을 일으키면서 북위는 534년 동·서로 분열했다. 그러나 589년 양견(楊堅)이 건국한 북조의 수가 남조의 진을 정복해 약 370년 만에 중국은 재통일되었다.

문제(文帝) 양견은 율(형법)과 영(행정법)을 정해 중앙관제를 정비하고, 주와 현의 행정단위를 두어 지방을 지배했다. 또 농지를 황제의 관리 아래 두고 골고루 농민에게 나누어주는 균전제, 현물 징수(조용조), 농민 징병(부병제)을 함께 실시해 농업 국가의 틀을 갖추었다.

학력 사회를 만든 '과거'의 등장

수는 중앙집권 체제를 강화하기 위해 학과 시험에 의한 관료 채용 제도(선거. 나중에 과거라고 불린다)를 시작했다. 과거는 20세기 초까지 약 1,300년간 계속되어 중화 제국을 지탱하는 관료체제의 근간을 이루었으나 여러 가지 폐해를 낳기도 했다.

4~6세기: **중국의 불교와 도교**

중국 전역에 뿌리내린 불교와 도교

정착해 가는 불교

5호의 진출 이후 중국에는 역사상 유례없는 규모의 서방 문화가 들어왔다. 대표적인 것이 서역에서 들어온 불교이다. 한 예로 서역 북도의 중심 도시 쿠처 출신의 불도징(佛圖澄)은 수행을 통해 주술로 귀신을 부리는 능력을 익혔다고 해서 후조(後趙)에 보물로 초대받았다. 그는 40년 동안 1만 명의 신도를 거느렸고 893개의 사원을 세웠다. 그의 문하생 도안(道安)은 최초로 불교 교단을 조직한 사람이다. 또 인도 귀족과 쿠처 왕의 여동생 사이에 태어난 구마라습은 후진(後秦)의 국사(國師) 신분으로 장안에 들어와 대규모의 대승불교 경전을 한문으로 번역하는 국가사업에 종사했다.

불교에 맞서 조직화한 도교

화북을 통일한 북위도 불교를 국가 종교로 중시했다. 그러나 16세에 즉위한 3대 태무제(太武帝)는 불교에 맞서 도교를 보호했다. 중국의 전

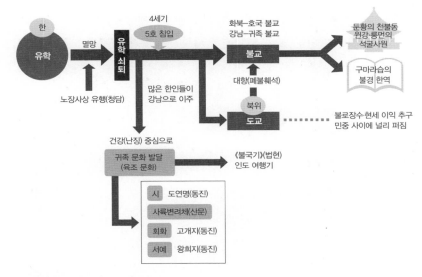

▶ 위진남북조 문화의 변천

통신앙을 집대성한 도교는 불교에 대항하는 형태로 조직화했는데, 노자를 교조로 천상에 있는 신선 태상노군을 숭배하고 불로장수 등 현세의 이익을 추구했다. 태무제는 도교의 개조 구겸지(寇謙之)를 스승으로 받들고 446년에 폐불훼석령(廢佛毁釋令)을 내렸다. 이로 인해 북위 전체의 사원이 파괴되었고 승려와 비구니 들은 모두 강제로 환속당했다. 그러나 태무제가 환관에게 암살당하고 문성제(文成帝)가 즉위하자 폐불 정책은 중단되고, 종교 장관(사문통)이 된 담요(曇曜)가 불교 진흥에 앞장서 불교 교단을 재건했다.

건강을 도읍으로 정한 남조의 여러 왕조에서도 많은 절이 지어졌고 귀족 불교가 꽃을 피웠다. 특히 양 무제는 독실한 불교 신자였다. 호화로운 의상을 몸에 걸친 뒤 자기 몸을 절의 노예로 기부하고('사신'이라 한다), 신하가 막대한 돈을 들여 절에서 황제를 되사오는 식으로 거액의 기부를 했다고 한다. 그가 인도에서 바닷길을 통해 광주에 도착한 인도의 명승 달마(達磨)와 불교 교의 논쟁을 벌였다는 유명한 일화도 있다.

581~681년: **수에서 당으로**

대규모 토목공사와 잦은 원정으로 38년 만에 멸망한 수

대운하 건설로 확대된 중국 세계

수는 약 370년 만에 중국의 남북을 통일했다. 이후 현물 징세(조용조)와 농민 징병(부병제)을 조합한 농업 국가의 체제를 갖추어 중국사에 큰 자취를 남겼으나, 겨우 38년 만에 멸망하고 말았다.

부왕인 문제와 형인 황태자를 살해하고 2대 황제가 된 양제(煬帝)는 폭 30~40미터, 총길이 약 2,500킬로미터에 이르는 대운하를 건설했다. 이 운하는 물자가 풍부한 강남과 정치·군사 중심지인 화북을 잇는 대동맥으로, 건설하는 데 100만여 명의 백성이 동원되었다.

놀기를 좋아한 양제는 운하를 유흥에 이용했다. 그가 장두[江都]에 있는 별궁으로 갈 때는, 방이 120개나 되고 금은으로 치장한 4층짜리 용선을 비롯해 수십 척의 배가 운하에 떴고 1만여 명의 농민이 배를 저었다고 한다.

세 번의 고구려 원정 실패 또한 수의 멸망을 앞당겼다. 수는 고구려를

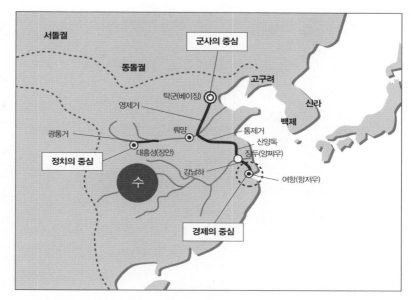

▶ 수의 최대 영역과 운하

외번국(外藩國)으로 봉했으나 고구려는 일체의 조공을 바치지 않았고,
오히려 수와 대립하던 돌궐과 제휴할 움직임을 보였다. 제국의 위엄에
손상을 입은 양제는 610년 이후 세 번에 걸쳐 고구려 원정에 나섰으나
모두 실패했다.

별궁에서 암살된 양제

대규모 토목공사와 잇따른 원정에 따른 부담을 견디다 못한 농민들은
반란을 일으켰다. 마지막 원정이 있은 지 4년 후, 별궁에서 꼼짝 않고 있
던 양제가 근위병에게 살해당하면서 수는 멸망했다.

수 왕조를 건국한 문제는 북주의 수국공(隨國公) 출신이라 국호를 수

(隋)로 정했다. 그런데 이 문자에 들어 있는 책받침 변(辶)이 발을 의미하므로 이것이 있으면 나라가 빨리 멸망한다고 여겨 국호를 '수(隋)'로 바꾸었다. 그러나 실제로는 성급하게 중화 재편을 시도하면서 민중을 괴롭혀 불과 2대 만에 망하고 말았다.

약 300년간 지속된 당

수나라 말기, 대혼란이 계속되는 가운데 수의 당국공(唐國公)이었던 이연(李淵)이 세력을 확장해 갔다. 그는 일단 양제의 손자를 황제(공제)로 삼고 이 황제에게 재위를 물려받는 선위 절차를 밟아 618년에 당조를 열었다. 당은 290년 동안 이어진다.

618~907년: 당의 번영과 쇠퇴 ①

중국 역사상 유일한 여제, 측천무후

당의 기반을 굳힌 2대 태종과 3대 고종

당나라의 2대 태종(이세민)은 수의 제도를 계승해, 조용조 제도와 부병제, 관료 제도, 지방 행정조직 등을 정비했다. 나아가 그는 몽골고원의 동돌궐과 티베트의 토번을 토벌하고, 동돌궐의 지배를 받던 북방 부족들의 우두머리를 장안에 모아 천가한(天可汗)이라는 북방 민족 최고 지▶배자의 지위를 인정함으로써 300년 제국 통치의 기초를 다졌다.

3대 고종 때에는 신라와 연합해 한반도의 백제와 고구려를 멸망시켰

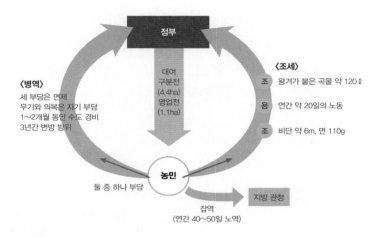

▶ 당의 농민 지배 구조

으며, 중앙아시아의 서돌궐을 공격해 당나라는 문자 그대로 '세계 제국' 이 되었다.

자신의 아이마저 죽인 무후

한편 40대에 들어선 고종이 현기증을 이유로 정치를 멀리하자 황후 인 측천무후(則天武后)가 실권을 장악했다. 산시[山西] 목재 상인의 딸이 었던 무후는 빼어난 미인으로, 만 14세에 태종의 후궁이 되었다. 태종이 죽은 뒤 무후는 비구니가 되었으나 3대 황제인 고종의 눈에 들어 다시 궁으로 들어온다.

그녀는 고종과의 사이에서 낳은 딸을 왕 황후가 어르는 사이 자리를 비웠다가 나중에 그 아기를 목 졸라 죽였다. 그러고는 고종에게 자신이 자리를 비운 사이에 왕 황후가 아기를 죽였다고 거짓을 고해 왕 황후를 내쫓고 자신이 황후로 등극했다. 그 후 황제가 왕 황후 문병을 다녀왔다는 말을 듣고는 그녀를 때리고 팔다리를 자른 다음 술독에 담가 참혹하게 죽였다. 그녀는 여인들의 싸움에서 온갖 수단을 써서 승리했고, 그 결과 31세의 나이로 황후의 지위를 거머쥐었다.

수단과 방법을 가리지 않고 제위에 오른 무후

고종이 죽고 난 뒤 자신이 낳은 아들이 왕위에 오르자, 무후는 여성인 미륵보살이 하강해 번영의 세계가 도래한다는 내용의《대운경(大雲經)》을 만들게 하고는 자신이 바로 미륵보살의 환생이라고 선언했다.

그녀는 자신이 황제가 될 것을 요구하는 운동을 은밀히 조직하고, 이를 이용해 중국 역사상 유일한 여제(성신황제)가 되었다. 그 후 각 지방에 대운사를 세워《대운경》을 외우게 했다.

측천무후는 나라 이름을 주(周)로 바꾼 뒤(690~705) 보수적인 문벌 귀족을 억압하고 과거로 관료를 발탁해 번영의 기반을 다졌다. 문화도 중요시해 하늘, 해, 달을 나타내는 중요한 문자를 스스로 새로이 제정했다(측천 문자, 모두 17글자로 되어 있다).

국제도시 장안의 흥망성쇠

8세기 초, 6대 황제인 현종(재위 712~756) 시대는 당나라 최고의 전성기였다. 그가 다스린 45년 중 처음 30년은 인구가 최대로 늘고 재정도 충분해 '개원의 치(開元-治)'라 불릴 만큼 번영을 누렸다. 이와 함께 수도 장안이 세계 최대의 국제도시로 이름을 떨쳤다.

그러나 현종 말년에 이르면 토지 부족과 주변 민족의 이탈, 농민이 병역의 의무를 지는 군사 제도의 동요 등으로 재정이 흔들리기 시작하고,

변방 10곳에는 절도사라는 군사·정치 지배권을 지닌 무인이 배치되었다. 당나라의 영화도 주변의 위협을 받기 시작한 것이다.

양귀비와 안사의 난으로 무너지는 당나라

세력을 키운 외국인 절도사, 안녹산

당나라 군대는 751년, 중앙아시아의 탈라스 전투에서 신흥 이슬람 세력인 아바스왕조의 군대에게 2만 명이 포로로 잡히는 대참패를 맛보았다. 그 후 위구르 등 유목민의 침입에 고민하던 당은 나라의 변방과 요지에 절도사가 이끄는 군대를 배치했다.

절도사 중 가장 큰 세력을 가진 이는 소그드인 아버지와 돌궐인 어머니 사이에 태어난, 6개 국어를 하는 안녹산(安祿山)이었다. 무척 뚱뚱해 말을 타면 뱃살을 얹어놓을 안장이 하나 더 필요했다는 안녹산은 값비싼 선물과 뛰어난 언변으로 현종과 그 측근에게 접근했다. "네 배에 무엇이 들어 있느냐"라는 현종의 질문에 그가 "충절에 불타는 일편단심뿐"이라고 대답했다는 일화는 유명하다. 안녹산은 장안에서 가까운 주요 3개 절도사를 겸임해 최대 군사 세력이 되었다.

며느리를 빼앗은 현종

만년에 들어서 오래 해로한 황후와 사별한 현종은 흰 피부에 풍만한 체형인 양귀비(옥환)를 장안 교외의 화청지 온천에서 보고 한눈에 반해 버렸다. 그녀는 17세에 18번째 황자인 수왕의 비가 되었는데, 현종은 우선 그들을 이혼시키고 그녀를 도관(도교 사원)으로 보낸 뒤 744년 궁중으로 불러들여 이듬해 자신의 비로 삼았다. 당의 황제는 황후 1명, 제2부인인 귀비 등 122명의 왕비를 거느릴 수 있었는데, 양귀비는 제2부인의 지위에 오른 셈이었다. 이때 현종의 나이 62세, 양귀비는 27세였다.

양귀비는 가무에 능했으며 특히 비파의 명인이었다. 바로 그 점이 스스로 작곡도 하고 이원(李園)이라는 예능인 양성 시설을 세울 정도로 예술을 좋아했던 현종의 마음을 사로잡은 것이다. 양씨 일족은 최고의 영화를 한껏 누렸으며, 양귀비의 사촌 양국충(楊國忠)은 별 능력도 없이 재상의 자리까지 올랐다.

안사의 난으로 단번에 무너진 번영

한편 권력을 장악할 야심을 갖고 있던 안녹산은 양씨 일족의 횡포를 막는다는 구실로 무장 사사명(史思明)과 결탁해 반란을 일으켜 태평성대에 취해 있던 장안을 갑자기 공격했다. 이것이 약 10년 동안 계속된 안사의 난(755~763)이다.

수도를 빼앗긴 황제와 측근은 일시적으로 촉(쓰촨)으로 도주했는데, 도중에 병사들의 요구로 38세의 양귀비와 그 일족은 살해되고 현종도 퇴위당했다.

"나라는 망했어도 신하는 그대로요, 성안은 봄이 되어 초목이 무성하네"로 시작되는 〈춘망〉은 이때의 혼란을 묘사한 시다. 작자 두보는 이백

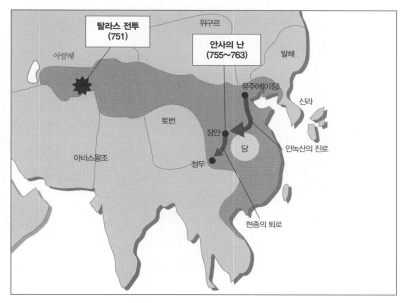

▶ 안사의 난과 8세기 당의 영역

과 함께 당나라를 대표하는 시인으로 둘 다 현종 때 사람이다.

　장안을 점령하고 새 왕조를 건설하려던 안녹산은 차남에게 암살당하고, 그 차남은 사사명에게 살해되고, 사사명 역시 아들에게 살해되는 등 반란군의 혼란 또한 계속되었다. 무장들의 잇따른 배반과 위구르의 지원 등으로 763년 안사의 난은 진압되었다. 그러나 거액의 공물을 요구하는 위구르의 침입과 절도사들의 독립으로 인해 전성기에 5,000만 명을 넘었던 당의 인구는 약 2,000만 명으로 줄어들었고, 과거의 영화 또한 잃어버리고 말았다.

문치주의를 채택했으나
부패로 얼룩진 송

당나라의 멸망과 함께 '5대10국 시대'로

당은 재정난을 타계하고자 소금 전매제도를 실시했다. 그 결과 소금 밀매로 폭리를 취한 상인이 큰 세력을 갖게 되었고, 당나라 말기 소금 밀매상 중 하나였던 황소(黃巢)를 지도자로 하는 농민반란(황소의 난, 875~884)이 중국 전역으로 확산되었다. 황소는 한때 황제가 되어 대제(大齊)라는 나라를 세우기도 했으나 부하 주전충(朱全忠)의 모반으로 결국 반란은 진압되었다.

907년 절도사의 지위에 오른 주전충은 당을 멸망시키고 후량(後梁)을 세웠다. 그 후 50여 년간 강남과 화북을 잇는 경제도시 카이펑[開封]을 수도로 다섯 왕조가 교체되었으나 모두 오래가지 못했다. 이어 절도사가 10개국을 세워 서로 힘을 겨루는 5대10국 시대(907~979)로 들어섰다.

무력에 의한 지배에서 문치주의로

960년 5대의 마지막 왕조인 후주(後周)의 절도사 태조 조광윤(趙匡胤)은 일곱 살 황제에게 왕위를 물려받아 송을 건국했다. 그리고 979년, 2대 태종은 혼란이 계속되던 중국을 통일했다. 송은 그때까지의 무단정치를 끊기 위해 절도사를 폐지하고, 정예군을 모두 수도 주변으로 불러들여 황제의 통솔 아래 두었다. 그리고 문인 관료가 통치를 담당하는 문

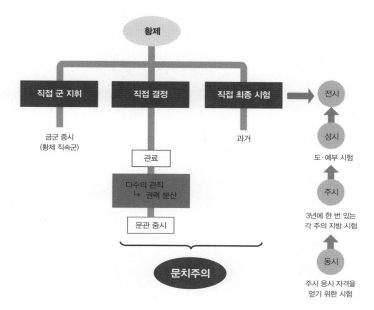

▶ 송의 독재 체제

치주의를 채택해 황제 독재 체제를 강화했다. 또 당의 멸망기에 귀족들이 몰락했기 때문에 모든 고급관료를 관료 선발 시험인 과거로 뽑았다.

고급 공무원의 공공연한 뇌물 수수

과거는 3년마다 지방에서 실시되는 주시(州試), 중앙의 예부에서 실시하는 성시(省試), 황제 자신이 시험관이 되는 전시(殿試)의 단계로 치러졌다. 중앙 시험은 식량과 침구를 지참하고 시험장에 들어가 30시간 이상 필기시험을 치러야 하는 매우 힘든 시험이었다. 시험문제는 43만 여글자로 되어 있는 유학 경전(고전)과 그 2배에 해당하는 양의 주해서, 역사서 등을 통째로 암기해야만 풀 수 있었다. 그러므로 관료가 되고자 하

는 사람은 여섯 살 때부터 오늘날의 학원 같은 곳에서 입시 공부를 해야
했다.

황제는 전시를 최종 단계에 추가해 모든 합격자의 스승이 되었고, 이
러한 사제 관계를 이용해 관료 통제를 강화했다. 관료에게는 황제의 대
리인 자격으로 폭넓은 권한이 주어졌다. 심지어는 뇌물 수수까지도 공
공연하게 인정되어, 작은 현의 장관을 3년 동안 하면 손자 대까지 놀고
먹을 수입이 생긴다는 말이 있을 정도였다.

관료와 예비군 일족은 사대부로 불렸으며, 송나라의 새로운 지도층이
되었다. 당의 귀족 문화 대신에 유학을 배경으로 하는 서민 문화가 번성
한 것은 이 때문이다.

10~12세기: **송의 경제 발전**

재력은 있었으나 힘이 없었던 송

자기와 함께 발전한 경제

당나라 말기에서 송나라 초기에 걸쳐 화북은 장기간의 개발로 목재가
고갈된 탓에 석탄을 연료로 이용했다. 석탄 이용이 일반화되면서 제철,
백자와 청자 등의 자기 생산, 견직물업, 종이 제조가 활발해졌다.

귀족의 지배에서 자립한 농민은 농사를 발달시켰고, 차 재배와 양잠
등의 부업도 열심히 했다. 이로 인해 농촌에까지 상품경제가 침투해 식
료품이나 일용 잡화를 취급하는 초시(草市)라는 시장이 각지에 섰으며,
소규모 경제도시도 수없이 생겨났다.

대운하와 황허가 만나는 곳에 있는 수도 카이펑은 시내를 흐르는 4개의 운하를 통해 전국의 여러 도시로 연결되었다. 이른 아침부터 밤늦게까지 상인들이 활동하고, 번화가에는 수천 명을 수용할 수 있는 큰 극장이 여러 군데 있어 늘 사람들로 북적거렸다. 나침반과 외양 범선을 사용한 해외무역도 활발했으며, 일본, 동남아시아뿐 아니라 인도, 페르시아와도 교류했다. 전 세계의 물자가 광저우와 취안저우 등의 항구도시를 거쳐 수도 카이펑으로 몰려들었다.

송나라 경제는 크게 발전해 동전을 대량으로 주조해도 그 수요를 따라갈 수 없어 철전이 만들어졌고, 나중에는 교자라고 하는 지폐까지 사용되었다.

눈엣가시 같은 존재, 거란의 요

요는 유목 사회를 유지하는 한편, 정복한 농경 지대는 중국식으로 지배하는 이중 통치 체제를 취하고 있어 송에게는 위협적인 존재였다. 5대 10국 시대에 요의 수중에 넘어간 만리장성 이남의 영토는 송의 안전보장을 위해서라도 꼭 회복할 필요가 있었다.

그러나 11세기 초, 송은 요와의 전쟁에서 패해 해마다 대량의 은과 비단을 진상하기로 약속한다. 즉, 막대한 돈으로 평화를 사는 정책을 택한 것이다.

기득권자의 이기주의로 실패한 왕안석의 개혁

나라 안에서는 관료 체제와 군대를 유지하는 비용이 점점 더 늘어나시간이 흐를수록 국가 재정은 더욱 어려워졌다. 정계 부패로 빈부 차는 커지고, 서민들의 세금 체납액은 계속 늘어나 국가 수입은 그만큼 줄어

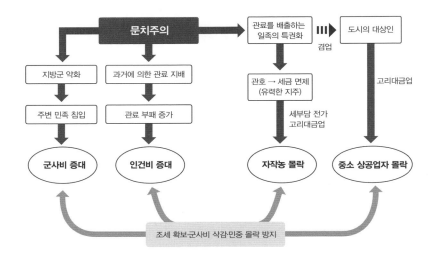

▶ 왕안석의 개혁 계획

들었다.

이 같은 안팎의 위기를 타개해야겠다고 생각한 제6대 신종(神宗)은 11세기 후반 왕안석(王安石)을 재상으로 발탁해 대규모 정치 개혁을 시도했다. 왕안석은 재정난을 극복하기 위해 대지주와 대상인의 특권 제한, 공적 융자, 고용 창출, 물가 안정, 군사비 삭감 등을 주요 내용으로 하는 대담한 개혁에 착수했다.

'왕안석의 신법'이라 불린 이 조치들은 국가의 재정을 건전하게 하고 체제를 바로잡기 위해 꼭 필요했으나, 자신들의 특권이 줄어드는 것을 우려한 관료와 대지주가 서로 결탁해 개혁에 저항했다. 그리고 마침내 왕안석을 실각시키고 반년 만에 모든 신법을 폐지했다.

북방 민족에 굴복한 중화 제국

북방 민족에게 힘없이 무너진 송

왕안석이 실각한 후 관료들은 신법당과 구법당으로 분열해 다투었고, 그 결과 행정이 마비되는 최악의 사태를 맞았다. 이 와중에 퉁구스계 여진족이 금을 건국했다(1115).

이 시기 송의 황제였던 휘종(徽宗)은 '풍류천자'로 알려진 인물로, 서화에는 뛰어났으나 정치적으로는 완전히 무능했다. 휘종이 강남에서 진귀한 돌과 나무를 모아 정원을 만들겠다며 농민들에게 가혹한 부역을 시키는 바람에 대대적인 농민반란이 일어났다. 이때 송나라는 신흥 세력인 금과 동맹해 요를 공격하기로 했는데, 이 농민반란 탓에 출병 약속을 지키지 못했다. 화가 난 금이 송나라의 위약을 문제 삼아 쳐들어오자 휘종은 책임을 느끼고 아들인 흠종(欽宗)에게 제위를 물려주었다.

금나라 군대는 1127년 수도 카이펑을 점령하고 휘종과 흠종을 비롯한 황족과 관료 등 3,000명 이상을 동북으로 끌고 가 송을 멸망시켰다(정강의 변, 1126~1127). 휘종과 흠종은 금나라 영토에서 병사했다.

역시 돈으로 평화를 유지한 남송

흠종의 동생 고종(高宗)은 간신히 강남으로 도망쳐 임안(현재의 항저우)을 도읍으로 남송(南宋)을 세웠다. 남송은 1142년 금의 화북 점령을 인정하고, 신하의 예를 갖추어 해마다 은 15만 관 등의 공물을 보내기로 약속했다. 남송 역시 과거 송나라처럼 돈으로 평화를 산 것이다.

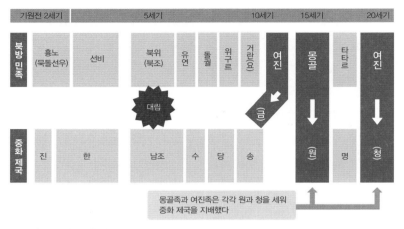

| 기원전 2세기 | | 5세기 | | | | 10세기 | 15세기 | | 20세기 |

북방 민족: 흉노(묵돌선우) / 선비 / 북위(북조) / 유연 / 돌궐 / 위구르 / 거란(요) / 여진(금) / 몽골 / 타타르 / 여진

중화 제국: 진 / 한 / 남조 / 수 / 당 / 송 / (원) / 명 / (청)

대립

몽골족과 여진족은 각각 원과 청을 세워 중화 제국을 지배했다

▶ 북방 민족과 중화 제국

　화북이 북방 민족인 금의 지배를 받고 중화 제국이 북방 민족의 신하가 되었다는 것은 곧 동아시아 세계의 주도권이 북방 민족에게 넘어갔다는 것을 의미했다.

　국제 환경이 이렇게 어려웠음에도 불구하고 남송은 광대한 경작지를 개척하고 베트남에서 점성도(占城稻)라는 수확량이 많은 새로운 품종의 벼를 들여와 2기작·2모작을 실시했다. 또한 도시의 수공업을 장려했고, 나침반을 이용한 '정크'라는 외양 범선을 거느리고 동남아시아와 남인도에 이르는 광역 교역권을 구축했다. 이러한 폭발적인 경제 성장을 바탕으로 남송은 금전에 의한 평화를 유지했고, 일시적으로 북방 민족의 압력을 막아내는 데 성공한다. 인구 150만 명의 수도 임안은 남송의 영화를 상징했다. 수천 명을 한 번에 수용하던 극장과 와시(瓦市)라는 번화가의 모습은 어려운 정치 상황을 잊게 했다. 그러나 위기는 점점 진행되어, 약 130년 후 남송은 몽골군에게 멸망하고 만다.

모란꽃 흐드러지게 피던 국제도시 장안

인구 100만 명을 헤아리던 당나라 수도 장안은 동서 약 10킬로미터, 남북 약 8킬로미터에 이르는 광대한 지역을 바둑판 모양으로 반듯하게 구획하고 높이 약 5미터의 성벽으로 둘러싼 인공 도시였다. 북쪽에는 황제가 사는 '궁성'과 관청이 모여 있는 '황성'이 있었고, 동쪽은 귀족이나 관료 들의 거주지, 서쪽은 서민이나 상인, 외국인의 거주지였다. 장안의 지형은 북쪽에서 남쪽으로 기울어져 있어, 신분의 높낮이를 주택 위치로 한눈에 알아볼 수 있었다.

동서로 나뉜 양쪽 시에는 업종별로 수백 개가 넘는 가게가 늘어서 있었다. 남북으로 뻗어 있는 11개의 큰길 중 가장 큰 주작 대로는 폭이 147미터가 넘는 거대한 도로였다.

장안은 인구 20명 중 1명이 페르시아인, 튀르크인, 소그드인 같은 이민족이었으며, 동아시아 각 지방에서 온 유학생과 유학승도 만 명 이상이나 되었다. 거리에서는 유목민풍으로 깃을 접은 긴 소매 웃옷, 바지, 샌들, 모자, 페르시아풍 귀걸이, 에스닉풍 요리와 음악, 댄스 등 이국적인 정취가 물씬 풍겼으며, 귀족들은 말을 타고 긴 스틱으로 공을 치는 스포츠 '폴로'에 열광했다.

이러한 국제도시 장안의 상징물은 의외로 중국 전통의 꽃, 모란이었다. 꽃이 피는 계절이 오면 사람들은 거리로 몰려 나와 열광하며 꽃놀이를 즐겼다고 한다. 화려한 국제화는 표면적인 것이었는지도 모른다.

7장   서유럽의 탄생

375~476년: 게르만족의 대이동

민족대이동으로 분열하는
로마제국

게르만족의 대이동

395년 동서로 분열되었던 로마제국의 서쪽 절반은 게르만족의 대이동으로 큰 변화를 맞는다. 게르만족은 원래 북방의 발트해 연안에서 발원한 민족으로, 켈트족을 따라 남하하면서 기원 전후에는 로마제국과 경계를 이루는 라인강과 도나우강 유역까지 진출했다.

3세기경에는 도나우강 하류 유역에까지 게르만 사회가 형성되었고, 용병 혹은 농민 자격으로 로마제국으로 이주하는 사람들도 많아졌다.

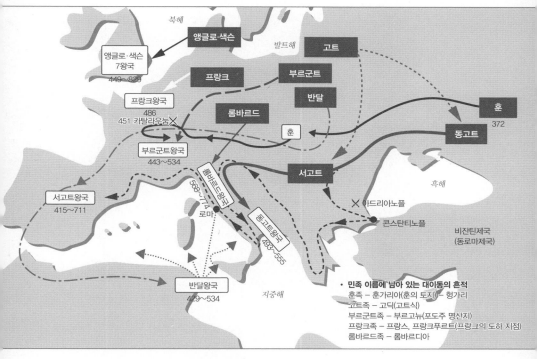

북해
발트해
앵글로·색슨
앵글로·색슨
7왕국
449~829
고트
프랑크
부르군트
반달
훈
372
프랑크왕국
486
451 카탈라우눔 ✕
롬바르드
훈
동고트
부르군트왕국
443~534
롬바르드왕국
568~774 로마
서고트
흑해
서고트왕국
415~711
동고트왕국
493~555
✕ 아드리아노플
콘스탄티노플
비잔틴제국
(동로마제국)
반달왕국
429~534
지중해

• 민족 이름에 남아 있는 대이동의 흔적
훈족 – 훈가리아(훈의 토지) – 헝가리
고트족 – 고딕(고딕식)
부르군트족 – 부르고뉴(포도주 명산지)
프랑크족 – 프랑스, 프랑크푸르트(프랑크의 도하 지점)
롬바르드족 – 롬바르디아

▶ 375~500년경 게르만족의 대이동

4세기 후반에는 흉노의 후손인 아시아계 유목민 훈족이 이동을 시작해, 375년 흑해 북쪽 기슭에 거주하던 동고트족을 습격했다. 그리고 376년이 되자 도나우강 왼쪽 기슭에 거주하던 서고트족이 로마제국 영내로 침입한다. 378년, 로마 황제는 아드리아노플 전투에서 패하자 군사적 의무와 교환하는 조건으로 게르만족의 제국 내 정주권과 자치권을 인정했다. 그 때문에 많은 부족이 로마 영토 안으로 옮겨 오기 시작했는데, 이것이 바로 게르만족의 대이동이다. 이때 이동하지 않고 라인강 동쪽에 남은 게르만족은 나중에 슬라브인이라 불리게 된다.

게르만화하는 서유럽

로마제국 서부에 건국된 여러 나라의 게르만족 비율은 선주민의 겨우 3퍼센트 정도에 불과했고, 이들은 로마 황제의 권위에 복종했다. 게르만족 수장은 게르만족에게만 왕이었을 뿐 법적으로는 로마의 고관에 불과했다. 즉, 게르만족은 군사적 실권을 쥐고 제국 영역 내에 '국가 속 국가'를 건설한 셈이다. 이것이 로마 사회의 게르만화가 촉진된 이유이다.

476년 게르만의 용병대장 오도아케르는 서로마제국의 두 살배기 황제 로물루스를 폐위해 제국을 멸망시키고 동로마 황제 제논의 신하가 되었다. 그 후 게르만 여러 부족 국가의 왕들은 같은 방법으로 동로마 황제에게 종속하면서 황제의 권위를 이용했다.

486~870년: **프랑크왕국의 변천**

카를대제의 대관으로 탄생한 서유럽

유럽 세계 최대의 위기

게르만족은 로마제국이 325년 이단으로 규정한 아리우스파를 믿었다. 481년 프랑크족을 통일하고 메로빙거왕조(프랑크왕국)를 창시한 클로비스는, 496년 신하 약 400명과 함께 정통 아타나시우스파로 개종하고 과거의 로마 귀족 및 로마교회와 제휴, 힘을 키워나갔다. 그러나 8세기에 접어들면서 왕권은 서서히 약해져 실권은 궁재(宮宰, 최고 궁정직)에게 넘어갔다.

그런데 7~8세기 지중해 세계에서는 이슬람교도가 '대정복 운동'을 전개하고 있었다. 8세기 초 타리크 장군이 이끄는 이슬람군은 지브롤터해협을 건너 이베리아반도(현재의 스페인)로 쳐들어가 불과 6~7년 만에 서고트족을 멸망시켰다 (711).

피레네산맥을 넘은 이슬람군은 프랑크왕국까지 쳐들어갔고, 서유럽의 그리스도교 세계는 파멸 위기에 직면했다. 하지

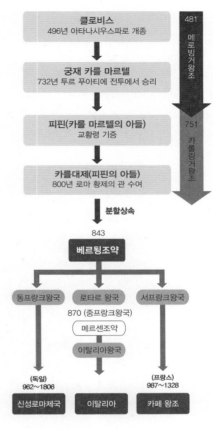

▶ 프랑크왕국의 변천

만 프랑크왕국의 궁재 카를 마르텔은 전국 토지 중 3분의 1을 몰수해 기사들에게 나눠주고 강력한 직속군을 조직, 732년 투르 푸아티에 전투에서 이슬람군을 무찔렀다. 마지막 순간에 그리스도교 세계를 지켜낸 것이다.

카를대제의 대관으로 탄생한 서유럽 세계

카를 마르텔의 아들 피핀은 메로빙거왕조를 폐하고, 751년 카롤링거왕조를 세웠다. 때마침 종교상 교의 문제로 비잔틴(동로마) 황제와 사이가 좋지 않았던 로마교회는 카롤링거왕조에 접근해 권위를 확립하고자 했다.

800년 크리스마스에 로마 교황 레오 3세는 자신의 이익을 위해 성 베드로 성당에서 미사를 드리던 카를대제(피핀의 아들)에게 로마 황제의 관을 수여했다. 카를대제는 이 일이 있은 직후 "이럴 줄 알았으면 로마에 오지 않았을 것이다"라고 불쾌한 듯이 중얼거렸다고 한다.

그러나 그 이후 프랑크왕국은 게르만족이 통치하는 로마제국으로 간주되었고, 로마제국의 동서 분리가 결정적으로 작용해 제권은 프랑크왕국이, 교권은 교황이 분담했다. 이로써 타원 모양으로 성(聖)과 속(俗) 2개의 중심을 가진 중세 서유럽 세계가 탄생했다.

프랑크족은 재산을 분할해서 상속하는 관습이 있어서, 843년 베르됭조약과 870년 메르센조약을 거쳐 왕국은 현재의 프랑스, 독일, 이탈리아의 세 나라로 분리되었다. 특히 동프랑크왕국은 신성로마제국(독일)으로 바뀌어, 1806년 나폴레옹에 의해 해체될 때까지 다른 여러 왕국에 군림하는 권위를 지녔다.

발트해에서 흑해까지
'강의 교역로'를 개발한 바이킹

북쪽에서 시작된 유럽의 화폐경제

노르만족은 스웨덴인, 노르웨이인, 덴마크인으로 나뉘어 스칸디나비아반도 남부와 유틀란트반도에서 농사를 지었다. 그런데 기후 조건이 나쁜 데다가 인구가 늘면서 농지가 부족해져 적극적으로 교역이나 이주를 해야만 했다.

노르만족은 빙하가 침식해서 이루어진 피오르 주변에 살고 있었기 때문에 바이킹(만[vik]의 주민)이라 불렸다. 해도(海圖) 없이도 노르웨이에서 아이슬란드까지 단 9일 만에 항해하는 놀라운 항해술을 지닌 이들은 강과 바다를 오가며 교역, 이주, 약탈로 세력권을 넓혔다.

그중에서도 스웨덴인은 발트해에서 시작해 러시아로 흐르는 하천을 거슬러 올라간 뒤 볼가강이나 드네프르강을 내려가 카스피해와 흑해에 이르는 '강의 교역로'를 개발해 이슬람 제국인 비잔틴제국과 활발하게 상업 활동을 했다.

9~10세기에는 이슬람 상인과 활발히 교역이 이루어졌고, 대량의 아랍 은화가 중앙아시아에서 북유럽으로 들어와 중량에 따라 거래에 이용되었다. 유럽의 화폐경제는 북유럽에서 서유럽으로 확대된 것이다.

바이킹의 교역으로 탄생한 러시아

슬라브인에게 '루스(뱃사공이라는 의미)'로 불렸던 스웨덴계 바이킹은

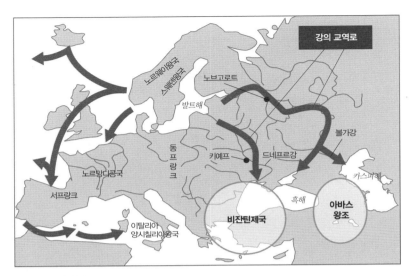

▶ 바이킹의 활약

슬라브인과 결혼해 모피 집산지인 노브고로트나 교역 중계 도시 키예프 등 다수의 집락을 연결하는 네트워크를 발달시켰다.

그러나 튀르크계 유목민이 볼가강 하류를 포함한 초원 지대로 세력을 확장하자 루스와 이슬람 교역권의 관계는 약화되었다. 862년 류리크는 고립된 삼림지대의 집락을 연결해 노브고로트공국을 세웠고, 이는 차차 남쪽으로 중심이 옮겨져 키예프공국이 수립되었다. 이것이 러시아의 기초였다.

노르망디공국과 잉글랜드의 관계

노르웨이인은 10세기 무렵 아이슬란드와 그린란드에서 아메리카 대륙까지 항로를 확장했고, 힘이 약했던 서유럽 연해까지 진출했다. 바이킹의 공격으로 크게 혼이 난 프랑스 왕(카페왕조)은 침입해 온 노르웨이인 지도자 롤로에게 바닷가 근처의 영지를 주고 노르망디공국의 건국을 인정했다. 그리고 그 대가로 바이킹을 격퇴해 달라고 요구했다.

한편 잉글랜드에는 게르만족 대이동기에 데인인(Dane人)인 앵글로족과 색슨족이 살게 되어, 5세기 중엽 7개의 작은 나라가 세워졌다.

1066년 프랑스 노르망디 지방을 지배하던 노르망디 공은 잉글랜드를 정복하고 노르만왕조를 세웠다. 이로 인해 백년전쟁 때까지 영국의 공용어는 프랑스어였는데, 영어의 beef(쇠고기), mutton(양고기), pork(돼지고기) 등의 단어는 프랑스어에서 온 말이다. 살아 있는 소는 영어로 ox, 프랑스어로 bœuf인데 beef가 이 둘 중 어느 쪽 말과 가까운지는 쉽게 판단할 수 있을 것이다.

395~1453년: 비잔틴(동로마)제국
쇠퇴하면서도 지속된 천년 제국

유스티니아누스 1세와 대성당

4세기 이후 게르만족의 대이동이라는 거센 풍파 속에서 서로마제국은 게르만화하며 멸망했다. 반면 흑해 북쪽의 곡창지대와 이어진 경제도시 콘스탄티노플이 수도인 동로마제국은 재정과 군사 면에서 비교적 안정되어 1,000년이라는 긴 세월 동안 비잔틴제국이라는 이름을 이어갈 수 있었다. 황제권 계승자로 비잔틴제국은 구로마제국령의 동부를 지배했을 뿐만 아니라 서유럽의 게르만 각 부족에게도 제국의 권위를 인정케 했다.

6세기 중엽, 맹수를 다루는 경기장의 무희였던 호방한 왕비 테오도라와 공동 통치를 했던 유스티니아누스 1세는 페르시아제국(사산조)과 50년간 평화협정을 맺었다. 그리고 지중해 주변의 게르만 제국을 차례로 쓰러뜨리며 로마제국을 재건하려는 의지를 보였다.

5년간 매일 5만 명의 노동자를 동원해 완성한 성 소피아 성당은 직경 31미터, 높이 56미터의 청동 원형 지붕(돔)에 벽화와 모자이크로 장식되어, 유스티니아누스 1세 시대의 번영을 보여주었다. 성당이 완공되었을 때 황제는 "솔로몬(기원전 10세기 헤브라이의 국왕)이여, 내가 그대를 이겼노라"라고 말했다고 한다.

그러나 7세기가 되어 이슬람 세력이 정복 활동에 나서면서 곡창지대인 이집트와 상업 중심지 시리아를 빼앗기고 세력이 현저하게 약화되었다. 당시 비잔틴제국은 전국을 7개의 군사 관할구역(나중에는 31개)으로 나누어 고도의 군사 체제를 정비하고 그리스도교 세계의 방파제 역할을 했다.

동서 협공으로 쇠퇴하는 비잔틴

11세기 발칸반도에서 슬라브족이 남하하면서 비잔틴제국은 슬라브화한다. 동쪽에서는 세력을 키운 셸주크왕조가 소아시아 깊숙이 쳐들어왔는데, 십자군의 힘을 빌려야지만 이들을 물리칠 수 있었다. 그럼에도 12세기 콘스탄티노플은 경제도시로 번영했고, 인구도 약 100만 명에 달했다.

십자군 원정이 시작된 후에는 서유럽의 압력이 심해졌다. 1204년 제

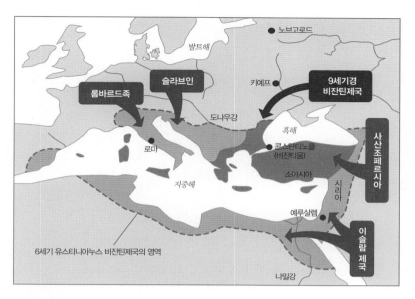

지도 속 텍스트:
- 노브고로드
- 발트해
- 슬라브인
- 키예프
- 9세기경 비잔틴제국
- 롬바르드족
- 도나우강
- 흑해
- 로마
- 콘스탄티노플 (비잔티움)
- 소아시아
- 사산조페르시아
- 지중해
- 시리아
- 예루살렘
- 6세기 유스티니아누스 비잔틴제국의 영역
- 이슬람제국
- 나일강

▶ 압박받는 비잔틴제국

4차 십자군이 혼란에 빠진 콘스탄티노플을 점령하자 처음에는 베네치아 상인이, 이어 제노바 상인이 동지중해 경제 패권을 장악했다. 제국은 발칸반도의 극히 일부분만을 지배하는 처지가 되었다. 14세기 말 콘스탄티노플의 인구는 약 10만 명으로 줄었다.

튀르크인이 계승한 제국

그 후 오스만제국(튀르크)은 소아시아로 세력을 넓혀 육군 20만, 군함 400척을 이끌고 공격해 왔다. 그리고 1453년 콘스탄티노플은 함락되고 비잔틴제국은 멸망했다. 이 무렵 서유럽은 르네상스가 한창 꽃을 피울 때이며 대항해시대가 막을 올리려는 참이었다.

콘스탄티노플은 파괴되지 않고 이스탄불로 이름만 바뀌어 오스만제국의 수도가 되었다. 로마제국 제2의 수도는 오늘날까지 계승되고 있다.

교황권을 강화한 카노사의 굴욕

숲을 개간한 수도사들

11세기에 들어와 농업기술이 발달하고 인구가 늘어나면서 점점 농지가 부족해졌다. 때문에 11세기에서 13세기에 걸쳐 서유럽에서는 대규모로 숲의 나무를 벌목해 농지를 만드는 '대개간 시대'가 시작되었고, 울창한 원시림이 급격히 줄어들었다.

대개간 운동에 공헌한 것은 수도원이었는데, 기도와 노동을 근본이념으로 수도사들에게 하루 6~7시간의 노동을 부과했다. 수도원은 백성들을 교육하고 농사 방법을 개선했으며 때로는 포도주 제조법을 가르쳤다. 고대 로마의 포도주 제조 기술은 중세 교회와 수도원에 전수되었다고 한다.

한편 이러한 수도원 중 하나였던 클뤼니 수도원을 중심으로 성직자의 엄격한 계율 복종, 성직 매매 금지, 교권 독립을 요구하는 교회 개혁 움직임이 확산되었다.

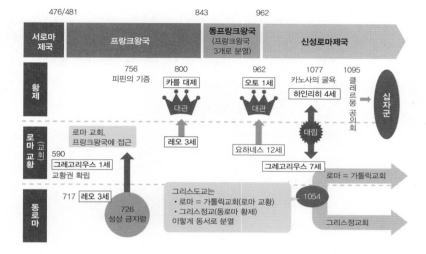

	476/481		843		962		

▶ 가톨릭교회와 프랑크왕국 → 신성로마제국

교황의 권위를 높인 '카노사의 굴욕'

신성로마제국의 하인리히 4세가 밀라노 대주교와 중부 이탈리아의 사제를 임명하자, 클뤼니 수도원 출신 교황 그레고리우스 7세는 이에 불만을 품고 황제의 중앙집권화에 반대하며 황제와 대립하던 제후를 이용해 하인리히 4세를 파문했다.

황제 반대파 제후들은 1년 안에 파문이 철회되지 않으면 폐위하겠다고 결의했다. 궁지에 몰린 황제는 1077년 교황이 머무르던 북부 이탈리아의 카노사 성을 찾아가 눈이 쌓인 성문 앞에서 사흘 동안 맨발로 사죄하고 간신히 파문을 철회받았다(카노사의 굴욕).

분한 마음을 누를 길이 없었던 황제는 훗날 반대파 제후를 진압한 뒤 대군을 이끌고 로마로 쳐들어가 1085년 교황을 퇴위시켰다. 그러나 카노사의 굴욕은 교황의 권위를 높이는 결정적 계기가 되었다.

성직자 임명권을 둘러싼 황제와 교황의 싸움(서임권투쟁)은 12세기 전반 양측이 타협을 볼 때까지 계속되었는데, 이 과정에서 그전까지는 흩어져 있던 각지 교회가 로마 교황을 정점으로 하는 통일 조직으로 바뀌었다. 로마교회의 주교는 순교한 베드로의 후계자로 각 교회의 최고 권위를 주장하며 그리스어 Pappas(아버지의 존칭)에서 유래된 Pope(교황, 법왕)라는 칭호를 얻었는데, 여기서 그 실체가 입증된 것이다.

1096~1291년: **십자군**
왕권이 강화되고 상인이 부유해진 십자군 전쟁

우르바누스 2세의 야심에서 비롯된 전쟁

11세기 후반 이슬람 세계의 패권을 쥔 튀르크의 셀주크왕조는 비잔틴제국이 있던 소아시아에 침입했다. 나아가 이집트의 파티마왕조에게 시리아를 빼앗아 그리스도교와 이슬람 양교도의 성지인 예루살렘을 점령했다. 튀르크인의 기세에 눌려 위기에 직면한 비잔틴 황제는 로마 교황에게 구조를 요청했다.

요청을 받은 야심만만한 교황 우르바누스 2세는 동서 교회의 통일과 서유럽 세계에서의 교황권 강화를 목적으로 1095년 남프랑스의 클레르몽에서 공의회를 열고, 1096년 여름 원정 개시를 결의했다. 언변이 좋았던 교황은 "성지 예루살렘은 젖과 꿀이 흐르는 땅"이며 "이 땅에서 불행한 사람은 그 땅에서 행복을 얻을 것이다"라고 역설했고, 군중은 열광했다. 그 후 13세기까지 이슬람교도에 대한 성전(십자군 전쟁)이 계속되었다.

야만과 열광과 광기

1096년 프랑스인과 플랑드르인을 중심으로 약 5,000명의 기병과 약 3만 명의 보병이 제1차 십자군을 결성해 동쪽으로 향했다. 1099년 6월 예루살렘에 도착한 십자군은 제노바 해군의 원조를 받아 7월에 예루살렘을 함락했으나 도저히 성전(聖戰)이라고는 할 수 없을 만큼의 대학살(이슬람교도인 주민 5만 명 중 4만 명을 살해했다고 한다)과 약탈을 자행했다. 이 원정에는 5,000명이나 되는 위안부가 따랐다.

성지 탈환 후 대부분의 병사는 고향으로 돌아갔으나 남은 사람들은 예루살렘왕국을 세웠다. 1187년 이집트 지배자 살라딘이 다시 예루살렘을 탈환하자 독일 황제, 프랑스 왕, 영국 왕이 최대 규모의 3차 십자군을 이끌고 성지로 향했다. 그러나 노령의 독일 황제가 소아시아에서 강을 건너던 중 익사하고 프랑스 왕도 도중에 철수해 원정은 실패로 끝났다.

십자군 운동이 막바지에 다다른

▶ 십자군의 발자취

1212년에는 신의 계시를 받았다는 목동이 성지 탈환을 위한 소년·소녀 십자군 결성을 제창했다. 그 주장에 응하여 마르세유에 모인 3만 명의 소년·소녀들은 악덕 상인의 술수에 넘어가 노예로 팔려가고 말았다.

그 후에도 5,6,7차 십자군이 파견되었으나 모두 실패로 끝났다. 1291년 십자군의 마지막 거점이었던 아코(Acre)가 함락되면서, 약 200년에 걸친 십자군 운동은 실패로 끝났다.

왕권 강화와 부유해진 이탈리아 상인

서유럽 세계를 열광시킨 십자군은 유럽 사회를 크게 바꾸어놓았다. 비잔틴제국은 쇠퇴했고, 일시적으로 강화되었던 교황권 역시 성지 탈환에 실패함으로써 결국 권위가 떨어졌다. 또 무리한 원정을 강행한 제후들과 기사들은 몰락하고, 상대적으로 왕권이 강화되어 국왕에 의한 통일국가가 형성되었다. 십자군 병사의 수송에 관여했던 베네치아, 제노바 등의 이탈리아 도시들은 동방무역으로 빠르게 성장했다.

11~13세기경: **유럽 중세 도시의 부흥**

십자군에 의해 생긴 도시 네트워크

황제군조차 허가 없이는 입장할 수 없는 자치도시

십자군 원정 이후 유럽은 바깥쪽으로 넓어지기 시작했다. 특히 4차 ▶ 십자군 원정 이후 이탈리아 상인은 비잔틴제국에서 동지중해와 흑해의

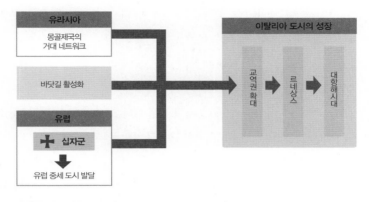

▶ 유럽 확대 과정

교역권을 빼앗았고, 베네치아와 제네바 등의 도시가 발달했다.

이탈리아 상인의 주요 거래 상대는 이슬람 상인으로, 남부 독일에서 나는 은으로 동방의 물자를 사들였다. 특히 후추는 육류 보존과 조리에 꼭 필요해 매우 중요했다. 모직물과 금융으로 번영한 피렌체와 함께 베네치아 등의 항구도시도 도시 공화국으로 성장했다. 또 십자군 원정으로 내륙부에도 도로가 만들어져 상업 발달의 요건이 되었다. 주요 상품은 모직물과 교회 의식이나 귀족들의 생활에 필요한 포도주 등이었다.

상업이 발전하면서 상인들은 교역 거점으로 도시를 건설했다. 주변 농촌 지역과 성벽으로 구분된 공간이 도시였는데, 주로 상인이나 직공이 살았으며 독자적 도시법에 따라 통치되었다. 그곳에 사는 주민들은 '성벽 속 사람(burger)'이란 뜻의 단어에서 유래한 '부르주아'라고 불렸다.

점점 더 많은 도시가 영주에게 자치권을 얻으면서 12세기까지 인구 1,000~5,000명 정도의 자치도시가 많이 생겨났다. 이들 도시에는 황제

의 군대나 교황의 사절이라 할지라도 시장의 허가 없이는 안으로 들어
갈 수 없었다.

유라시아 규모의 네트워크 탄생

몽골제국은 아시아와 서아시아의 대농업지대 도로망을 초원길, 실크
로드와 연결해 유라시아 규모의 안전한 무역망을 만들었다. 유라시아
각 지역을 연결하는 대규모 무역이 가능해진 것이다. 마르코 폴로의《동
방견문록》에도 나와 있듯이, 대도로망은 일정 간격으로 정거장을 만들
어 교통의 편리를 도모한 잠치(역참제도)에 의해 안전이 확보되었다.

해상 네트워크도 확장되었다. 동·서아시아가 몽골제국의 지배를 받
는 가운데, 중국 연해에서 동남아시아와 인도를 통해 페르시아만에 이
르는 바닷길이 착실하게 운영되어 중국 상인과 이슬람 상인이 활발한
무역 활동을 전개했다.

이렇게 유라시아 규모의 네트워크가 완성되자 결과적으로 남(지중해
~흑해)과 북(발트해~볼가강 등 러시아 하천)으로 거대한 네트워크가 만들
어져 유럽의 상업은 더욱 발전했다. 북쪽에서는 뤼베크나 함부르크를
중심으로 북독일의 여러 도시가 참가해 해상 교통의 안전보장, 공동 방
호, 상권 확장 등을 목적으로 한자동맹을 결성했다. 전성기 때는 100개
이상의 도시가 이 동맹에 참가했을 정도로 규모가 대단했다.

잔 다르크에 의해 부활하는 프랑스

백년전쟁의 원인은 포도주와 모직물

서프랑크왕국에 세워진 프랑스에서는 카페왕조 아래 국왕의 권력이 강화되고 있었다. 한편 영국 플랜태저넷왕조의 왕은 프랑스 서쪽 지역을 반이나 지배하던 프랑스 최대 귀족으로 프랑스 통일에 장애물이었다.

예전부터 양국은 모직물 산지인 플랑드르 지방과 보르도 와인 산지인 귀엔 지방의 지배권을 놓고 대립해 왔는데, 카페왕조의 샤를 4세가 세상을 떠난 후 방계인 발루아왕조가 세워지자 왕위 계승 문제를 둘러싸고 양국의 관계는 더욱 악화되었다. 영국 국왕 에드워드 3세는 모친이 카페왕조 출신임을 내세워 자신에게 왕위 계승권이 있다고 주장하면서 1339년 프랑스를 공격했다.

이를 계기로 단속적으로 100년 이상 계속된 백년전쟁이 일어났다. 프랑스 귀족들이 영국 국왕파와 프랑스 국왕파로 분열된 탓에 전쟁은 프랑스를 전장으로 영국군에게 유리하게 진행되었다.

잔 다르크가 바꿔놓은 전세

그렇게 영국의 승리로 전쟁이 끝날 것처럼 보이던 차, "프랑스를 구하라"는 신의 계시를 받았다는 동레미라퓌셀 출신의 17세 소녀 잔 다르크가 등장한다.

갑옷과 투구로 무장한 그녀는 성모마리아 주위에 왕실을 상징하는 꽃 백합을 수놓은 군기를 들고 백마를 타고 나타나 국왕 샤를 7세에게 참

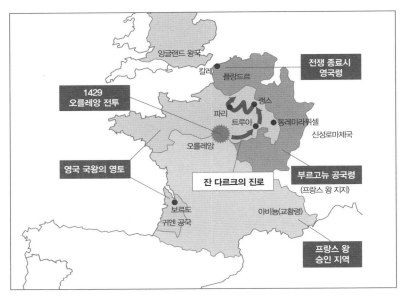

잉글랜드 왕국

전쟁 종료시 영국령

1429 오를레앙 전투

칼레
플랑드르
랭스
파리
트루아
동레미라퓌셀
신성로마제국

영국 국왕의 영토

오를레앙

잔 다르크의 진로

부르고뉴 공국령
(프랑스 왕 지지)

보르도
귀엔 공국

아비뇽(교황령)

프랑스 왕 승인 지역

▶ 백년전쟁 중 영국과 프랑스

전을 요구했다. 그녀의 등장은 프랑스군의 사기를 진작했으며, 그 용기 있는 행동에 프랑스인의 국민 의식이 불타올라 전세가 뒤집어졌다.

그 결과 1453년, 영국군이 도버해협에 면한 칼레 마을을 제외하고 전 프랑스에서 전면 철수하면서 백년전쟁은 막을 내렸다. 그러나 1431년 영국군에게 잡힌 잔 다르크는 재판 끝에 마녀로 몰려 19세 나이에 루앙 에서 처형되었다.

'오를레앙의 소녀' 잔 다르크는 1456년에 복권되어 1920년에는 교황 에 의해 성인 반열에 올랐다. 프랑스는 해마다 5월 8일부터 일주일 동안 잔 다르크를 기리는 축제를 연다.

백년전쟁이 가져다준 왕권 강화

백년전쟁에서는 농민들의 창, 이슬람 세계에서 전해진 총과 대포가 위력을 발휘했다. 이 같은 전법의 변화는 기사 계층을 확실하게 몰락시켰다.

영국은 대륙의 영토를 잃고 섬나라가 되었다. 게다가 영국은 백년전쟁에 이어 장미전쟁(1455~1485)이라는 장기 내전에 휩싸였는데, 전쟁 과정에서 제후와 귀족은 몰락했고 새로 성립한 튜더왕조는 프랑스와 마찬가지로 왕권을 강화했다.

14~16세기: **르네상스**

이탈리아의 경제 발전으로
탄생한 새로운 문화

르네상스의 기반은 무엇인가

르네상스('재생·부흥'이라는 뜻)는 14세기부터 16세기에 걸쳐 전개된 신문화 운동으로 이탈리아 여러 도시에서 시작해 유럽 각지로 번졌다.

19세기 유럽인들은 이 시기, "도시 신흥 세력이 그리스도교의 종교적 속박에서 벗어나기 위해 그리스·로마의 고전에서 인간 본연의 모습을 찾아내면서 현실 생활을 긍정하고 합리주의를 중시하게 되었다"고 설명하며 서구와 그리스·로마를 연결했다. 르네상스의 주도적 정신인 휴머니즘(인문주의)에 의해 그리스·로마의 정신이 되살아났다는 것이다.

르네상스 시대에는 개인의 교양을 최고로 높이는 것을 가치 있게 여겼고, 나아가 모든 지식과 기예를 갖추는 경지까지 이른 사람을 '만능인(uorno universale)'이라 부르며 존경했다. 기관포와 잠수정 등의 무기를 제작하고, 비행기·헬리콥터를 설계했으며 해부학과 기상학에도 정통했고, 또한 명화〈모나리자〉를 그린 것으로 알려진 레오나르도 다빈치, 시스티나성당의 천장화〈천지창조〉와 벽화〈최후의 심판〉, 조각〈다비드〉를 완성한 예술가 미켈란젤로가 대표적인 '만능인'이었다.

르네상스를 뒷받침한 대상인

르네상스라는 새로운 문화 현상의 배경은 도시와 경제 발전, 그리고 피렌체의 금융업자 메디치가로 대표되는 대상인의 등장이었다. 메디치가의 이름은 메디코(의사)에서 왔으며 8개의 둥근 알약이 가문의 문장이었는데, 선조 중에 민간요법사가 있었던 것으로 추정된다.

메디치가는 교황청의 재산 관리를 맡았고 유럽에 16개 지점을 두었으며, 한때는 피렌체 시의 세금 중 65퍼센트를 납부하면서 시정을 좌지우지했다. 또한 일족 가운데 교황 2명, 프랑스 왕비 2명이 배출되어 가히 왕족과 어깨를 견줄 만한 세력을 자랑했다.

이 같은 대상인은 십자군 전쟁 이후 이탈리아의 여러 도시가 동지중해 교역권의 주도권을 장악하고 몽골제국의 대교역망과 연결되었기에 출현할 수 있었다. 이에 따라 이탈리아는 비약적인 발전을 이루게 되었다.

르네상스와 과학·기술의 변혁

또한 이 시기는 이슬람 세계 등에서 새로운 학문과 기술이 들어와 유럽 사회가 큰 변화를 겪은 시기이기도 하다. 예를 들어 13세기 이후 연

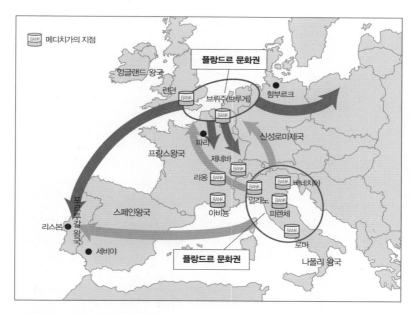

메디치가의 지점

잉글랜드 왕국
런던
플랑드르 문화권
브뤼주(브루게)
함부르크
신성로마제국
파리
프랑스왕국
제네바
리옹
베네치아
밀라노
아비뇽
피렌체
스페인왕국
포르투갈왕국
리스본
세비야
플랑드르 문화권
로마
나폴리 왕국

▶ 르네상스의 양대 중심과 전파

금술에서 화학이 발달하고, 렌즈의 발명과 응용으로 안경, 현미경, 망원경이 만들어져 천문학과 물리학이 한층 더 빠르게 발달했다.

지동설을 주장한 코페르니쿠스, 망원경으로 목성의 위성을 발견한 갈릴레오, 혹성의 공전궤도를 계산한 케플러 등에 의해 지동설은 움직일 수 없는 사실이 되었고, 이는 17세기 뉴턴(만유인력 발견)을 정점으로 한 과학혁명으로 이어진다.

COLUMN 06

밝아진 유럽과 하멜른의 피리 부는 사나이

지구는 11~12세기에 온난화를 겪는다. 또한 11~13세기 전반, 너도밤나무와 떡갈나무가 가득했던 유럽에서 대규모 개간이 전개되면서, '어두운 숲의 유럽'이 오늘날과 같은 '밝은 유럽'으로 모습을 바꾸게 되었다.

농기구 개량, 말과 소의 이용, 야금술 개량에 의한 품질 좋은 도끼 생산 등으로 대규모 개간은 순조롭게 진행되었다. 9세기 무렵까지는 뿌린 씨앗양의 2~3배에 지나지 않았던 수확이 12세기에는 6~7배까지 늘어났고, 이와 함께 인구도 빠르게 증가했다. 유럽도 어엿한 농업 지역으로 바뀐 것이다.

이 무렵 이야기 가운데 〈하멜른의 피리 부는 사나이〉가 있다. 1284년 독일 하멜른에 기이한 남자가 나타나 일정한 보수만 준다면 마을 사람들의 골치를 썩이는 쥐를 없애주겠다고 약속했다. 그 남자는 정말로 피리를 불어 쥐들을 모두 마을 밖으로 몰아내 주었는데, 정작 일을 마치고 나자 마을 사람들은 돈이 아까워 약속한 돈을 주지 않았다. 그러자 그가 다시 피리를 불어 130명에 이르는 소년·소녀를 마을에서 데리고 나가 어디론가 사라져버렸다는 이야기이다.

연구자들은 이야기가 실제로 있었던 어린이 실종 사건을 토대로 하고 있으며 어린이들이 동방을 개척하는 데 끌려갔다고 보고 있다. 당시에는 인구 이동을 동반한 대규모 개척도 이루어졌던 것이다.

8장

유목민이 활약한 시대

이슬람교의 성립에서
대규모 정복 운동까지

무함마드가 창시한 이슬람교

6세기 중엽 이후 메소포타미아에서는 사산조와 비잔틴제국의 항쟁이 심해짐에 따라 동서 교역 루트가 매우 불안정해졌다. 따라서 이 지역을 통하지 않고 헤자즈(홍해 연안) 지방에서 아라비아해에 이르는 새로운 교역 루트가 활성화되었으며, 그 과정에서 메카와 같은 도시가 크게 성장했다.

무함마드는 메카의 상업 명문가에서 유복자로 태어났다. 6세 때 어머니를 잃은 그는 할아버지와 숙부 손에 자랐다. 25세에 15세 연상의 부유한 상인의 미망인 하디자와 결혼해 실업가로 성공하고, 2명의 아들(어릴 때 사망)과 4명의 딸을 두었다.

40세에 무함마드는 메카 교외의 동굴에서 자주 명상에 잠기는데, 이때 천사 가브리엘의 계시를 받는다. 그리고 610년 유일신 알라를 절대신으로 모시는 이슬람교를 창시했다.

'아랍 세계'의 성립

무함마드는 전통적인 종교도시 메카에서 10년 동안 포교에 힘썼지만 신자 수는 겨우 100명에 불과했다. 게다가 도시 지배층의 압력이 점차 거세져 메카에서의 포교를 단념할 수밖에 없었다.

622년 7월 16일 무함마드는 신도들과 함께 메카 북쪽의 교통 요지 야트리브(나중에 예언자의 마을이라는 의미의 메디나로 개명)로 몸을 피해 교단의 재건을 도모했다. 이를 '헤지라'라 하며, 이후 이슬람 교단이 크게 발전했기 때문에 622년을 이슬람력의 기원 원년으로 삼았다.

630년 이슬람교도는 교역을 둘러싸고 대립하던 메카 점령에 성공했는데, 이로써 이슬람교의 영향은 아라비아반도 전체에 미치게 되었다. 이슬람교를 중심으로 한 아랍 부족 연합체가 아랍 세계의 기초가 된 것이다.

하지만 632년 무함마드가 젊은 아내 아이샤의 무릎을 벤 채 숨을 거두자 이슬람 교단은 분열 위기에 빠졌고, 아라비아반도 또한 매우 혼란스러워졌다. 교단은 위기를 극복하기 위해 칼리프(신의 사도인 무함마드의 대리인이자 후계자)를 뽑았다. 대화를 통해 선발된 4대 칼리프까지의 시대를 정통 칼리프 시대라고 한다. 이 시대에 아랍군은 시리아와 이집

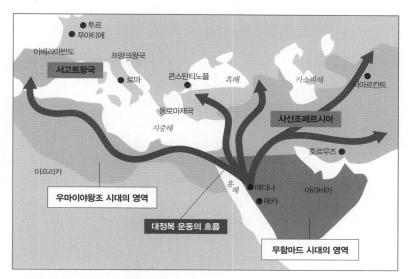

지도의 레이블:
- 투르
- 푸아티에
- 이베리아반도
- 프랑크왕국
- 서고트왕국
- 로마
- 콘스탄티노플
- 흑해
- 카스피해
- 사마르칸트
- 동로마제국
- 지중해
- 사산조페르시아
- 호르무즈
- 아프리카
- 우마이야왕조 시대의 영역
- 홍해
- 메디나
- 메카
- 아라비아
- 대정복 운동의 흐름
- 무함마드 시대의 영역

▶ 대정복 운동과 이슬람 제국의 확대

트를 정복했으며 사산조를 무너뜨렸다.

세계사를 바꾼 대정복 운동

"코란이냐, 공납이냐, 검이냐"라는 슬로건을 걸고 시작된 대정복 운동
은 아랍인의 대규모 민족이동이기도 했다. 7~8세기에 걸쳐 약 130만
명의 아랍인이 농경 지대의 여러 도시로 이주해 지배자가 되었다. 원정
시에는 칼리프가 원정군의 사령관을 임명했고, 원정 준비와 작전은 모
두 사령관에게 일임되었다. 전리품은 모두 화폐로 환산해 5분의 1을 칼
리프가, 나머지는 원정에 참가한 병사들이 나누어 가졌다.

《코란》의 규범에 입각한 이슬람교

모든 교도는 신 앞에 평등하다

메카의 상인 무함마드가 창시한 이슬람교는 유대교나 그리스도교의 영향을 받아 성립한 엄격한 일신교이다. 모든 신도는 알라신의 노예로 신에게 절대 복종해야 한다.

이슬람교는 혈연관계를 부정하고, 모든 이슬람교도가 동포로서 이슬람 공동체(움마)로 결집하는 것이라고 가르친다. 또 알라신 앞에서는 모든 교도가 평등하며, 직업적 성직자는 존재하지 않고 신도들이 일상생활 속에서 스스로 종교 생활을 영위해 나가야 한다고 가르친다.

모든 규범은 《코란》에 있다

유일신인 알라의 뜻은 예언자 무함마드의 입을 통해 알려졌다. 마지막 심판이 가까이 왔다고 한 무함마드는 스스로를 모세, 예수 등 25명의 예언자들 마지막에 위치하는 가장 위대한 예언자라 했다. 그가 세상을 떠나고 신의 뜻을 새로 얻을 수 없게 되었다고 여긴 이슬람교도들이 동요하자, 3대 칼리프인 우스만 시대에 22년 동안 무함마드가 전파한 신의 말씀을 편찬했다. 그것이 메카 방언인 아라비아어로 정리된 《코란》('읽어야만 하는 것'이라는 뜻)이다.

《코란》은 신의 1인칭시점으로 기록되어 있는데, 음주와 도박, 돼지고기 먹는 일을 금지하고, 부인은 4명까지 거느릴 수 있다는 등의 내용이 포함되어 있다. 일부다처제는 계속되는 전쟁으로 생기는 미망인을 구제

여섯 가지 신앙 (신심)	
알　라	유일신
경　전	코란
예 언 자	모세, 다윗, 예수, 무함마드
천　사	알라와 지상의 연결
심　판	심판 날 생전의 선행과 악행에 따라 천국과 지옥으로 나뉨
천　명	인간의 행위는 모두 알라가 창조한 것이므로 신의 의지는 인간의 행위로 드러남

다섯 가지 행동 (의무)	
신앙고백	"알라 외의 신은 없다. 무함마드는 그 사도다"라는 사실을 만인에게 알림
예　배	하루 5회(새벽·낮·일몰 전·일몰 후·한밤중) 약 20분씩, 신에 대한 복종과 감사를 표기히 위해 메카 방향을 향해 절함
희　사	연 1회, 1년 수입의 40분의 1을 가난한 이에게 자선
단　식	라마단(이슬람력으로 9월) 기간 1개월 동안 주간에 단식
순　례	일생에 한 번은 메카의 카바 신전에 순례하도록 권고

이슬람교도

금 ✕ 지

돼지고기와 술, 이익을 취하는 것, 왼손(부정한 손)으로 물건을 주고받는 것

▶ 이슬람교도의 의무

하려는 데 그 뜻이 있었다.

《코란》은 전 114장으로 긴 장부터 짧은 장까지 기계적으로 나열되어 있다. 하늘 저편에 있는 신의 옆에 기재되어 있는 규범을 천사 가브리엘이 아라비아어로 번역해 무함마드에게 전달했다고 전해지고 있으며, 신자들은《코란》을 생활 규범으로 여기고 있다.

수니파와 시아파의 차이는?

현재 세계의 이슬람교도는 약 7억 명에 이른다. 이들은 수니파(이슬람 공동체의 관행과 범례에 따르는 자라는 뜻)와 시아파(정식으로는 시아파 알리, 알리의 당파)로 나누어진다. 전체 이슬람교도의 90퍼센트가 수니파이고, 나머지 10퍼센트 정도가 시아파(주로 페르시아인)이다.

수니파는 칼리프가 무함마드의 정치적 권한을 이어받은 자이며 교의는 교도 전체가 함께 정해야 한다고 했다. 이에 대해 시아파는 4대 칼리프인 무함마드의 조카 알리가 종교와 정치의 모든 권한을 물려받은 지도자이며 그가 암살당한 후에는 그 12대 자손 이맘이 정통 지도자임을 주장했다. 시아파는 9세기 후반 이맘이 모습을 감춘 후에도 그가 언젠가는 돌아올 것이라고 굳게 믿었다. 그리고 그전까지 인간적으로 뛰어난 학자가 이맘의 권한을 대행해야 한다고 여긴다.

610~750년: **우마이야왕조~아바스왕조**

아랍제국에서 이슬람 제국으로

세습된 칼리프와 우마이야왕조

661년 아랍제국의 마지막 정통 칼리프인 4대 칼리프 알리가 암살되자 라이벌이었던 시리아 총독 무아위야 1세가 시리아의 다마스쿠스에서 스스로를 칼리프라 칭하며 우마이야왕조를 세웠다. 원래 칼리프는 이슬람 교단의 지도자이지만 이후 14명의 칼리프가 모두 우마이야가(家) 출신이기 때문에 이처럼 왕조로 취급되고 있다.

우마이야왕조는 비잔틴 문명의 영향을 강하게 받았는데, 아랍인들은 고급 관료직을 독점하는 등의 특권을 지녔고, 이슬람교로 개종한 이민족은 피정복민으로 차별 대우를 받았다. 다시 말해 우마이야왕조는 아랍제국이었던 것이다.

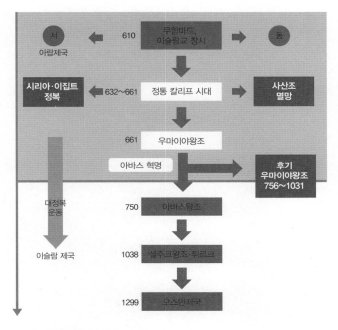

무함마드,
이슬람교 창시 610 서 아랍제국 / 동

정통 칼리프 시대 632~661 시리아·이집트 정복 / 사산조 멸망

661 우마이야왕조

아바스 혁명 → 후기 우마이야왕조 756~1031

대정복 운동 / 이슬람 제국

750 아바스왕조

1038 셀주크왕조·투르크

1299 오스만제국

▶ 아랍제국의 변천

제국 내부의 반체제 세력을 다스리는 문제로 고민하던 우마이야왕조는 8세기 전반 두 번째 정복 운동을 전개해 이슬람 제국의 영토를 최대 규모로 넓혔다. 동방에서는 인더스강 유역과 서투르키스탄을 점령했고, 서방에서는 북아프리카에서 이베리아반도로 세력을 뻗쳐 게르만족의 서고트왕국을 무너뜨렸다.

내륙으로 쫓겨난 그리스도교 세계

여세를 몰아 우마이야군은 피레네산맥을 넘어 프랑크왕국을 공격한다. 이로 인해 유럽의 그리스도교 세계는 존망 위기에 처하는데, 프랑크군이 732년 남프랑스의 투르 푸아티에 전투에서 간신히 승리를 거둠으로써 위기에서 벗어난다. 하지만 상업 활동이 활발하던 지중해는 완전히 이슬람 세계에 속하게 되었고, 그리스도교 세계의 중심은 내륙의 농업 지역으로 옮겨졌다.

아랍제국에서 이슬람 제국으로

시아파의 반체제 운동으로 우마이야왕조가 혼란에 빠지자, 750년 아불 아바스는 이란인의 반체제 운동을 이용해 우마이야왕조의 정권을 빼앗고 아바스왕조를 세웠다.

아바스왕조는 왕국의 중심을 예전 사산조 영역(이란 세계)으로 옮기고 시아파를 탄압하는 동시에 아랍인의 특권을 폐지했다. 또한 모든 이슬람교도는 평등하다고 보고 이슬람법 통치 시대를 열었다. 요컨대 민족과 관계없이 유능한 인물을 등용하는 국제적인 이슬람 제국을 세우려 한 것이다. 한편, 칼리프는 지상에 있는 신의 대리인으로서 자신의 권위를 확립했다. 이처럼 아랍제국에서 이슬람 제국으로 변화하는 개혁을 '아바스 혁명'이라 한다.

우마이야왕조의 칼리프 일족은 이베리아반도로 도망쳐 756년 코르도바를 수도로 하는 후기 우마이야왕조를 세웠다. 이로써 이슬람 제국은 동서로 나뉘었다. 751년에는 중앙아시아의 탈라스강 유역에서 당나라 군대를 물리치고 실크로드로 진출했다. 이 전투에서 당나라 출신 종이 기술자가 포로로 사마르칸트에 연행되어, 종이 제조법이 이슬람 세계로 전해졌다.

국제 교역이 이루어진《아라비안나이트》시대

유라시아로 확대되는 교역권

아바스왕조의 수도 바그다드는 ① 이란고원·실크로드 ② 아라비아
반도 ③ 시리아·이집트·북아프리카·이베리아반도 ④ 인도양으로 이어
지는 항구도시 바스라로 도로를 연장해, 제국 각지와 주변 경제권에 긴
밀접했다.

아바스왕조의 전성기인 5대 칼리프 하룬 알라시드 시대의 이야기라
고 전해지는《아라비안나이트》(천일야화)에는 "하룬 알라시드의 이름과
영광이 중앙아시아의 언덕에서 북유럽 숲속에 이르기까지, 또 마그레브
(서북아프리카) 및 안달루시아(이베리아반도)에서 중국, 달단(타타르, 유목
세계) 주변에까지 미친 시대"라는 글이 적혀 있을 정도였다.

연결된 페르시아만과 중국 연안

이 시대에서 특히 주목할 점은《아라비안나이트》에 실린 이야기 중
〈뱃사람 신드바드의 모험〉에 나오는 해상 교역 루트이다.

이슬람 상인은 다우선이라는 배를 타고 아프리카 동쪽 해안에서 중국
연안에 이르는 광대한 해역을 1년 반에 걸쳐 왕복했다. 다우선은 큰 삼
각형 모양의 돛을 달았으며 역풍이 불 때도 항해가 가능했다. 선원 중에
는 40년 동안이나 땅을 밟지 않고 무역에 종사한 사람도 있었다.

대형 선박은 400~500명 정도가 탈 수 있는 규모였는데, 이 배를 이용
해 동아프리카에서 '잔즈'라 불린 흑인 노예가 대거 운송되었다. 또 인도

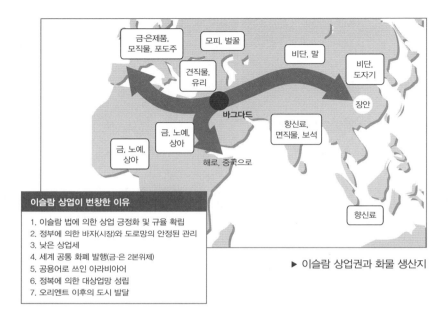

금·은제품, 모직물, 포도주

모피, 벌꿀

비단, 말

비단, 도자기

견직물, 유리

바그다드

장안

금, 노예, 상아

항신료, 면직물, 보석

금, 노예, 상아

해로, 중국으로

항신료

이슬람 상업이 번창한 이유

1. 이슬람 법에 의한 상업 긍정화 및 규율 확립
2. 정부에 의한 바자(시장)와 도로망의 안정된 관리
3. 낮은 상업세
4. 세계 공통 화폐 발행(금·은 2본위제)
5. 공용어로 쓰인 아라비아어
6. 정복에 의한 대상업망 성립
7. 오리엔트 이후의 도시 발달

▶ 이슬람 상업권과 화물 생산지

에서 전해진 쌀, 면화, 사탕수수 등이 재배되어 곡창지대였던 이라크는 더욱 발전했다.

어떤 아라비아 상인의 기술에 따르면, 당나라 광저우에는 12만 명, 양저우에는 수천 명 규모의 거류지가 만들어져 많은 이슬람 상인이 무역에 종사했다고 한다. 그 결과 동아시아의 다양한 정보가 이슬람 세계로 흘러들었다.

수표와 어음의 사용

육지에서 이루어지는 무역에는 '사막의 배' 낙타가 이용되었다. 낙타는 약 270킬로그램의 짐을 싣고도 걸을 수 있고, 일주일 정도는 물을 마시지 않고도 견딜 수 있어 아주 귀중한 운송 수단이었다. 사막에서는 때

때로 5,000마리의 낙타를 이끌고 이동하는 카라반 행렬도 있었고, 1,000마리 정도의 낙타를 준비해 놓고 상인이나 순례자에게 대여해 주는 업자도 있었다. 주요 통상로에는 30~40킬로미터 간격으로 카라반 숙소가 있었고, 각 도시에는 바자라는 시장이 있었다.

화폐로 금화와 은화를 사용했으나, 경제 규모가 커지면서 화폐 부족과 송금 위험 등을 고려해 수표나 어음도 사용했다. 바그다드에서 발행한 수표를 아프리카의 모로코에서 현금으로 바꾸는 일도 가능했다.

7세기~현대: 이슬람 문명
이슬람 문명에서 지식을 배운 유럽

정복한 문명을 수용하는 세계 최고의 문명

상인 무함마드가 창시한 이슬람교는 도시적 성격이 매우 강했다. 이슬람교는 상업 윤리를 중시했고, 무엇보다 상업을 천시하지 않았다. 이렇듯 종교와 윤리가 뒷받침된 이슬람 세계에서는 국제 상업이 발전하고, 복식부기와 수학도 매우 발달했다. 기하학으로의 수학이 도입되었으며(삼각법), 3차방정식 해법을 설명하는 수준에 이르렀다.

고대 오리엔트의 점성술을 이어받아 천문학도 발달했으며, 위도와 경도를 측정해 지동설을 주장한 학자도 있었다. 11세기에는 지금의 그레고리력보다 더 정확한 자라르력이 제정되기도 했다. 항해에서도 특정한 별의 고도로 위도를 측정하는 천체 항법이 발달했다.

이슬람 문명은 아랍인이 정복한 여러 지역의 문화와 문명을 존중하고 더욱 융합해, 당시 세계 최고 수준의 문명을 자랑했다. 대도시에는 종합 연구 시설 '지혜관'이 세워졌으며, 이란, 인도, 그리스 등의 문헌이 아라비아어로 번역되어 각 문명이 이슬람 문명에 편입되었다. 인도숫자를 개량한 아라비아숫자가 만들어졌고, 불로불사의 약을 만드는 중국의 연단술이 연금술과 화학 등으로 발전했다.

12세기에도 있었던 르네상스

14세기 이슬람의 역사학자 이븐 파들란이 "그리스도교 신자는 널빤지 한 장도 지중해에 못 띄운다"고 했듯이, 7세기에서 16세기까지 이슬람교도는 유럽 세계에서 절대적인 우위를 보였다.

유럽에서 도시가 성장한 것은 11세기 이후로 그전까지 유럽은 그저 소박한 농업 지역이었다. 아리스토텔레스의 철학과 같은 그리스·로마의 고전도 실은 이슬람 세계에서 배운 것이다. 이는 곧 종교로부터 학문이 독립했음을 뜻한다(아리스토텔레스의 철학에 의해 그때까지 실재한다고 여겼던 '보편(신)'을 명목이라 여기게 되었다). 이미 거대한 도시군이 발달해 현대적인 도시 문명이 성장한 이슬람 세계는 당시 유럽이 봤을 때 경탄할 만한 세계였다. 예를 들면 10세기 이베리아반도의 중심 도시인 코르도바는 인구가 50~80만 명에 이르렀고, 70개의 도서관과 1,600개의 사원이 있었다.

11세기 이후 아라비아어 문헌이 라틴어로 번역되면서 이슬람 문명이 전파되고, 이른바 '12세기의 르네상스'가 시작되었다. 이슬람 문명의 영향을 받은 아리스토텔레스의 철학이 스콜라철학을 근본적으로 전환한 데서 보듯이 이슬람 문명은 유럽 문명에 강한 충격을 주었다.

르네상스 시대에는 만능인이 이상적으로 여겨져, 레오나르도 다빈치 같은 천재가 나타났는데, 이러한 만능인의 발상은 이슬람 세계에서는 상식적인 일이었다. 유럽은 지식인의 스타일까지 이슬람 세계에서 배운 것이다.

11세기: **튀르크인의 시대**

이슬람 세계를 제패한 튀르크인

분열되는 아바스왕조

여러 민족이 결합한 모자이크 국가였던 이슬람 제국(아바스왕조)에서는 9세기 후반에 들어서며 지방정권들이 독립하기 시작했다. 도시 생활로 군사력이 떨어진 아랍인은 새로 중앙아시아에서 유목계 튀르크인 군사 노예(맘루크)를 구입했는데, 이 튀르크인들이 활약을 보이며 이슬람 세계를 제패한다.

전쟁이 잦으면 군인의 지위는 당연히 높아진다. 이슬람 제국에서는 군인이 정부 요직을 차지했으며, 경우에 따라서는 칼리프를 대신해 실권을 쥐기도 했다. 세금은 줄어든 반면 군사비는 늘어나면서 아바스왕조의 재정은 파탄에 이르렀고 혼란은 더욱 커졌다. 이 가운데 946년 온건한 시아파인 부와이왕조가 서북 이란에서 침입해 바그다드를 점령했고, 왕은 대아미르(장군)로서 칼리프의 권위를 이용하며 실권을 장악했다.

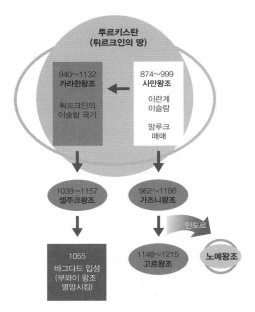

▶ 튀르크인의 국가

넓어지는 튀르크인이 세계

한편 맘루크의 매매는 중앙 아시아에 세워진 이란계 사만 왕조가 담당하고 있었다. 사만 왕조는 수니(정통)파의 신앙을 유지하고 있었는데, 이에 영향을 받아 튀르크인도 수니파를 믿었다.

튀르크인의 첫 번째 이슬람 국가는 10세기 중엽에 세워진 중앙아시아의 카라한왕조였다. 카라한왕조는 서투르키스탄의 사만왕조를 멸망시키고 타림분지(서역)의 이슬람화를 추진했다.

사만왕조의 맘루크 중 한 명이 아프가니스탄 남부에 세운 가즈니왕조와 이를 대신해 세워진 고르왕조는 매년 겨울이면 인도 북서부를 침입했다. 13세기 초에는 고르왕조의 맘루크가 델리에서 독립해 인도 최초의 이슬람 국가(노예왕조)를 세웠다.

셀주크왕조에 의한 '튀르크인의 세기'

11세기, 중앙아시아의 튀르크인이 이슬람 세계에 침입해 세운 셀주크왕조는 1055년 부와이왕조를 무너뜨리고 바그다드에 입성했다. 칼리프는 튀르크인 정권을 환영하며 왕에게 권위라는 뜻의 '술탄(세속적인 군주)' 칭호를 내리고 자신의 수호자로 삼았다.

술탄은 튀르크인 장교에게 토지 지배권을 주고 군사를 양성하게 했다 (이크타 제도). 그 결과 튀르크인은 대규모 영지를 얻었고, 이슬람 세계를 지배하게 되었다.

이슬람 세계를 제패한 유목민 튀르크인은 영지를 찾아 비잔틴제국령인 소아시아에 번번이 침입했다. 이에 맞설 힘이 없었던 비잔틴 황제는 종교적으로 대립 관계이던 로마 교황에게 지원을 요청했고, 그 결과 파견된 것이 바로 십자군이었다.

튀르크인은 세계사 무대에 화려하게 등장해 '튀르크인의 시대'를 누렸다. 그러나 그 전성기는 길지 않아, 11세기 말 셀주크왕조는 분열되었고 12세기 중엽에 멸망하고 만다.

1206~1227년: 칭기즈칸
막강한 칭기즈칸 군대의 비밀

고난 속에 청년기를 보낸 칭기즈칸

12세기 몽골고원은 전국시대라고 할 만한 군웅할거의 시대였다. 당시 몽골고원을 지배하던 동북부(만주)의 금이 강대 세력의 출현을 두려워해 부족 간 대립을 부추겼기 때문이다.

그런 가운데 두각을 나타낸 사람이 '초원의 푸른 늑대'를 선조로 두었다는 명문 씨족의 테무진(철의 사나이라는 뜻)이다. 테무진은 어렸을 때

부친이 독살당한 후 고난의 시절을 보냈는데, 45세가 넘어서 몽골고원의 여러 부족을 통일하고 1206년, 오논강가에서 열린 쿠릴타이(부족장 회의)에서 몽골제국의 칸(汗, 왕의 의미) 지위에 올랐다. 이때 부족의 샤먼에게 '칭기즈(빛의 신이라는 의미)'라는 칭호를 받고 이후 칭기즈칸이라 불렸다.

몽골군의 부대 편성 방법

각 부족의 독립성이 강했던 몽골은 칭기즈칸이 등장하기 전까지 쿠릴타이에서 지도자와 정복 활동을 결정했다. 칭기즈는 이러한 과거의 부족을 해체하고, 초원 사회의 규칙을 새롭게 정했다.

그는 적대 국가인 금의 군사 제도를 받아들였다. 십진법을 토대로 군사를 십호, 백호, 천호, 만호 단위로 나누고, 심복을 각각의 장으로 파견해 중앙집권 체제를 정비했다. 칭기즈는 엄격한 군율을 선포해 설령 천호장이라 할지라도 군율을 어기면 엄하게 처벌했다. 또한 천호장과 백호장의 자제들로 편성된 칭기즈의 친위대 케식[怯薛]은 국가 유지를 위한 인재 육성 기관 역할도 했다.

4배의 군대와 맞서 싸운 칭기즈칸

12세기 유라시아는 크게 분열되어 있어, 강력한 몽골의 군사 집단이 대제국을 수립할 수 있는 조건이 구비되어 있었다.

칭기즈는 중앙아시아의 대상업망을 노리고 실크로드 동쪽을 지배하는 서하(西夏)를 공격하는 한편, 서아시아 신흥 세력인 튀르크인의 호라즘 샤왕조와 협조하려 했다. 그러나 호라즘에 파견한 이슬람 상인 중심의 사절단이 살해되고 선물이 약탈당하는 사건이 일어났다. 다시 보낸

말의 활용	천호·백호제	몽골 활
기병 1명당 말 7~8마리 소유 말은 하루씩 탄 후 3~4일간 쉬게 했다.	한 부대를 병사 10명 단위로 구성 전 몽골군에 95개의 천호가 있었다.	가볍고 강한 단궁 접근전에 특히 강했다.

경장비 기병대	이슬람 상인의 협력
하루 70km 이동 가능 기동성이 뛰어났다.	지리적 지식, 도시를 공격할 무기 등의 이용

▶ 몽골군은 어떻게 그렇게 막강했을까?

사절단 역시 소중한 수염이 잘리는 매우 굴욕적인 대접을 받았다. 울분의 눈물을 흘리며 설욕을 맹세한 칭기즈는 10만 명의 군사를 이끌고 40만의 군사를 보유한 호라즘 정복에 나선다.

통상로를 따라 쳐들어간 칭기즈는 각지에서 호라즘군을 물리치고, 1220년 호라즘을 무너뜨렸다. 별동대가 1225년 남러시아 평원을 정복하고 1227년 동쪽의 서하를 멸망시키면서, 실크로드와 초원길은 완전히 몽골제국의 지배를 받게 되었다.

그러나 소기의 목적을 달성한 바로 그해, 칭기즈는 말에서 떨어진 상처가 덧나 결국 세상을 떠났다. 시체는 유목민의 관습대로 매장한 뒤 평지로 만들었기 때문에 무덤의 소재지는 알려져 있지 않다. 그가 죽은 뒤 제국의 광대한 영토는 4명의 아들이 지배하게 되었다.

동서 세계를 연결한 몽골제국

세계사의 기점이 된 몽골제국

칭기즈칸이 통일한 중앙아시아 세계가 중화 제국, 이슬람 제국, 키예프 공국이라는 농경 세계를 정복함으로써 몽골제국이 형성되었다. 13세기 초 당시 중화 제국(남송)은 북쪽을 금에게 점령당했고, 이슬람 제국(아바스왕조)도 지방정권의 분립으로 이름만 제국일 뿐 쇠약해진 상태였다. 몽골족은 대상권의 통합을 요구하는 이슬람 상인의 도움을 얻어 동서의 대농경 지대를 정복한 것이다.

살아남은 유럽과 철저하게 파괴된 바그다드

칭기즈칸이 죽은 지 2년 후 2대 칸이 된 오고타이는 남러시아 평원이 혼란스러워지자 1236년 바투를 사령관으로 하는 10만 원정군을 파견했다. 원정군은 4년 동안의 전투 끝에 키예프 대공국을 비롯한 러시아 전체를 정복했다. 러시아는 그 후 240년 동안 '타타르의 멍에'라고 하는 몽골 지배 시대를 겪어야 했다.

이후 바투군은 헝가리에서 폴란드로 들어가 1241년에 레그니츠키에 폴레 부근의 발슈타트에서 독일과 폴란드의 연합군을 물리쳤다. 유럽 세계는 곧 닥칠 몽골 기마군의 압도적인 힘을 두려워하며 떨었다.

그때 오고타이가 사망했다는 급보가 들려왔다. 바투는 몽골제국 내부에서 지위를 확립하고자 군대를 이끌고 남러시아로 철수했다. 운명의 장난이 유럽 세계를 구해낸 것이다.

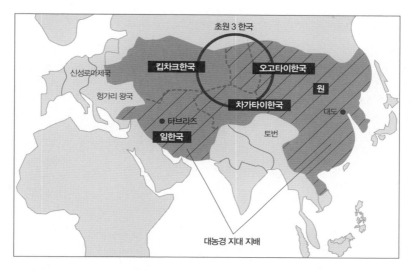

초원 3 한국

킵차크한국

신성로마제국

헝가리 왕국

오고타이한국

원

차가타이한국

타브리즈

일한국

토번

대도

대농경 지대 지배

▶ 유라시아를 제패한 몽골 대제국

한편 4대 칸인 몽케칸의 명을 받고 이슬람 세계 정복에 나선 훌라구는 1258년, 번영기에는 인구 150만을 자랑했던 아바스왕조의 수도 바그다드를 함락하고 아바스왕조를 무너뜨린 뒤 일한국을 세웠다.

이렇게 7세기 이후 세계사를 이끌어온 이슬람 제국은 역사의 뒤안길로 사라지고 몽골제국의 지배를 받게 되었다.

중화 제국 정복과 원의 건국

한편 황허 유역은 2대 오고타이가 1234년 금을 멸망시키면서 몽골의 지배를 받고 있었다.

1260년 쿠빌라이는 정당한 절차에 따라 5대 칸이 된 남동생 아리크부카를 군사력으로 몰아내고 칸의 지위를 빼앗았다. 후에 오고타이의 손자 카이두가 초원의 세 한국을 통합해 쿠빌라이에 반기를 들면서 30년에 걸친 긴 전쟁에 들어가게 된다.

쿠빌라이는 1266년 새로운 수도인 대도(베이징) 건설에 착수했고, 1271년에는 국호를 대원(大元)이라고 정했다. 1276년 남송의 수도 임안을 함락했고, 남송은 1279년 멸망한다. 원 왕조는 중국, 몽골, 티베트, 동북부를 지배하고 고려를 속국으로 삼았으며, 일본과 동남아시아도 원정하는 등 동아시아 세계의 통일을 이룩했다.

13~14세기: **바다와 육지의 링 네트워크**

몽골인이 구축한 세계적 규모의 네트워크

황금을 머리에 이고 있어도 안전한 대도로망

몽골제국 시대는 유라시아를 연결하는 주요 육로와 해로가 제국의 통치를 받으면서 과거 어느 때보다도 탄탄한 링 네트워크가 구축되었다. 여기에 중국의 대도로망, 실크로드, 초원길, 이슬람의 대도로망이 결합되면서 유라시아 전체를 이어주는 대규모의 육상 네트워크가 탄생했다. 몽골족이 관리한 이 중앙아시아의 교역로는 "황금 판자를 머리에 이고 다녀도 안전하다"고 할 정도로 치안이 유지되었으며, 유라시아 각지에서 온 상인들의 왕래가 끊이지 않았다.

육상 간선도로에는 약 40킬로미터마다 정거장(역)이 세워져 있었고,

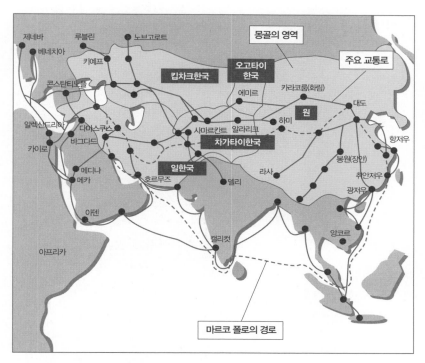

제네바
루블린
노브고로트
몽골의 영역
베네치아
키예프
킵차크한국
**오고타이
한국**
주요 교통로
콘스탄티노플
에미르
카라코룸(화림)
대도
알렉산드리아
다마스쿠스
사마르칸트
알라리크
하미
원
항저우
카이로
바그다드
차가타이한국
봉원(장안)
취안저우
메디나
일한국
라사
메카
호르무즈
델리
광저우
아덴
잉코르
아프리카
캘리컷
마르코 폴로의 경로

▶ 통일된 육·해상 네트워크

사람과 말 그리고 식량이 비축되어 있었다(역참제도=잠치). 교통로를 오
가는 관리와 사절은 특별한 통행증을 받았으며, 칸이 급파한 사절들은
말을 갈아타면서 하루에 450킬로미터를 주파했다고 한다.

몽골제국이 갑자기 부강해졌다는 정보가 그리스도교 세계에 전해지
자 한창 십자군 전쟁 중이던 로마 교황은 몽골족과의 동맹 가능성을 찾
았다. 또 몽골제국 내에 그리스도교를 포교하기 위해 카르피니를 파견
했으며, 프랑스 왕도 뤼브뤼키를 사절로 파견했다.

마르코 폴로 또한 이 시대에 동방에 왔다. 상인인 그는 부친과 함께

원나라에 도착해 17년간 쿠빌라이를 섬겼다. 그는 1299년 일한국에 시집간 딸을 따라 해로로 페르시아만을 거쳐 베네치아로 돌아간 뒤 유명한 《동방견문록》을 저술했다.

동서 문화의 교류

원나라와 일한국은 제휴 관계였다. 취안저우와 항저우 등 중국의 대무역항과 페르시아만의 호르무즈 등을 잇는 해상 교역이 활발했고, 칸일족도 적극적으로 무역에 종사했다.

이슬람 상인과 중국 상인들이 육·해상 도로를 이용해 상업 활동을 전개하는 과정에서 다양한 문화 교류도 이루어졌다. 원나라에서는 이슬람 천문학의 영향을 받아 수시력이라는 정확한 달력이 만들어졌다. 한편 중국의 화약, 나침반이 이슬람 세계로 전해졌고, 중국의 회화는 이란의 세밀화에 영향을 미쳤다.

9장

재편되는 유라시아 세계

14세기: **몽골제국의 쇠퇴**

세계경제 발전에 영향을 준 몽골제국의 급속한 쇠퇴

대항해시대의 기초를 만든 몽골

유라시아 대부분을 통합한 몽골제국은 육상과 해상의 교통로를 하나로 묶어 유라시아 대교역망을 활성화했고, 여러 지역의 문명에 큰 영향을 주었다.

동아시아에서는 중국과 고려가 몽골의 지배를 받으면서 경제의 국제화가 진행되었다. 비교적 영향이 적었던 일본 또한 두 번에 걸친 원나라의 침입으로 가마쿠라막부가 쓰러졌다.

동남아시아는 13세기까지 인도의 일부였으나 자바섬에 침입한 원의 영향으로 마자파힛왕조가 대두해 믈라카해협에 진출했고, 인도차이나 반도에서는 타이인이 세력을 얻었다. 양 세력의 진출로 바닷길 중심에 있는 믈라카해협의 해역이 불안정해졌고, 13세기경부터는 이슬람 상인이 진출했다.

서아시아의 이슬람 세계는 바그다드가 함락되고 이라크의 비중이 낮아지면서 카이로 중심의 이집트로 패권이 옮겨 갔다. 또 유럽에서는 몽골 네트워크와 연결된 이탈리아와 북유럽의 상업이 활성화되었는데, 특히 이탈리아는 대항해시대의 바탕이 되는 막대한 부를 쌓는다.

무너져가는 몽골제국

몽골제국을 구성하는 한국은 농경 지대의 2개 한국과 초원의 3개 한국이 벌인 장기간의 전쟁(카이두의 난)으로 분열해 쇠퇴의 길을 걷는다.

오고타이한국은 차가타이한국에 합병되고, 차가타이와 킵차크, 일의 3한국 가운데 킵차크한국은 러시아의 모스크바대공국에 의해 멸망, 나머지는 이슬람 세계에 동화되었다. 한편 중국을 지배하던 원도 한인의 봉기(홍건적의 난)로 망한다.

수포로 돌아간 몽골제국 재건

몽골제국이 무너지는 가운데 서투르키스탄에서 두각을 나타낸 이슬람교도, 무장 티무르는 몽골제국 칸의 후예를 불러들이고 자기 스스로를 아미르(장군)라 칭하며 실권을 거머쥐었다. 몽골제국의 명성을 이용해 유라시아의 재통일(제2의 몽골제국 건설)을 노린 것이다.

과거에 칭기즈칸에게 철저히 파괴되어 폐허가 된 사마르칸트를 장엄

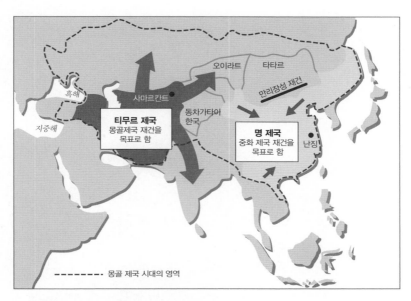

여 지중해

흑해

오이라트   타타르

사마르칸트

만리장성 재건

티무르 제국
몽골제국 재건을
목표로 함

동차가타이
한국

명 제국
중화 제국 재건을
목표로 함

난징

-------- 몽골 제국 시대의 영역

▶ 몽골제국 이후의 유라시아(14세기 후반)

한 제국의 수도로 재건한 티무르는 서아시아를 통일한 후 원나라를 무너뜨린 명나라에 20만 명의 대군을 파견했다. 그러나 노령의 티무르에게 원정은 무리였는지, 티무르는 출발하자마자 곧 사망했고 원정은 중단되었다. 이렇게 몽골제국 재건의 야망은 좌절되었다.

한편 전통적인 중화 제국으로 복귀하기 위해 노력한 명은 전통 질서 회복에 성공한다. 후에 중앙아시아의 기마 유목민 세력이 커지자, 명나라는 만리장성을 재건해 유라시아 세계에서 동아시아 세계를 분리하려고 한다.

한 사람의 빈농이 부활시킨 중화 제국, 명

주원장이 세운 명나라

원나라 말기, 백련교라는 불교계 비밀결사가 홍건적의 난을 일으킨다. 가난한 농민 출신 지도자 중 하나였던 주원장(태조 홍무제)은 결사를 빠져나와 지주 세력과 손잡고, '회복 중화'의 슬로건 아래 패권을 잡았다. 그는 1368년 몽골인을 몽골고원으로 내몰고 금릉(金陵, 현재의 난징)을 수도로 명나라를 세웠다.

태조 홍무제는 농본주의를 기조로 삼고 세금을 철저하게 거둬들였으며 농민의 군사 이용 체제를 정비했다. 정치 면에서는 모든 관청을 황제 직속으로 두고 금의위(錦衣衛)라는 비밀경찰이 관료들을 철저히 감독하게 해, 재위 중 10만 명 이상을 처형하는 등의 독재 체제를 굳혔다. 또한 임금이 하나의 연호만을 사용하는 '1세1원제(一世一元制)'를 실시해, 황제의 통치 기간인 연호가 황제의 이름으로 불리게 되었다.

태조 홍무제는 안정적인 지배를 위해 민간 상인의 해외무역을 금지하고, 국가가 정치적으로 무역을 관리하는 조공 무역을 실시했다. 이로 인해 송나라에서 원나라에 이르기까지 계속 성장해 온 해외무역은 크게 줄어들었다.

아프리카까지 간 정화 함대

15세기 초, 명의 3대 황제 영락제(永樂帝)는 쿠데타를 일으켜 제위에 올랐다. 그는 스스로 군대를 이끌고 5회에 걸쳐 몽골고원을 원정했으며,

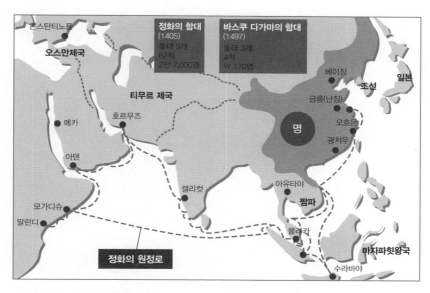

정화의 함대
(1405)
동대 9개
62척
2만 7,000명

바스쿠 다가마의 함대
(1497)
동대 3개
4척
약 170명

콘스탄티노플
오스만제국
티무르 제국
메카
호르무즈
아덴
모가디슈
말린디
캘리컷
베이징
조선
일본
금릉(난징)
오호문
명
광저우
아유타야
짬파
믈라카
수라바야
마자파힛왕국
정화의 원정로

▶ 명나라와 정화의 원정로

80만 명의 병사로 베트남을 정복했다. 영락제는 주변 각 지역에 환관을 사절로 파견해 중화 제국을 중심으로 세계 질서를 재편하고자 했다.

특히 이슬람교도인 환관 정화(鄭和)는 약 8,000톤으로 추정되는 목조선 62척과 2만 7,000여 명의 승무원으로 구성된 함대를 이끌고 7회에 걸쳐 인도양 항해를 반복하며 명 제국에 조공을 바치라고 각 지역에 요구했다. 정화의 함대는 멀리 아프리카 동쪽 해안까지 가서 기린, 표범, 타조 같은 진귀한 동물을 명나라로 가지고 오기도 했다.

또한 영락제는 몽골고원의 유목민과 싸우기 위해 수도를 군사 거점인 베이징으로 옮겨 북쪽에서의 위협에 대비했다.

막대한 지출이 뒤흔든 명의 운명

유목민을 경계한 만리장성 건설

영락제가 죽자 북방 유목민의 세력이 강해졌고, 명은 다시 유목민에 대해 수동적 입장을 취할 수밖에 없었다. 현재 남아 있는 부분만 높이 7미터, 상부 폭 약 4.5미터, 총길이 약 2,400킬로미터에 이르는 만리장성을 막대한 비용을 들여 건설한 것도 이 때문이다.

그러나 북방에 군사력이 편중되자 밀무역을 단속하는 연해 지역의 경비가 소홀해져 16세기에는 밀무역이 성행했다. 아시아까지의 항로를 개발한 포르투갈의 배가 동아시아 해역에 들어와 중국 상인과 밀무역을 하기도 하고, 세계 생산량의 3분의 1에 해당하는 은을 산출하게 된 일본 상인도 밀무역 네트워크에 가담했다.

보고 있을 수만은 없던 명은 16세기 중엽 밀무역의 거점을 없애버렸으나, 두목 왕직은 일본으로 거점을 옮겨 무장 무역으로 명나라 군대에 저항했다. 게다가 여기에 해안 지역의 몰락한 백성들이 가세하면서 혼란은 더욱 심각해졌다. 이것이 이른바 '후기 왜구(왜인의 침략)'인데 실제로 그중 70~80퍼센트는 중국인이었다.

이윽고 명이 부분적으로 민간 상인의 대외무역을 인정하고, 푸젠에 공인 무역항을 개항하면서 후기 왜구는 간신히 진정되었다.

도요토미 히데요시의 조선 침략

명나라는 세제 개혁을 실시하는 등 체제 정비를 시도했으나 기우는

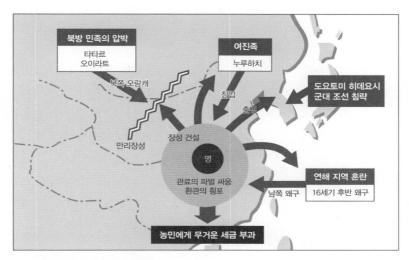

북방 민족의 압박
타타르
오이라트

북쪽 오랑캐

장성 건설

만리장성

여진족
누루하치

침입

**도요토미 히데요시
군대 조선 침략**

명

관료의 파벌 싸움
환관의 횡포

남쪽 왜구

연해 지역 혼란
16세기 후반 왜구

농민에게 무거운 세금 부과

▶ 여러 상대에게 위협받은 명나라

국운은 막지 못했다. 이때 일본을 통일한 도요토미 히데요시는 동아시아의 패권을 잡겠다는 야심을 품고 명 정벌의 단초로 조선을 침략했다.

이 무모한 계획은 도요토미 히데요시가 몰락하는 원인이 되었으나 마찬가지로 조선에 원군을 보낸 명나라의 재정 상태도 악화시켰다. 여기에 둥베이지방에서 대두한 여진족의 남하를 막기 위해 거액의 전투 비용을 지출한 것이 기름을 부은 격이 되었다. 늘어난 전쟁 비용은 부가세로 거둬들였고 농민의 생활은 그만큼 궁핍해졌다.

쓸쓸하게 사라진 명나라 마지막 황제

이런 상황에서 '토지의 균등 분배, 3년간 세금 면제, 엄격한 군율'을 구호로 내걸고 이자성(李自成)이 일으킨 농민반란이 세력을 떨쳤다. 마침 명의 주력군이 여진족을 방비하기 위해 만리장성 변두리인 산하이관

[山海關]에 배치되어 있었던 탓에 수도 베이징은 간단하게 점령당했다(1644).

명의 마지막 황제가 된 숭정제(崇禎帝)는 황자를 대피시키고 황녀의 목숨을 거둔 뒤 궁전 북쪽의 언덕에 올라 스스로 목을 매 죽었다. 이로써 명나라는 쓸쓸히 사라졌다. 마지막까지 황제를 보필한 것은 단 한 사람의 환관뿐이었다고 전해진다.

300년이나 지속된 변발의 나라, 청

목숨을 담보로 강요한 변발

명나라가 멸망하자 그전까지 명나라 군사와 대치했던 여진족은 이들과 손을 잡고 중국에 들어왔다. 그러고는 이자성의 반란군을 진압하고 청 시대를 열었다(1644).

청은 중국 문화를 멸시해 단기간에 망해 버렸던 원의 실패에서 교훈을 얻어 유연한 통치 방법을 취했다. 명나라의 여러 제도를 계승하고 황제를 선두로 유학 등의 전통 문화를 적극적으로 배웠으며, 중앙 관청의 요직 정원을 짝수로 만들어 만주인(여진인)과 한인을 같은 비율로 채용했다(만한병용). 그러나 한편으로는 소수 여진족에 의한 지배를 안정시키기 위해 여진족 고유의 풍속인 변발(머리 둘레를 깎아 내고 윗머리에만 남긴 머리털을 땋아 길게 등 뒤로 늘어뜨린 모양) 등을 "머리를 깎지 않으면

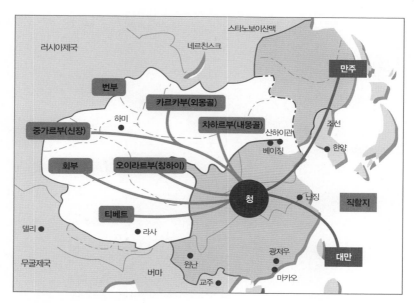

▶ 청의 지배 체제

목을 베겠다"는 식으로 강요했다. 심지어는 언론 통제(문자의 옥)를 하는
등 유화와 강압 양면 정책을 취했다.

탁월한 황제가 이룬 번영의 시대

8세의 나이에 즉위해 61년 동안이나 청을 지배한 4대 강희제(康熙帝)
는 한인 무장의 반란(삼번의 난)을 평정하고, 대만, 외몽골, 칭하이, 티베
트 등을 정복해 영토를 넓혔다. 또 재위 50년을 기념해 인두세를 줄이는
등 재정에도 충실을 기했다.

강희제는 프랑스의 루이 14세와 자주 비교된다. 루이 14세는 거의 같
은 시대에 5세의 나이로 즉위해 72년간 프랑스를 통치했다. 그가 파견

한 선교사 부베가 "강희제는 공자의 저서를 거의 외우고 계시며 중국인이 성서로 받드는 원전도 대강 암송하실 수 있다"고 보고하기도 했듯이, 강희제는 학문을 좋아했다. 그는 술과 담배를 전혀 하지 않고 진중에서도 300개의 상소문을 읽었다고 한다.

사상 최대의 중화 제국 지배술

청 제국은 강희·옹정(雍正)·건륭(乾隆) 등 3명의 황제가 지배한 130년간 사상 최대의 중화 제국이 되었다. 청은 본부와 번부의 이동 통치 체제를 이용해 광대한 지역을 지배했다. 중국 본토가 본부, 내·외몽골, 청하이, 티베트, 신장(서역)이 번부였는데, 번부 지역은 민족 자치를 일정 부분 인정하면서 중앙의 이번부와 중요 지역에 배치한 장군, 대신들로 하여금 다스리게 했다. 또 아시아에 세력을 확대한 러시아와 1689년 네르친스크조약을 맺어 시베리아와 동북의 경계를 정했다.

13세기 말~16세기 초: **동남아시아의 이슬람화**

상업 발달로 이슬람화한 동남아시아

불안정해진 믈라카해협

13세기 유라시아를 지배한 몽골제국은 멀리 떨어진 동남아시아에도 큰 영향을 미쳤다. 몽골군은 점차 남하해 윈난, 버마(미얀마)를 정복하고 그 여세를 몰아 베트남까지 침입했다. 자바섬에 보낸 사절이 얼굴에 문

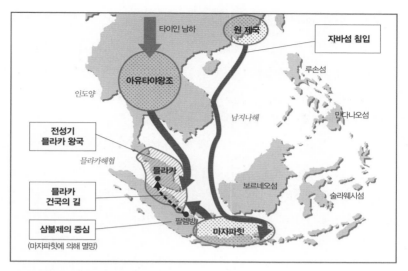

여러 지역 이름:
타이인 남하 / 원 제국 / 자바섬 침입 / 루손섬 / 아유타야왕조 / 인도양 / 만다나오섬 / 남지나해 / 전성기 믈라카 왕국 / 믈라카해협 / 믈라카 / 믈라카 건국의 길 / 보르네오섬 / 술라웨시섬 / 삼불제의 중심 / 팔렘방 / 마자파힛 / (마자파힛에 의해 멸망)

▶ 믈라카 왕국 시대

신을 당한 채 쫓겨 오자 분노한 쿠빌라이는 1299년, 자바섬으로 2만 명의 병사를 실은 대함대를 파견한다.

몽골군이 자바섬에서 철수한 후 이 섬에는 마자파힛왕조가 들어섰다. 이 왕조는 해상 교역과 해상 영역을 지배하고자 7세기 이래 오랫동안 믈라카해협을 지배해 온 수마트라섬의 삼불제(三佛齊, 팔렘방이 중심)를 멸망시켰다.

한편, 13세기에는 역시 몽골에 나라(대리국)를 빼앗긴 타이인이 윈난에서 인도차이나반도로 대거 남하해 아유타야왕조를 세웠다. 아유타야왕조는 해상 무역에 착수해 북쪽에서 믈라카해협으로 진출했다.

교역을 위해 이슬람화한 믈라카 왕국

마자파힛군의 공격으로 팔렘방에서 쫓겨난 왕족 중 한 명이 인구 20~30명의 한적한 어촌으로 이주해 연 항구가 '믈라카(과거 말라카)'이다. 처음에 믈라카는 아유타야왕조에 의무적으로 매년 세금을 납부해야 했다. 하지만 15세기 초 명이 파견한 정화 함대가 믈라카를 중계 거점으로 삼자, 명의 힘을 교묘하게 이용해 아유타야왕조의 지배에서 벗어난다. 함대가 가져온 풍부한 중국 상품은 각지의 상선을 믈라카로 모이게 하면서 믈라카는 동남아시아 중계무역의 중심지가 되었다.

그러나 명에서 함대 파견을 중단하자 방패막이를 잃은 믈라카 왕국은 중심 항구의 지위를 유지하기 위해 교역의 주도권을 쥐고 있던 이슬람 상인을 회유하기 시작했다. 이를 위해 국왕이 이슬람교로 개종했고, 신하들도 이에 따랐다. 이로써 믈라카 왕국은 이슬람 국가로 다시 태어난다. 16세기 초 1년간 믈라카에 입항한 상선은 120척, 연간 교역액은 약 390억 원, 무역에 의한 세금 수입은 약 23억 4,000만 원 정도로 추정된다.

동남아시아의 무역 물품은 이슬람 상인의 인도 면직물, 자바 상인과 타이 상인의 쌀, 중국과 리우쿠 상인의 생사, 견직물, 도자기 등이었다. 동남아시아의 각 섬들은 식품이나 옷감을 무역에 의존할 수밖에 없었으므로 빠르게 이슬람화했다.

평화로운 국제항이었던 믈라카는 그러나 1511년, 19척의 군함과 1,400명의 병사로 이루어진 포르투갈군의 공격을 받고 9일 동안의 공방 끝에 함락된다. 믈라카 왕은 그 후 조호르주로 거점을 옮겨 포르투갈과 싸웠으나 세력은 약해지기만 할 뿐이었다.

믈라카 왕국의 후예들은 지금도 전통적인 지배자로 말레이시아에서 높은 권위를 인정받고 있다.

인도에 재건된 또 하나의 몽골제국

'무굴'은 몽골의 사투리

몽골제국의 재건을 꾀했지만 중도에 좌절한 티무르왕조의 마지막 왕
바부르는 제국이 멸망한 뒤 군사를 이끌고 북인도에 침입해, 1526년 무
굴제국을 세웠다.

무굴제국은 페르시아어를 공용어로 사용했으며 침략한 튀르크계 민
족이 지배층인 전형적인 정복왕조였다. 이는 인도 대륙에 재건된 또 하
나의 몽골제국이었다.

무리한 개종에는 부작용이 따르는 법

이슬람교도에 의해 건국된 무굴제국의 가장 중요한 과제는 다신교를
믿는 힌두교 신도들을 받아들이는 일이었다. 제국의 기반을 쌓은 3대 아
크바르(재위 1556~1605)는 유력한 힌두교 부족의 딸과 결혼하고 동시에
데칸 지방을 제외한 인도 전역과 아프가니스탄을 무력으로 지배했다.
그는 힌두교도 중 실력 있는 자를 관료로 등용하고, 이슬람교가 이교도
에게 부과하는 지즈야(불신앙세)를 폐지하는 등 유연한 정책을 집권 기
반으로 삼았다.

6대 아우랑제브(재위 1658~1707)는 데칸고원 이남을 정복하고 인도
역사상 최대 영역을 지배하는 대제국을 건설했다. 그러나 독실한 이슬
람교도였던 그는 힌두교도의 관습을 무시하고 전 영토의 이슬람화를 시
도했다. 힌두교 사원을 파괴하고 지즈야 제도를 부활시키는 등 무리한

정책을 강행한 것이다. 이는 결국 힌두교도들의 반란을 불러 제국은 빠르게 쇠퇴했다.

대리석의 환상, 타지마할

무굴제국의 전성기를 이끈 5대 황제 샤자한(재위 1628~1658)은 페르시아계 절세 미녀 뭄타즈 마할(왕궁 최고의 꽃이라는 뜻)과 결혼했다. 그녀는 19년의 결혼 생활 동안 14명의 자녀를 낳고 39세에 덧없이 세상을 뜨고 말았다. 왕비의 영혼을 위로하기 위해 샤자한은 2만 명의 기술자와 노동자를 동원해 22년에 걸쳐 묘를 만들었다. 이것이 바로 타지마할이다. 투조와 격자 세공은 '대리석의 환상'이라 불릴 정도로 우아한 미를 지녀, 생전 왕비의 모습을 방불케 했다. 후에 유폐당한 샤자한은 6년간 매일같이 타지마할을 바라보다가, 죽은 후 왕비 옆에 묻혔다.

1299~1922년: **오스만제국**

다시 이슬람화 물결에 휩싸이는 지중해 세계

이슬람 세계를 제패한 오스만제국

오스만제국은 13세기 말 몽골인의 지배를 피해 소아시아로 이주한 튀르크인이 세운 나라이다. 한때 동쪽에서 발흥한 티무르 제국에게 참패해 세력이 약해졌으나 티무르 제국이 쇠퇴하면서 세력을 회복했다.

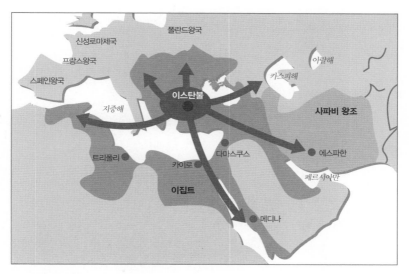

▶ 확대되는 전성기 오스만제국

　　1453년 오스만제국은 20만 명의 육군과 400척의 군함을 이끌고 비잔틴제국의 수도 콘스탄티노플을 공격해 함락했다. 이후 이곳의 이름을 이스탄불이라 고치고 수도로 삼았다.

　　오스만제국은 15세기 후반에서 16세기 초에 걸쳐 메소포타미아, 아라비아반도, 이집트, 시리아를 계속 정복해, 동지중해에서 서아시아에 이르는 대제국으로 성장했다. 이집트를 정복했을 때 오스만제국의 술탄은 이집트에 망명해 있던 아바스왕조 칼리프의 자손에게 칼리프 지위를 물려받았다. 이로 인해 오스만제국의 지배자는 수니파 이슬람교도의 종교상 지도권을 가지게 되었다(술탄-칼리프제).

　　그리스도교 세계와 이슬람 세계의 경계선에서 대제국으로 성장한 오스만제국은 제국 배후의 이슬람 세계에서 많은 학자(울라마)들을 초빙해 재판관 등으로 임명하고 이슬람 법률을 충실하게 이행하는 이상적인 이슬람 국가의 건설을 목표로 삼았다.

유연한 종교 제국

오스만제국은 기본적으로 민족의 차이보다 이슬람교도 여부를 우선시했다. 비(非)이슬람교도는 종교별로 공동체를 만들게 하고, 세금을 내는 조건으로 자치를 인정했다. 발칸반도에 거주하는 그리스도교도에게는 세금을 부과하지 않는 대신 청년들에게 이슬람 교육을 시켰다. 이렇게 교육받은 청년들은 관료나 군인으로 제국 통치에 이바지했다.

특히 개종한 그리스도교도의 자제들로 이루어진 보병 군대, '예니체리(새로운 군대라는 의미)'는 세계 최강으로 유명했다. 이들은 결혼이 금지되었고, 군기 대신 거대한 야전 요리용 금속 솥을 지녔으며 모자에는 숟가락을 꽂았다. 한솥밥을 먹는 이들로 결속을 다지기 위해서였다.

유럽을 뒤흔든 술레이만 1세

오스만제국의 전성기는 26세에 즉위해 약 반세기 동안 3대륙의 20여 민족, 6,000만 명을 지배한 10대 술레이만 1세 시대였다. 그는 헝가리를 정복했을 뿐 아니라, 이탈리아를 놓고 신성로마제국(독일)과 전쟁 중이던 프랑스 왕과 손을 잡고 빈을 포위해 위기에 빠뜨렸다. 또 스페인 등의 군함으로 구성된 연합 함대를 격파해 지중해 제해권을 확보했다.

술레이만 1세는 국내에서는 '입법자', 유럽에서는 '장엄한 왕'이라 불린 유럽 최대의 군주였다. 그러나 17세기 들어 유럽의 발흥, 제국 궁정의 내분과 정치 혼란 등으로 오스만제국도 점차 흔들리기 시작한다.

콘스탄티노플은 이렇게 사라졌다

1453년, 약관 21세였던 오스만제국의 술탄, 메메트 2세는 20만 명의 육군과 400척의 군함으로 비잔틴제국의 수도 콘스탄티노플을 공격한다.

그는 급료 문제에서 타협을 보지 못해 비잔틴의 황제를 섬기지 않겠다고 했던 헝가리 기술자 우르반을 4배의 급료를 주고 고용했다. 그러고는 '괴물'이라는 이름의, 길이가 무려 8.2미터나 되고 포탄 무게가 450~550킬로그램이나 나가는 거대한 대포를 만들게 했다. 이 거포는 60마리의 소와 200명의 병사가 끌지 않으면 지렛대로도 움직일 수 없었다고 한다.

그러나 콘스탄티노플을 지키는 세 겹의 성벽은 그 공격에도 견딜 수 있을 만큼 견고했다. 공격에 지친 메메트 2세는 보스포루스해협에서 골든혼에 이르는 수십 킬로미터의 산길에 은밀히 난무로 길을 만들게 하고, 어둠을 틈타 많은 말과 인력을 동원해 72척의 군함을 옮긴 뒤 골든혼에 띄우는 대담한 전술을 구사했다. 콘스탄티노플 북쪽의 골든혼은 성벽이 상대적으로 약했으나 만의 입구가 좁아 쇠사슬을 치기만 해도 함선의 침입을 원천 봉쇄할 수 있는 요지였다. 메메트 2세는 골든혼 입구를 노리는 대신 배를 끌고 산을 넘어 바로 골든혼 안으로 들어가는 기상천외한 작전을 시도한 것이다. 이것이 "튀르크 함대 산을 넘다"라는 유명한 이야기이다.

그러나 콘스탄티노플이 함락된 원인은 어이없게도 그들이 성문 하나를 깜빡하고 잠그지 않았기 때문이었다. 그 문을 통해 튀르크군이 일제히 쳐들어갔고, 330년부터 1,100년간 이어온 로마제국의 수도는 함락되고 말았다.

그 뒤 콘스탄티노플은 이스탄불로 이름이 바뀌었고, 로마제국의 영광은 오스만제국으로 옮겨 갔다.

4부

대항해시대와
팽창하는 유럽

이탈리아 르네상스의 탄생

몽골제국의 지배를 받던 대교역권에서 동지중해, 이집트와 흑해로 연결된 이탈리아의 여러 도시가 중계무역으로 막대한 이익을 취한 결과 화려한 '이탈리아 르네상스'가 도래했다. 또 해상 교역이 활발해지면서 나침반이 보급되고 해도가 발달하는 등, 대항해시대가 열리기 위한 조건이 무르익고 있었다.

무엇보다 오스만제국이 출현하면서 그때까지 이용하던 교역로를 통과하기 어려워진 이탈리아 상인들은 대서양 연안의 여러 지역과 교역함으로써 활로를 찾으려 했다.

대서양 세계에서 태어난 세계 자본주의

대서양 항로를 개척하려는 새로운 움직임은 소국 포르투갈에서 일어났다. 포르투갈의 '항해 왕자' 엔히케는 아프리카 서안 탐험 사업단을 조직했다. 탐험 사업은 급속하게 진행되어, 왕자가 죽은 뒤인 1488년, 아프리카 최남단인 희망봉이 발견되었다. 아프리카를 우회해 아시아에 이르는 항로 개발이 현실이 된 것이다.

그런 가운데 콜럼버스는 이탈리아 상인과 스페인 왕실의 지원을 받아 대서양 항해에 나서 아메리카 대륙에 도착했다. 16세기 초에는 마젤란 함대가 세계 일주 항해에 성공해 지구의 넓이를 상상할 수 있게 되었다.

서구에 종속된 아메리카

유럽 세계가 확대되면서, 한편으로는 그에 종속되는 지역이 생겨났다. 스페인은 아메리카 대륙의 아스테카왕국과 잉카제국을 멸망시켰다. 그들은 원주민을 노예로 부려 광산을 개발했는데, 여기서 캔 막대한 양

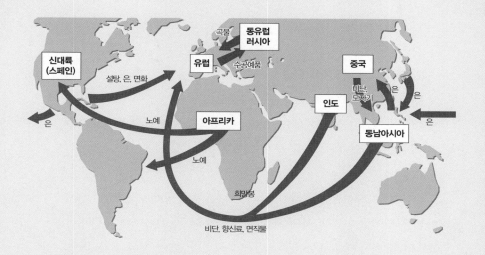

곡물

동유럽
러시아

신대륙
(스페인)

설탕, 은, 면화

유럽

수공예품

중국

비단
도자기

은

은

인도

아프리카

노예

은

은

동남아시아

노예

희망봉

비단, 향신료, 면직물

▶ 16세기 후반 세계와 유럽의 무역로

의 값싼 은을 서유럽에 공급했다.

　이후 광대한 토지를 플랜테이션으로 개발해 설탕, 커피 등 상품작물을 재배했다. 유럽인은 원주민만으로는 노동력이 부족하자 아프리카 흑인들을 대량으로 잡아다가 노예로 부리기까지 했다.

　유럽은 대서양이라는 광대한 바다 너머에 있는 아메리카를 지배하기 위해, 종래 유라시아 지역의 대제국과는 다른 방법을 택했다. 본국인의 이주, 광산과 플랜테이션의 개발, 유통 지배, 경제 통제 등의 경제적 지배 방법이 그것이었다. 이는 대서양을 둘러싼 세계에 자본주의경제를 성장시켰다.

　유럽 여러 나라는 아메리카에서 막대한 부를 손에 넣었으나 반대로 식민지 원주민은 가난에 허덕여야 했다. 유럽의 부와 아메리카 원주민의 가난은 동전의 양면이었다.

종교전쟁과 주권국가의 탄생

유럽은 경제적으로는 봄날을 만끽하고 있었지만 종교적으로는 갈등이 표면화되었다. 16세기에는 형식적인 가톨릭에 반발해 종교개혁운동이 일어났고, 개인의 신앙을 중시하는 새로운 기독교(프로테스탄트)가 창시되었다.

관용 없는 일신교의 세계에 두 가지 다른 기독교가 공존하는 것은 불가능한 일이었다. 그리하여 16세기 중엽부터 약 100년간 유럽에서는 '종교전쟁'이라는 피투성이 싸움이 계속되었다.

이런 가운데 사회질서를 유지하는 국가라는 시스템이 중요해지기 시작했다. 최대의 종교전쟁인 '30년전쟁'의 종결을 위해 '베스트팔렌조약' (1648)을 맺으면서 유럽에는 '주권국가'를 단위로 하는 국제사회가 성립한다.

10장   변화하는 유럽

15~16세기: 대항해시대

다양한 생각이 소용돌이친
대항해의 주역들

포르투갈이 개척한 아시아 항로

대항해시대란 13세기 이후 항해 기술의 발달과 지중해·대서양간 상 거래 활성화를 배경으로 이루어진, 이른바 지리상의 '발견'이 행해진 시 대를 말한다. 이 시대의 주역은 포르투갈, 스페인 그리고 이탈리아였다.

포르투갈의 항해 왕자 엔히케는 미지의 세계 발견과 교역 확대를 비 롯해, 군사적·종교적 목적으로 아프리카 서안 탐험을 추진했다. 그는 항해사 양성 학교와 조선소 등을 만들고 우수한 뱃사람을 초빙해 적극적으로 항해술을 도입했다.

용감한 뱃사람들이 탐험에 나서면서 아프리카 서안을 따라 항로가 개척되었다. 1488년 바르톨로메우 디아스는 드디어 아프리카 남단 희망봉에 도달했다. 그리고 10년 후, 바스쿠 다가마의 함대가 희망봉을 돌아 캘리컷에 이르렀다. 왕복하는 데 2년 넘게 걸렸고, 약 170명의 승무원 중 생환자는 불과 60여 명뿐인 힘든 항해였으나, 함대가 가져온 인도산 후추는 항해 비용의 60배나 되는 이익을 포르투갈 왕실에 안겨주었다. 육식이 주식인 유럽에서 후추는 단순한 기호품이 아니라 방부제 역할을 했으므로 이후 인도와의 무역에서 막대한 이익을 기대할 수 있었다.

야심가 콜럼버스

한편 제노바 출신의 콜럼버스는 피렌체 의사 토스카넬리가 주장한 지구구형설(地球球形說)을 믿고, 지구 서쪽으로 돌아가면 동쪽으로 돌아가는 것의 반 정도 지점에서 아시아에 다다를 것이라 생각했다. 마르코 폴로가 전한 '황금의 섬' 지팡구(《동방견문록》에서 일본을 지칭하는 말)의 막대한 부를 독점하겠다는 야심을 품고 있었던 그는 포르투갈의 항해가가 아프리카의 최남단에 도착했다는 소식에 위기감을 느끼고 1492년 스페인 왕을 찾아가 지원을 부탁했다.

간신히 지원을 얻어낸 콜럼버스는 산타마리아호를 기함으로 3척의 함대를 이끌고 스페인을 출항했다. 그는 70여 일의 혹독한 항해 끝에 카리브해 근처에 있는 바하마의 과나하니섬에 이르렀고, 이 섬에 산살바도르(성스러운 구제자)라는 이름을 붙였다. 그 후 콜럼버스는 현재 아이티라는 국가가 있는 히스파니올라섬을 지팡구라고 단정했다. 이듬해에는 17척의 선단과 1,500명의 선원을 이끌고 지팡구의 황금을 좇아 출항

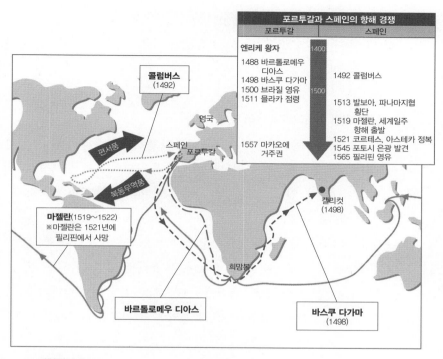

포르투갈과 스페인의 항해 경쟁	
포르투갈	스페인
엔리케 왕자 1400	
1488 바르톨로메우 디아스	1492 콜럼버스
1498 바스쿠 다가마	
1500 브라질 영유 1500	
1511 믈라카 점령	1513 발보아, 파나마지협 횡단
	1519 마젤란, 세계일주 항해 출발
1557 마카오에 거주권	1521 코르테스, 아스테카 정복
	1545 포토시 은광 발견
	1565 필리핀 영유

▶ 대항해시대

했으나 당연히 금은 발견하지 못했다. 지구의 원주를 실제 4분의 3으로 잘못 계산한 탓에 아메리카 대륙의 존재를 깨닫지 못해 인도에 도착했다고 믿은 것이다.

이 새로운 대륙은 훗날 아메리고 베스푸치(신대륙의 이름인 '아메리카'는 그의 이름을 딴 것이다), 파나마지협을 횡단하고 태평양 연안에 도달한 발보아 등에 의해 차차 밝혀졌다.

신선했던 잉카제국과 아스테카왕국

개성적이었던 아메리카의 여러 문명

아메리카 대륙의 원주민은 해수면이 낮아진 빙하기에 유라시아 대륙에서 이주해 온 몽골계 사람들이었다. 농경문화가 발달한 곳은 멕시코 고원, 중앙아메리카, 안데스 고원 세 곳이며 그 이외 지역에서는 수렵, 어로, 채집 생활을 하고 있었다.

아메리카 대륙은 유라시아 대륙과 떨어져 있기 때문에 보리나 쌀 재배에 의존하는 유라시아 농업과는 다른 농업이 전개되었다. 옥수수, 감자, 고구마, 토마토, 고추, 호박, 파인애플, 아보카도 등은 원래 아메리카 대륙의 특산품으로, 이 작물들은 콜럼버스의 항해 이후 유라시아로 전해졌다.

금과 은, 청동 등은 세공품의 원료로 사용했을 뿐 실생활에서는 거의 사용하지 않았다. 석조와 토목 기술은 높은 수준이었으며, 철기는 물론 차바퀴도 이용하지 않았다.

한 달이 20일이었던 아스테카문명

이 지역 최초의 농경문화는 기원전 9세기 멕시코만 연안의 충적평야에서 시작되었다. 기원전 2세기부터 7세기까지 이어진 테오티우아칸 문명은 멕시코시에서 북동쪽으로 40킬로미터 거리에 있는 인구 20만 명의 도시 테오티우아칸이 중심지였다. 이들의 교역권에는 멀리 과테말라까지 포함되어 있었다.

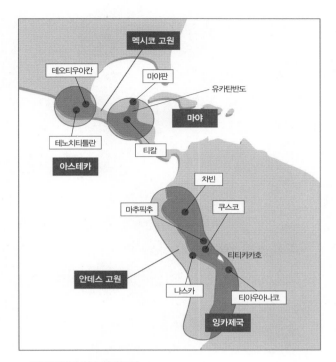

▶ 잉카문명과 아스테카문명

테오티우아칸은 북쪽 달의 피라미드에서 폭이 40미터인 '사자(死者)의 길'이 남쪽으로 2킬로미터나 뻗어 있었으며, 높이 65미터나 되는 태양의 피라미드가 건설되는 등 우수한 도시계획이 이루어지고 있었다.

이 문명을 계승한 마야문명(6~14세기)의 여러 유적은 멕시코 남부에서 과테말라, 온두라스의 열대우림 지대에 남아 있다. 각 도시에는 꼭대기에 신전이 건설된 피라미드, 궁전, 천문대 등이 세워졌으며, 고도로 발달된 그림문자와 정밀한 달력 등도 만들어졌다.

12세기경 멕시코 고원으로 이주한 아스테카족은 여러 도시를 정복해 세력을 키웠다. 아스테카족은 14세기 텍스코코 호수의 작은 섬에 수도 테노치티틀란(현재의 멕시코시티)을 건설했다. 이 도시는 인구가 30만 명에 이르렀고, 귀족과 평민을 위한 교육기관도 있었다.

한편 아스테카왕국에서는 20일을 1개월로 하며, 18개월과 여분의 5일('불길한 날'이라고도 했다)을 합해 1년을 365일로 하는 독특한 달력을 사용했다.

15세기에 전성기를 누린 잉카제국

기원전 10세기경 중앙안데스에서는 멕시코 고원에서 전해진 옥수수와 감자를 재배하면서 차빈문화가 형성되었다. 그 후 도시가 세워지기도 했으며, 토목 기술 발달로 안데스 고지에 대규모의 관개시설이 만들어지고 라마나 알파카 목축이 일반화되었다.

1200년경, 수도 쿠스코를 중심으로 잉카제국이 세력을 넓히기 시작했다. 15세기가 되면 잉카제국은 북쪽으로는 에콰도르부터 남쪽으로는 칠레에 이르는 남북 2,000킬로미터, 인구 2,000만 명 이상의 대제국으로 성장한다. 잉카(황제)는 태양신의 직계 자손(태양의 아들)이며 법률도 잉카가 제정했다.

스페인인이 개조한 아메리카

너무 쉽게 멸망한 잉카와 아스테카

멕시코 고원의 아스테카왕국은 1519년, 병사 500명, 말 16마리, 총약 50정을 가지고 유카탄(현지어로 '뭐라고요?'의 의미)반도에 상륙한 코르테스에게 망하고 말았다.

코르테스는 아스테카족에게 원한을 품었던 말린체라는 여성의 도움을 받아 반아스테카족 동맹을 조직하고, 1521년 손쉽게 수도 테노치티틀란을 점령했다. 이어 기독교 교회를 세우고 지배 거점으로 삼았다.

아스테카왕국이 이처럼 간단하게 무너져버린 데는 이유가 있었다. 당시 아스테카왕국에는 신들의 싸움에서 패해 추방당한 흰 피부의 신 케트살코우아틀이 다시 돌아와 아스테카왕국을 지배한다는 믿음이 있었다. 아스테카족은 기묘한 복장을 한 스페인인을 보고 케트살코우아틀이라고 착각한 것이다.

역시 스페인 출신의 피사로는 제2의 코르테스가 되고자 '엘도라도(황금의 나라)'를 찾고 있었다. 그는 1531년 병사 180명과 말 27마리를 이끌고 파나마를 출발해 잉카제국으로 들어갔다. 마침 잉카(황제)의 지위를 둘러싼 형제 간 대립으로 혼란에 빠진 제국을 본 피사로는 회견을 하는 척하며 잉카를 포로로 잡았다. 그리고 살아 있는 신으로 여겨지던 잉카를 교묘히 이용해 금과 은을 약탈하고, 1533년 잉카제국을 멸망시켰다. 잉카의 후예는 빌카밤바에 태양의 신전을 세워 계속 저항했지만, 1572년 마지막 잉카가 처형당하고 저항은 끝났다.

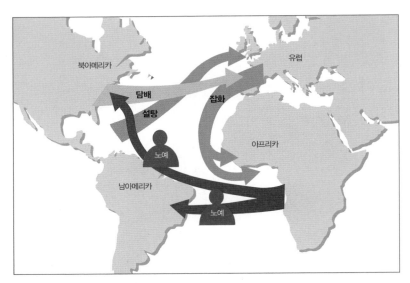

▶ 아프리카에서 사들인 노예

수탈당하는 인디언

아메리카 대륙의 두 문명을 멸망시킨 스페인은 '엥코미엔다(위탁, 신탁)' 제도를 실시해 원주민인 인디언을 노예로 만들었다. 이 제도는 이민자들이 인디언을 기독교도로 개종시키면 그 대가로 이민자들이 인디언에게 강제 노동을 시킬 수 있도록 국왕이 인정해 주는 것으로, 인디언을 합법적으로 노예화한 것이었다.

인디언은 스페인인에게 혹독하게 약탈당한 것으로도 모자라 그들이 옮긴 천연두와 파상풍 등으로 대다수가 죽어갔다. 16세기 마야, 아스테카, 잉카의 총인구는 6,000~9,000만 명으로 추정되는데, 불과 100년 후인 17세기에는 약 350만 명으로 크게 줄었다.

비극적인 흑인 무역

17세기에 들어서서는 '아시엔다'라는 제도가 보급되었다. 이는 원래 국왕이 토지와 토지 지배를 위탁하는 제도였는데, 나중에는 이민자의 자손을 지주로 하는 사적인 대토지 소유를 가리키게 된다.

아르헨티나의 대초원에는 가우초(혼혈 목동)가 노동하는 목장이, 멕시코 고원에서는 페온(채무노예)인 인디언이 노동하는 대농장이, 인디언이 거의 사라지고 만 서인도제도에서는 아프리카에서 데려온 흑인 노예가 노동하는 설탕 플랜테이션이 경영되었다.

설탕 플랜테이션에서 부리기 위한 흑인 노예무역은 매우 비참했다. 16~18세기에 걸쳐 3,000만~6,000만 명에 이르는 흑인이 아메리카 대륙으로 끌려갔다. 그중 3분의 2가 항해 도중 목숨을 잃고 바닷속으로 던져졌다고 한다.

쇠망하는 아메리카 대륙과 성장하는 유럽

신대륙에서 채굴된 은으로 물가가 급등하는 유럽

신대륙의 '발견'은 유럽에 큰 영향을 미쳤다. 16세기 후반 멕시코와 페루의 은광에서 대량의 은이 채굴되어 스페인으로 운반되었고, 이는 다시 유럽 각지로 흘러 들어갔다.

특히 1545년 발견된 페루(현재는 볼리비아)의 포토시 은광은 세계 최대 산출량을 자랑하는 대규모 은산이었다. 포토시는 해발 고도 3,900미터 고지에 만들어진 세계 최고(最高) 고산도시였는데도, 불과 20~30년 사이에 파리와 견줄 만한 대도시로 성장했다. 1573년에는 무려 12만 명이 포토시에서 은 채굴에 종사하고 있었다.

스페인인은 미타 제도라는 잉카제국의 강제 노동 제도를 악용해 값싸게 채굴한 은을 스페인으로 운반했다. 여기에는 대서양을 왕복하는 연간 100척의 스페인선이 이용되었다.

그때까지 유럽 최대 은 공급지는 남부 독일로 연간 산출량은 30톤이었다. 그런데 1570~1630년대 아메리카 대륙에서 들어온 은은 연평균

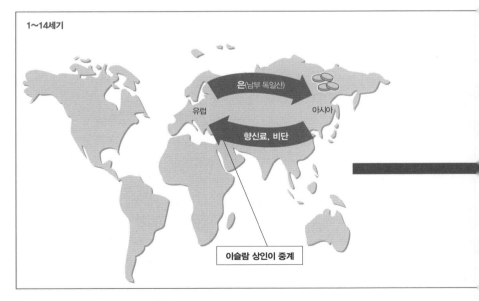

1~14세기

은(남부 독일산)

유럽   아시아

향신료, 비단

이슬람 상인이 중계

▶ 신대륙 발견으로 달라진 무역 구조

200톤이나 되었다. 이 때문에 유럽 물가는 한 세기 사이에 약 3배로 뛰어올랐다. 이 현상을 '가격혁명'이라 한다.

급속하게 부를 쌓은 유럽

이렇게 아메리카 대륙과 아프리카, 유럽을 잇는 대서양 교역권이 성장하고, 여기에 아프리카 남단을 우회하는 아시아와의 교역 루트까지 연결되면서 유럽의 경제 규모는 놀랄 만큼 커졌다. 어마어마한 양의 물자가 흘러 들어왔고, 상업의 중심은 지중해 연해에서 대서양 연해로 옮겨 갔다. 이 경제 대변동을 '상업혁명'이라고 한다.

프랑스 역사가 브로델이 쓴 《물질문명·경제·자본주의》에 따르면,

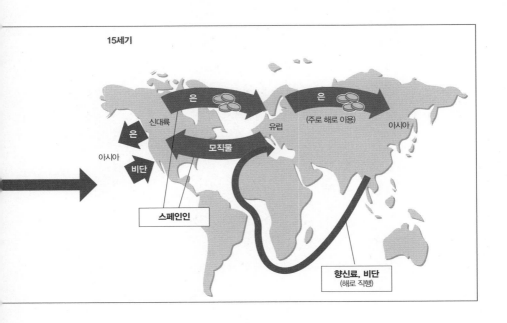

15세기

은

은

은 (주로 해로 이용)

은

비단

신대륙

유럽

아시아

아시아

모직물

스페인인

향신료, 비단 (해로 직행)

1670년 1억 2,000만 루블이었던 프랑스 통화량이 약 100여 년 후인 프랑스혁명 전야에는 20억 루블로, 1570년 나폴리의 화폐 스톡 70만 두카트가 200년 후인 1751년에는 1,800만 두카트로, 각각 17배와 26배 늘어났다고 한다. 이렇게 급속한 경제성장은 다른 지역에서는 볼 수 없었던 일이었다.

1517~1555년: **종교 혁명**
면죄부 발행에서 시작된 종교개혁

프로테스탄트의 등장

르네상스 시대이자 대항해시대가 한창인 16세기, 메디치가 출신의 사치스러운 교황 레오 10세는 로마의 성베드로대성당을 다시 짓기 위해 독일에서 대대적으로 면죄부를 판매했다. 면죄부는 교회가 발행한 양피지 한 장짜리 증서로, 이것을 구입하면 교회에 선행한 것이 되어 죽은 뒤 천국에 갈 수 있다고 했다.

그러나 독일 비텐베르크 대학의 신학 교수였던 루터는 1517년, 비텐베르크 교회 정문에 라틴어로 쓴 〈95개조 반박문〉을 붙여 신학적 입장에서 면죄부의 무효를 주장했다. 내용은 "인간은 신앙에 의해서만 구제받을 수 있다"는 것이었다. 반박문은 독일어로 번역되어 한 달 만에 온 나라에 알려졌다.

교황은 루터의 주장이 많은 사람의 지지를 얻으면서 무시할 수 없게 되자 루터에게 반박문을 취소하라고 강요했다. 그러나 루터는 완강하게 버텼고, 오히려 교황권까지 부정했다.

이로 인해 루터는 교회에서 파면당한다. 신성로마제국 황제 카를 5세도 "먹을 것을 전혀 주어서는 안 된다"며 루터를 탄압했다. 그러나 반교황파 제후와 도시민, 농민 등 많은 사람들이 루터를 지지했다.

반교황파 작센공 프리드리히는 루터를 바르트부르크 성에 숨겨주었다. 루터는 여기에서 성서를 독일어로 번역하며 마음을 의지했고, '만인사제주의'를 기본으로 성직자의 특별한 신분을 부정하는 새로운 기독교를 창시했다. 또한 음악을 좋아한 루터는 그때까지 불려온 많은 찬미가에 종교적 의의를 부여했다.

루터파 제후들은 동맹을 맺고 가톨릭을 지지하는 황제와 항쟁을 계속했다. 1555년 카를 5세는 아우크스부르크화의를 내고 "한 사람의 지배자가 있는 곳에는 하나의 종교가 있다"는 원칙을 세워 각지의 제후와 자유도시가 가톨릭과 프로테스탄트(루터파) 중 한쪽을 선택하는 것을 인정했다.

자본주의를 옹호한 칼뱅의 신교

프랑스인 칼뱅은 루터의 영향을 받아 프랑스에서 종교개혁운동을 추진했으나, 곧 박해를 받아 스위스 바젤로 망명했다.

그는 신의 절대지상권을 강조하며 인간은 신의 도구라고 주장했다. 또 인간이 죽은 뒤에 구제받을 수 있는가 아닌가는 신이 미리 정해 놓았으며, 인간의 어떠한 행위도 그것을 바꿀 수 없다고 보았다(예정설). 또 인간은 자신이 구제받을 것임을 믿고 신에게 부여받은 노동에 충실하며, 금욕적인 생활을 하고 그 결과가 부로 쌓인다면 이는 신이 준 은혜

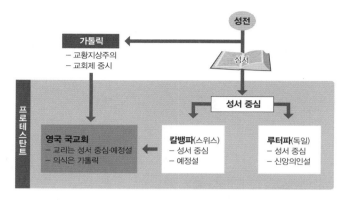

▶ 가톨릭(구교)과 프로테스탄트(신교)

로 축복을 받아야 한다는 《그리스도교 강요(綱要)》를 발표했다.

1536년, 칼뱅은 시계 기술자들의 도시인 제네바로 초대받아 자신의 교의를 토대로 정치를 했다. 제네바는 프로테스탄트 신앙의 성지가 되었다. 칼뱅주의는 상공업자들에게 지지를 받았으며, 자본주의사회의 정신적 지주가 된다.

16~17세기: **종교전쟁의 시대**

종교 대립에서 비롯된 끔찍한 마녀사냥

종교로 분열된 유럽

프로테스탄트가 세력을 크게 확장하자 가톨릭 측은 교황의 지상권 확인과 종교재판 등으로 맞섰다. 이그나티우스 로욜라와 프란시스코 사비에르는 가톨릭의 세력 만회를 꾀하며 전투적 선교사 집단인 예수회를 결성했다. 예수회는 유럽에서 잃어버린 세력 범위 회복을 도모함과 동시에 아메리카와 아시아로 적극적인 포교 활동에 나섰다.

서로 다른 그리스도교의 대립은 각각의 진영에서 '마녀사냥'을 만들어내 수십만 명이 혹독한 고문을 받고 화형에 처해졌다. 1620년대에는 최대 규모의 마녀사냥이 이루어졌다.

가톨릭과 프로테스탄트의 대립은 점차 정치적으로 변해, 16세기부터 17세기 중반에 걸쳐 종교전쟁까지 일어난다. 16세기 후반 프랑스의 위그노전쟁, 네덜란드독립전쟁, 17세기 전반 독일의 30년전쟁, 영국의 청교도혁명 등이 대표적인 종교전쟁이다.

메디치가 출신의 황후와 위그노전쟁

위그노전쟁(1562~1598)은 프랑스에서 칼뱅파 신교도(위그노, 1560년경 10만~30만 명)와 가톨릭의 갈등 뒤에, 메디치가 출신 황후가 섭정을 하면서 자신의 지위를 유지하기 위해 꾀한 책모가 얽혀 일어난 처참한 종교전쟁이다. 독일의 신교 제후와 영국, 네덜란드가 신교 편에, 로마 교황과 스페인 왕이 구교 편에 서면서 국제 분쟁이 되었다.

전쟁은 1562년 예배 중인 위그노가 습격을 당하면서 시작되었다. 3차전까지 치른 뒤 양측은 평화협상으로 합의를 이루었으나, 정부가 위그노들의 종교적 자유를 인정하지 않음에 따라 격렬한 갈등은 다시 시작된다. 결국 1572년 성 바르톨로메오의 축일에 약 3,000명의 위그노가 학살당하면서 전쟁이 재개되었고, 부르봉왕조를 연 앙리 4세가 1598년 '낭트칙령'을 내림으로써 간신히 끝났다. 낭트칙령은 개인에게 종교를

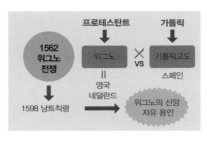

선택할 권리를 부여한 것으로, 서로 다른 가치관을 지닌 사람들이 공존의 길을 찾아냈다는 점에서 중요하다.

독일을 황폐하게 한 용병

최대이자 최후의 종교전쟁은 독일에서 일어난 30년전쟁(1618~1648)이다. 이 전쟁은 1618년 보헤미아의 수도 프라하에서 신교도 탄압에 저항한 신교 귀족이 궁중 창문 밖으로 대관을 던져버린 일을 계기로 시작되었다.

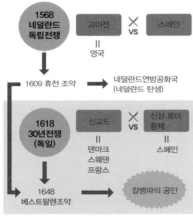

▶ 종교전쟁 추이

전쟁은 덴마크, 스웨덴, 프랑스 등이 개입하면서 장기전에 돌입했다. 화기 보급으로 전술

이 달라지면서, 구교 측 용병 대장 발렌슈타인이 이끄는 10만의 용병 군대가 중요한 역할을 했다. 용병 군대는 오로지 약탈로 병사들의 급여를 충당했기 때문에 독일 중심부가 황폐해졌고, 1,800만 명이었던 인구는 700만 명으로 크게 줄었다. 변경인 엘베강 동부 지역만 해를 면해 그 지역에서 프로이센이 성장했다.

일본과의 무역을 독점한 네덜란드

종교전쟁으로 스페인에서 독립한 네덜란드

이쯤에서 17세기 해양 무역의 주역이었던 나라들을 살펴보자.

스페인령인 네덜란드(현재의 네덜란드와 벨기에)는 모직물업과 무역으로 번영을 이루어 '스페인왕국의 보물창고'라 불렸다. 스페인 국왕 펠리페 2세는 수출용 모직물을 관리한다는 목적으로 네덜란드에 1만 명의 군대를 주둔시키고는, 이단 심문을 해 가톨릭을 강요하고 막중한 세금(스페인 국세의 약 40퍼센트)을 부과했으며, 상공업자가 대부분이었던 칼뱅파를 탄압했다. 이러한 정책으로 6년간 무려 8,000명에 이르는 사람들이 처형당했고 10만 명이 국외로 도망갔다.

이에 맞서 에흐몬트 백작과 호른 백작 등이 저항운동을 조직하면서 네덜란드독립전쟁(1568~1609)이 일어났다.

새로운 유형의 상인 국가 탄생

독립전쟁이 시작되자 국외로 망명해 있던 칼뱅주의자들은 고이젠(바다의 걸식단)을 조직하고 은을 실은 스페인의 배를 습격했다. 전쟁이 길어지자 초조해진 스페인은 이들의 회유에 나섰다. 가톨릭 신자가 많은 남부 10주(현재의 벨기에)는 전쟁을 중단했지만, 북부 7주는 위트레흐트에서 동맹을 맺고 끝까지 저항하기로 맹세한 후, 오라녀공 빌렘을 중심으로 전쟁을 계속했다. 그리고 1581년 네덜란드연방공화국의 독립을 선언했다.

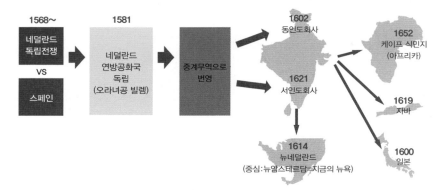

1568~
네덜란드
독립전쟁

VS

스페인

1581
네덜란드
연방공화국
독립
(오라녀공 빌렘)

중계무역으로
번영

1602
동인도회사

1621
서인도회사

1614
뉴네덜란드
(중심:뉴암스테르담=지금의 뉴욕)

1652
케이프 식민지
(아프리카)

1619
자바

1600
일본

▶ 네덜란드인의 시대였던 17세기

이후 네덜란드는 동인도회사와 서인도회사를 설립해 세계 규모의 무역에 착수했다. 암스테르담은 17세기 전반 세계 상업과 금융의 중심지가 되었다. 그러나 주로 중계무역을 했기 때문에 17세기 후반에는 모직물 공업 등을 착실히 발전시킨 영국과의 경쟁에서 지고 말았다.

네덜란드의 세기 등장

네덜란드는 아시아와 유럽을 잇는 해상무역에서 활약했다. 특히 네덜란드에는 대형 선박이 있었기 때문에 다른 나라의 절반 정도 운임으로 이익을 올릴 수가 있었다. 이들은 '세계의 운반인'이라 불릴 정도였다.

16세기 말부터 동인도 무역에 나선 네덜란드인은 1602년 합동동인도회사(자본금 약 50만 파운드, 영국 동인도회사의 10배)를 세웠다. 회사는 향료 산지인 몰루카제도와 일본에 진출했으며, 1619년에는 자바섬의 바타비아(현재 자카르타)를 거점으로 식민지를 세웠다.

17세기 초 네덜란드가 일본에서 수입한 은은 연간 200톤인데, 이는 당시 유럽이 신대륙에서 수입한 은의 총량과 맞먹을 정도이다. 네덜란드는 일본의 나가사키에 근거를 두고 대일 무역을 독점했다. 그밖에 포르투갈에게 믈라카와 인도의 거점을 빼앗았으며, 남아프리카에서 케이프 식민지를 경영했다. 동인도 무역의 전성기는 1660년경이다.

청교도혁명에서 내각책임제로

두 번의 큰 내란으로 강해진 국왕의 힘

영국은 14~15세기에 백년전쟁과 장미전쟁이라는 두 번의 큰 내란을 겪었다. 이 내란으로 국왕의 힘은 점차 강해졌다.

마침 이 무렵은 대서양 교역권이 형성되던 시기로, 모직물 수요가 늘어 양모 주산국인 영국은 호황을 누렸다. 대외적으로도 스페인의 무적함대를 무찌르고 스페인의 패권을 위협했으며, 동인도회사를 세워 아시아 무역에도 진출하는 등 번영을 누렸다.

그러나 엘리자베스 1세가 죽은 뒤 스코틀랜드에서 온 새 왕은 왕권신수설을 제창하며 영국의 전통적 관행을 무시했고, 의회가 이를 비난하면서 왕과 의회의 대립이 일어났다. 의회를 지배하는 젠트리(gentry, 지주와 상인 등 중산적 토지 소유자층)가 폭정을 비난하자 국왕은 무력으로 이를 탄압, 내전이 일어난다.

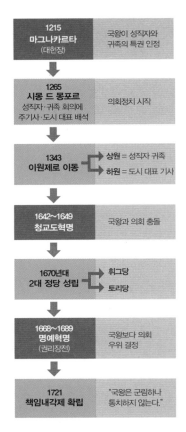

1215 마그나카르타 (대헌장)	국왕이 성직자와 귀족의 특권 인정
1265 시몽 드 몽포르 성직자·귀족 회의에 주기사·도시 대표 배석	의회정치 시작
1343 이원제로 이동	상원 = 성직자 귀족 하원 = 도시 대표 기사
1642~1649 청교도혁명	국왕과 의회 충돌
1670년대 2대 정당 성립	휘그당 토리당
1668~1689 명예혁명 (권리장전)	국왕보다 의회 우위 결정
1721 책임내각제 확립	"국왕은 군림하나 통치하지 않는다."

▶ 영국 의회정치의 변천

청교도혁명에서 독재제로

처음에는 국왕 측이 우세했지만 크롬웰이 청교도로 편성한 '철기대'가 활약하면서 결국 의회파의 승리로 내전은 끝을 맺었다. 청교도의 열렬한 신앙으로 지탱된 군대는 찬미가를 부르면서 돌격하기도 했으므로, 그야말로 '싸우는 교회'였다. 국왕은 처형되었고, 영국은 공화정으로 바뀌었다. 이것이 '청교도혁명'이다.

혁명 후 군을 장악한 크롬웰은 호국경이 되어 의회를 해산하고 독재자가 되었다. 크롬웰은 병사의 급료를 지불하고 의회파의 재원을 확보하기 위해 아일랜드를 정복, 농지 3분의 2를 징수했다. 또 항해법을 선포해 네덜란드 해운업에 타격을 입힘으로써 '네덜란드의 세기'를 무너뜨렸다.

그러나 크롬웰은 청교도주의에 근거한 금욕적이고 검소한 생활을 강요해 민중의 지지를 잃었다. 그가 죽은 뒤 의회의 온건파가 다시 주도권을 잡았다.

명예혁명과 영국식 의회정치 확립

1660년 온건파 의회가 프랑스에 망명해 있던 왕족을 다시 불러들이면서 왕정이 복고된다. 그런데 왕인 제임스 2세가 의회에 협조하지 않고 가톨릭의 부활을 꾀하자, 1688년 의회는 국왕을 폐위하고 신교도인 네덜란드 총독 윌리엄과 그와 결혼한 왕의 딸 메리 2세를 새로운 왕으로 맞이했다. 새 왕 부부가 군대를 이끌고 영국에 상륙하자 제임스 2세는 저항조차 하지 않고 국외로 망명했다. 이를 영국에서는 '명예혁명'이라 부른다.

새 왕은 〈권리장전〉을 제정해 의회를 중심으로 하는 입헌 왕정의 기초를 다졌다. 1714년 왕조가 단절되자 먼 친척뻘 되는 조지 1세를 독일에서 데려왔으나, 50세가 넘은 조지 1세는 영어를 알아듣지 못해 각의에 참석하지 못했으므로 대신 중 하나가 내각총리대신이 되어 왕의 집무를 대신해야만 했다. '왕은 군림하나 통치하지 않는다'는 이 제도를 내각책임제라고 한다.

중세~18세기: 유럽 주권국가의 성립

시대에 따라 변해 온
유럽의 국가 시스템

근대 주권국가는 유럽에서 세계로

17세기, 서유럽에서는 근대 주권국가가 고유 정치 시스템으로 보급되었고, 서유럽이 세계를 제패하면서 이러한 국가 시스템이 세계화되었다. 현재 지구상에는 약 190개의 주권국가가 존재한다.

근대 주권국가는 다음의 세 가지 요소로 구성된다.

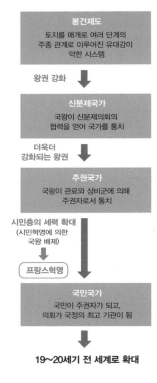

① 언어나 역사 등 문화적 동일성에 의한 공동체

② 절대적인 정치권력(주권)

③ 영토

이 세 가지 요소가 결합한 국가는 맨 처음 이탈리아에서 형성되었고, 30년전쟁(독일)을 종식한 1648년 베스트팔렌조약 이후 유럽 국제정치의 단위가 되었다. 또 이 질서를 유지하기 위해 열국이 취한 '세력균형'도 이탈리아에서 유럽으로 퍼져나갔다.

국왕을 중심으로 하는 주권국가

주권국가가 나타나기 전까지는 토지를 매개로 사적 주종 관계가 이루어지던 봉건사회였다. 봉건사회에서는 상급 영주나 하급 영주 모두 고유의 영토가 있었으며, 정점에 있는 국왕의 지배는 명목에 불과했다.

그러나 대포와 총포 출현으로 전쟁 양식이 변하면서 용병과 상비군을 유지할 수 있는 국왕의 힘이 중요해졌고, 국왕의 궁정을 중심으로 하는 '주권국가'가 형성되었다.

한편 이 시대에는 종교개혁이 일어나 가톨릭 신앙에 기반을 두었던 국제 질서가 무너졌다. 일정한 수의 주권국가가 왕과의 혈연관계, 상주사절(常駐使節) 교환, 권모술수 등에 의한 '궁정 외교'로 세력균형을 도모하며 공존했다.

영토를 왕의 신체와 같다고 본 절대주의

1648년 체결된 베스트팔렌조약은 국왕의 영토주권을 규정함으로써 근대 주권국가의 기반을 다졌다. 16세기경부터 각국의 왕은 상비군과 관료에 의한 집권 통치를 추진하고, 왕권신수설을 제창해 스스로 신에게 절대적인 지배권(주권)을 받았다고 주장하기 시작했다. 이러한 통치 시스템을 절대주의(절대왕정)라고 하는데, 영토는 왕의 신체와도 같은 것이어서 분할할 수 없다고 주장했다.

그러나 프랑스혁명으로 국왕이 처형당하자 주권은 '국민주권'이 되어 의회로 옮겨 갔고, 국민은 의회가 제정한 법률에 따라 지배받았다. 이러한 국가를 '국민국가'라고 한다.

17~18세기: **프로이센·러시아·폴란드**

프로이센과 러시아의 성장, 그리고 폴란드의 멸망

프랑스의 영향을 받은 국왕이 발전시킨 프로이센

독일은 30년전쟁으로 거의 모든 영토가 황폐해졌는데, 전쟁의 피해가 비교적 적었던 동북부에서 프로이센이 등장했다.

프로이센에서는 지주 귀족(융커)이 값싼 곡물을 서유럽 국가들에 팔아 부를 쌓았다. 초대 국왕 프리드리히 1세는 국가 세입의 70퍼센트를 군사비에 할애해, 유럽에서 4번째로 강한 8만 명 군대(인구비로는 유럽 1위)를 호령하는 군사 대국이 되었다.

다음 국왕인 프리드리히 2세는 프랑스 문화를 동경해 일상생활에서도 프랑스어를 사용했는데, 독일어보다 더 유창하게 구사했다고 한다. 그는 '국왕은 국가의 첫 번째 부하'라며 서유럽 관료 시스템을 도입하고 산업을 육성하는 등 부국강병책을 추진했다. 또한 오스트리아와 두 번의 전쟁을 치른 끝에 철과 석탄 산지이자 마직물 공업 중심지인 슐레지엔 지방을 차지했다. 이로써 국토는 1.6배, 인구는 250만 명에서 540만 명으로 늘어나 오스트리아와 어깨를 견줄 정도의 대국이 되었다.

유럽화한 숲의 나라, 러시아

러시아에서는 16세기 모스크바대공국 왕이 전체 러시아의 군주로서 자신을 '차르(황제)'라 칭하고 통일을 이루었다. 삼림지대(타이거)에서 나오는 모피를 주요 재원으로 하는 러시아는 우랄산맥을 넘어 아시아 원주민을 정복하며 식민지를 넓혀갔다.

17세기에 세워진 로마노프왕조의 표트르 1세는 250명 규모의 대사절단을 서유럽에 파견하면서 황태자라 속이고 동행했다. 서유럽 사회에 심취한 그는 적극적으로 서유럽화를 추진했다. 북방전쟁에서 스웨덴을 이기고 북유럽 패권을 장악한 후에는 '서쪽으로 난 창'이라 하여 네바강 하구에 신도시 페테르부르크(피터의 요새라는 의미)를 10년에 걸쳐 건설해 유럽 사회의 일원이 되고자 했다. 아시아에서는 청나라와의 사이에 국경선을 그었다(네르친스크조약).

18세기 후반 러시아는 근위병과 결탁해 남편을 살해하고 여제가 된

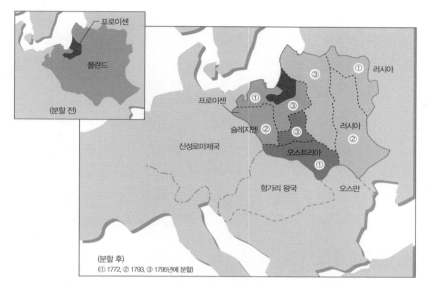

지도 레이블:
- 프로이센 (분할 전)
- 폴란드
- 프로이센
- 슐레지엔 ②
- 신성로마제국
- 러시아
- 러시아
- 오스트리아
- 헝가리 왕국
- 오스만
- (분할 후)
- (① 1772, ② 1793, ③ 1795년에 분할)

▶ 분할되어 사라진 폴란드

예카테리나 2세의 통치로 황금시대를 맞는다. 이때 러시아는 흑해까지
세력을 넓히고 오스만제국과 전쟁했다.

세 번이나 분할된 폴란드

르네상스 시대에 동유럽에서 최대 세력을 자랑했던 폴란드는 16세기
후반부터 왕을 전체 귀족 선거로 뽑았는데, 귀족들의 극심한 경쟁 탓에
국가는 쇠락했다. 이런 정세를 이용해 1772년, 오스트리아, 프로이센,
러시아는 각각 국경에 접한 지역을 폴란드에게서 빼앗았다.

위기에 직면한 폴란드는 1791년 미합중국 헌법을 본뜬 폴란드 헌법
을 제정했으나, 프로이센과 러시아는 프랑스혁명의 혼란을 틈타 다시
폴란드의 영토를 분할했다. 이에 맞서 코시치우슈코를 지도자로 민중의

저항운동이 일어났으나, 1795년 3국에 의한 세 번째 분할로 폴란드는 망하고 말았다.

폴란드가 다시 독립한 것은 제1차세계대전 후로 100여 년이 지난 다음이다.

세계를 제패하기 위한 영국과 프랑스의 전쟁

유럽을 팽창시킨 '선점' 원칙

절대주의 시대(16~18세기)는 유럽이 식민지와 시장을 획득하기 위해 앞다투어 다른 지역에 진출한 '유럽 팽창'의 시대였다. 유럽 여러 나라는 귀중한 상품이 생산되는 지역을 확보하고자 군대를 파견, 원주민을 약탈했다. 16세기 제일 먼저 지배적 지위를 차지한 나라는 아메리카 대륙에 식민지를 둔 스페인과 아시아로 진출한 포르투갈이었고, 17세기 전반에는 네덜란드가 패권을 잡는다.

뒤늦게 식민지 쟁탈전에 나선 나라들은 스페인과 포르투갈에 맞서기 위해 네덜란드의 흐로티위스('국제법의 아버지'라 불림)가 고안한 '선점(Occupation)' 원칙을 이용했다. 이는 '가령 그 지역을 사실상 지배하는 주민이 있어도 국제법의 주체인 국가가 지배하지 않는 한 주인 없는 땅이며, 처음으로 실효성 있는 지배를 한 국가의 영유가 인정된다'는 원칙

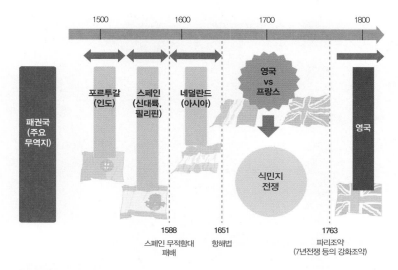

▶ 해상 지배권의 변천

으로 서유럽이 식민지를 확대할 때 논거로 쓰였다.

17세기 중반에 도래한 영국의 시대

네덜란드 다음으로 지배권을 확립한 것은 영국이었다. 17세기 중반 일어난 영국·네덜란드 전쟁에서 승리해 네덜란드에게 해상권을 빼앗은 영국은 스페인계승전쟁(1701~1713)에서도 승리함으로써 '패권 국가'가 되었다.

영국은 자국산 모직물을 수출하고 귀금속을 얻는 신대륙과의 무역을 아시아 무역보다 더 중시했다. 신대륙에서 얻은 귀금속으로는 아시아의 여러 물자를 수입했다.

영국·네덜란드 전쟁으로 인구 약 800명이었던 네덜란드령 뉴암스테르담(인디언에게 25달러를 주고 구입한 맨해튼 중심)은 영국에 할양되어 뉴욕으로 이름이 바뀌었다. 영국은 아시아에서 인도 경영과 면직물 수입에 힘을 기울였다.

영국과 프랑스의 제2차백년전쟁

내륙 국가였던 프랑스도 재무장관 콜베르의 주도 아래 1664년 동인도회사를 재건하고 북아메리카와 인도로 진출했다. 또한 모직물을 수출하는 외국무역에 적극적으로 참여했다.

프랑스는 1689년 이후 영국 패권에 계속 도전했다. 그러나 7년전쟁(1756~1763) 때 북아메리카와 인도에서 지면서 루이지애나와 캐나다 등의 북아메리카 식민지를 모두 영국에게 넘겼고, 인도에서도 주도권을 잃었다. 영국과 프랑스의 식민지를 둘러싼 일련의 대립은 1815년까지 126년간 계속되어 이를 '제2차백년전쟁'이라 부른다.

청어가 만든 상인 국가 네덜란드

'17세기는 네덜란드의 세기'라는 말이 있듯이 상인 국가 네덜란드는 이때부터 역사의 전면에 등장했다.

수도 암스테르담은 유럽 무역의 중심지였다. 신대륙의 은, 아시아의 향신료, 유럽 각지의 물산이 모두 암스테르담으로 모였다. 암스테르담 외환은행은 이탈리아를 대신해 유럽 금융거래의 중심이 되었고, 유럽 각지의 무역업자들이 거래한 내역은 모두 이 은행의 장부로 처리되었다. 17세기 중반 암스테르담 외환은행의 예금 잔고는 기존의 16배로 크게 늘었다. 경제 활황은 암스테르담의 인구를 늘려, 1622년 약 10만 명이었던 인구가 1650년에는 약 20만 명으로 늘어났다.

네덜란드의 성장을 도운 것은 뜻밖에도 청어였다. 전통 산업인 청어 어업과 함께 발달한 조선업이 경제 발전의 원동력이 되었던 것이다.

당시 네덜란드는 연간 배 2,000척을 생산해 낼 수 있는 능력을 지니고 있었을 뿐 아니라 합리화된 생산 공정으로 싼 가격에 배를 만들 수 있었다. 17세기 말 네덜란드의 조선 비용은 영국에 비해 40~50퍼센트나 낮았다고 한다.

값싼 배는 네덜란드인이 유럽 중계무역을 한 손에 쥐고 많은 무역선을 아시아로 보내 세계를 제패하는 기반이 되었다.

1670년 네덜란드가 보유한 선박 수는 영국의 3배나 되었으며, 영국·프랑스·스페인·포르투갈·독일의 배를 모두 합친 것보다도 많았다고 한다.

5부

유럽이 세계를
제패한 시대

산업혁명으로 변화한 인류 사회

지금부터 200여 년 전, 인류 사회는 산업혁명으로 여러 번 크게 바뀌며 비약적으로 성장했다.

1760년대 영국에서 시작된 산업혁명은 기계 발명, 증기기관의 동력 이용, 철도와 증기선의 등장으로 이어졌고, 본격적인 자본주의경제가 출현했다. 도시에는 많은 공장이 세워져 인구가 크게 늘었으며, 몇 안 되던 대도시가 사람이 살지 않던 곳에까지 생겨났다.

다른 나라들보다 한발 앞서 산업혁명을 일으킨 영국은 '세계의 공장'으로 세계경제를 이끌었다. 1830년대 이후에는 대륙의 여러 나라가 산업혁명을 일으킨다.

국민국가 탄생으로 19세기 세계 형성

도시의 공장 경영자들은 신흥 세력으로 국가 주도권을 장악했고, 여기에 반해 비참한 노동자의 사회적 지위 향상을 도모하는 노동운동과 사회주의 운동도 점차 격렬해졌다. 새로운 경제체제에는 새로운 이념과 정치 시스템이 필요했다.

새로운 국가는 프랑스에서 탄생했다. 1789년 시작된 프랑스혁명은 특권 신분이 좌우하던 신분제 사회를 비판하고, 인권 사상을 토대로 시민사회의 이념과 주권재민, 단일한 법체계, 의회를 중심으로 하는 통치 시스템, '국민국가'를 낳았다. 국민국가는 나폴레옹이 유럽 대륙을 제패하면서 명백히 우위에 섰으며, 19세기 후반 유럽 전체로 퍼져나갔다.

자본주의경제와 국민국가가 결합한 유럽 세계는 전 세계에 식민지를 획득했고, 여러 지역의 경제를 유럽에 종속시키고 수천만 명을 세계 각지로 이민 보냈다. 이것이 19세기 세계이다.

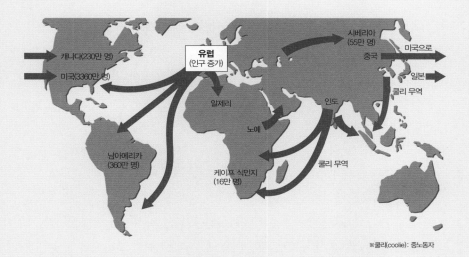

▶ 19세기 인구 이동

미국의 독립에서 시작된 대서양 세계의 재편

미합중국이 영국에게서 독립하자 그 영향을 받은 라틴아메리카 여러 나라들도 독립했고, 아메리카 대륙은 유럽의 지배에서 완전히 벗어났다.

영국은 노예무역을 폐지하는 등 시대의 변화에 적절히 맞섰으며, 대량생산한 공업 제품의 수출 시장이자 농산물 공급지인 신흥국가들을 지배했다. 아직까지 봉건적이던 라틴아메리카를 경제적으로 이용한 것이다.

유럽에 종속되는 아시아

끊임없는 기술혁신으로 무기를 근대화해 군사적 우위에 선 유럽 여러 나라들은 아시아로 눈을 돌렸다. 영국을 선두로 아시아 각지에서 식민지를 확대하고, 자유무역의 원칙 아래 아시아를 세계 자본주의 시장에 편입했다.

그들은 19세기 시스템을 '문명', 그 이외는 모두 '미개' 혹은 '야만'으로 규정했다. 인도를 식민지로 만들고, 여러 민족의 민족운동으로 골머리를 앓던 오스만제국을 종속했으며 국내 시장의 문을 닫고 있던 청나라와 아편전쟁을 치러 자유무역을 인정하게 했다.

일본은 동아시아의 전통적 질서에 따라서는 국가의 독립을 유지할 수 없다고 판단해, 메이지유신 이후 적극적으로 유럽의 19세기 시스템을 들여왔다. 그 결과 청일전쟁에서 청나라를 이기고 동아시아의 중화 질서를 아시아 내부에서 무너뜨렸다. 그 이후 유럽 세력의 동아시아 진출은 본격화된다.

11장   국민국가의 출현

1760~1830년대: **산업혁명**

캘리코에서 시작된 영국의 산업혁명

산업혁명이 영국에서 시작된 이유

산업혁명이란 1760년대 이후 영국에서 공업 생산에 기계를 들어옴에 따라 일어난 경제 및 사회적 대변동을 말한다. 산업혁명은 자본주의경제를 확립하고 도시화를 진전시켰으며, 교역 범위를 확장하는 등 세계사에 큰 변화를 가져왔다. 그럼 산업혁명은 왜 영국에서 시작되었을까? 그 이유는 영국이 다음 조건들을 갖추고 있었기 때문이다.

① 네덜란드 및 프랑스와의 경쟁에서 승리해 대서양 교역권의 패권을 획득, 이미 부를 축적하고 광대한 해외시장을 보유하고 있었다.

② 모직물 산업에서 유럽 1위를 자랑하고 있었고, 공장제 수공업이 보급되어 있었다.

③ 인구 증가로 곡물 가격이 상승함에 따라 농업 경영이 대규모화·효율화되었다. 따라서 토지를 잃은 많은 농민들이 도시로 나가 값싼 노동력을 제공했다.

④ 석탄과 철이 풍부했고, 지나친 삼림 벌채로 산림자원이 고갈되어 석탄을 연료로 이용하기 시작했다.

⑤ 17세기 유럽에서 전개된 과학혁명의 중심국으로, 자연과학과 기술의 진보가 눈부셨다.

'필요'가 만든 기계

산업혁명은 17세기 말 인도에서 수입하기 시작한 면직물(캘리코)을 계기로 시작되었다.

영국 의회는 1770년 전통 산업인 모직물을 보호하기 위해 인도산 면직물 수입을 금지했다. 공교롭게도 이 조치는 영국 내의 면공업을 키우는 결과를 낳았다. 서인도제도에서 재배한 면화를 원료로 랭커셔주에서 면직물 생산이 시작되었는데, 부드럽고 튼튼하며 흡습성이 뛰어난 면직물은 서인도 교역권에서 높은 인기를 얻으며 매출이 크게 늘었다.

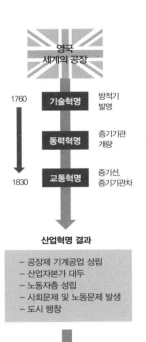

▶ 산업혁명의 영향

1760년대에는 모직물 생산에 이용하던 플라잉 셔틀을 면직물 생산에도 사용함으로써 생산율이 2배로 늘었다. 그러자 이번에는 원료인 면사가 부족해졌는데, 이때 직물공이자 목수인 하그리브스와 가발 제조업자인 아크라이트, 방적공인 크럼프턴 등이 실을 잣는 방적기를 개량하거나 발명했고(기술혁명), 이어서 와트가 증기기관을 개량해 방적기를 증기로 움직이게 되었다(동력혁명).

이후 새로운 기계들이 차례차례 발명되어 각 분야에서 대량생산이 이루어졌다. 기계의 발명은 당연히 모직물 공업, 금속가공업 등 다른 업종으로 이어졌으며, 1830년대 이후 벨기에, 프랑스, 독일, 미국 등에도 파급되었다.

철도 건설과 중공업의 발달

19세기 초 소형 증기기관을 동력으로 하는 증기기관차와 증기선이 발명되면서 교통혁명도 시작되었다. 특히 1830년에는 맨체스터와 리버풀 사이에 철도가 개통되었고, 철도를 건설하는 과정에서 제철과 기계 등의 중공업도 함께 발전했다. 철도는 세계로 퍼져나가 19세기 말에는 세계 규모의 철도망이 출현했다.

1789~1791년: **프랑스혁명 ①**

긴바지를 입은 남자들의
바스티유 감옥 습격

의외로 쉽게 점거된 바스티유 감옥

18세기 프랑스에서는 부르봉왕조의 재정 궁핍과 흉작으로 민중의 생활비에서 빵값이 차지하는 비율이 무려 88퍼센트에 이르렀다. 프랑스혁명은 이렇게 악화된 경제 상황을 배경으로 삼부회(성직자, 귀족, 시민 대표로 구성된 의회)의 개최를 요구하는 귀족의 반란에서 비롯되었다.

정부는 미국의 독립전쟁을 지원하느라 재정이 더욱 악화되자, 이를 타개하기 위해 귀족의 면세 특권을 폐지하려 했다. 귀족들은 175년이나 폐쇄되었던 삼부회에서 이 안건을 의결을 하자고 주장했다. 1789년 베르사유궁전에서 열린 삼부회에서 제3신분인 시민은 헌법의 제정을 요구했고, 종국에는 인구의 98퍼센트는 제3신분이라며 단독으로 국민의회를 조직한다.

이러한 움직임에 정부가 탄압할 기미를 보이자 때마침 식량 위기를 겪고 있던 파리 하층 시민들이 무기 창고에서 소총 3만 2,000정과 대포 5대를 빼앗아 화약이 저장되어 있다는 바스티유 감옥을 습격했다.

당시 전제주의의 상징으로 간주되던 바스티유 감옥은 퇴역 군인 80명과 스위스 용병 30명만이 지키고 있었다. 밀어닥친 민중은 180명의 사상자를 내고 손쉽게 바스티유 감옥(수인은 겨우 7명)을 점거했다.

파리는 대혼란에 빠졌다. 400명의 대표가 선출되어 시 운영을 담당했으며, 민중 병사는 국민위병으로서 자유주의 귀족인 라파예트의 지휘를 받게 되었다. 프랑스는 바스티유 감옥 습격일인 7월 14일을 혁명 기념일로 기리고 있다.

혁명과 전쟁의 결합

상퀼로트('반바지를 입지 않은 사람'이라는 뜻으로 하층 시민을 가리킨다)가 중심이 된 바스티유 습격은 지방까지 파급되어 농민층의 봉기를 불러일으켰다. 재산을 지키려는 자유주의 귀족과 상층 시민은 국민의회에 대항해 〈봉건적 특권의 폐지 선언〉과 라파예트가 초안을 쓴 〈인권선언〉을 발표하며 혁명 주도권을 빼앗았다. 그리고 1791년 온건한 '91년 헌법'을 제정해 영국식 입헌 왕정을 실현했다.

국왕 일가가 해외로 도망가려던 사건(바렌느 도피 사건)이 보여주듯 혁명에 대한 루이 16세의 이해 부족, 경제 위기의 지속, 오스트리아와 프로이센의 간섭은 상황을 점점 복잡하게 만들었다.

프랑스혁명으로 탄생한 '국민국가'

루이 16세 처형으로 프랑스에 등을 돌린 유럽

1791년 지롱드파 내각은 혁명에 간섭하려는 오스트리아에 선전포고를 한다. 프랑스는 혁명의 소용돌이 속에서 외국과 전쟁까지 치러야 했던 것이다. 대외적으로도 위기가 다가오는 가운데, 조국을 지키기 위한

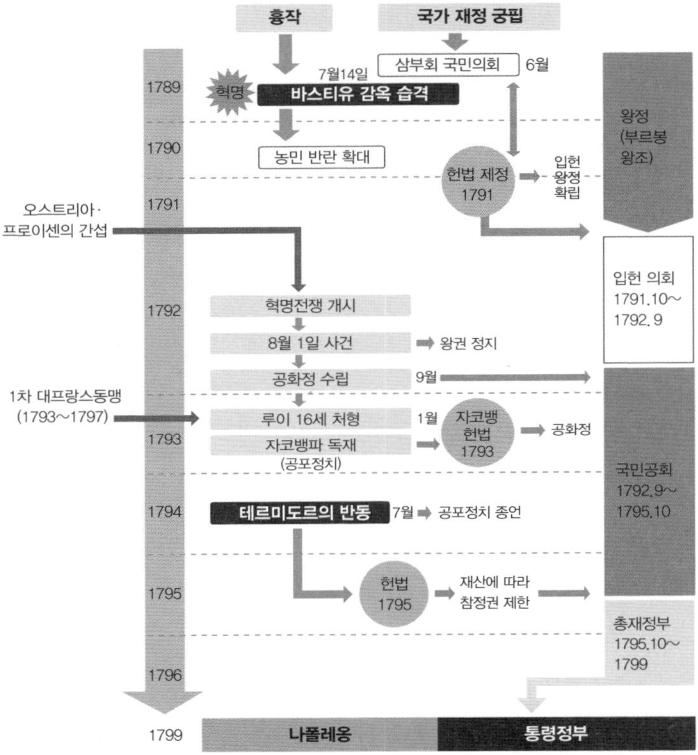
흉작
국가 재정 궁핍
삼부회 국민의회
6월
7월14일
혁명
바스티유 감옥 습격
농민 반란 확대
헌법 제정
1791
입헌
왕정
확립
왕정
(부르봉
왕조)
오스트리아·
프로이센의 간섭
입헌 의회
1791.10~
1792.9
혁명전쟁 개시
8월 1일 사건
왕권 정지
공화정 수립
9월
1차 대프랑스동맹
(1793~1797)
루이 16세 처형
1월
자코뱅
헌법
1793
공화정
자코뱅파 독재
(공포정치)
국민공회
1792.9~
1795.10
테르미도르의 반동
7월
공포정치 종언
헌법
1795
재산에 따라
참정권 제한
총재정부
1795.10~
1799
1789
1790
1791
1792
1793
1794
1795
1796
1799
나폴레옹
통령정부

▶ 프랑스혁명 추이

의용군이 각지에서 파리로 모여들었다. 오늘날 프랑스 국가(國歌)인 〈라 마르세예즈〉가 만들어진 것도 이즈음의 일이다.

의용병이 모여든 파리에서는 과격해진 민중이 1792년 튀일리궁에 난입해 국왕을 체포하고 왕권을 정지했다. 9월에는 공화정을 선언하고, 자유의 여신을 새로운 상징으로 정했으며 보통선거에 의한 국민공회를 구성했다.

국민공회는 루이 16세의 처형 문제를 놓고 토론을 벌여 세 번에 걸친 투표를 했고, 마침내 1793년 1월 루이 16세는 단두대(기요틴)에서 공개 처형되었다. 이 일로 영국을 중심으로 1차 대프랑스동맹이 결성되었으며 프랑스는 유럽 전체를 적으로 만들어버렸다.

급진적 자코뱅파와 공포정치

1793년 봄이 되자 프랑스 국내외 위기는 점점 더 심각해졌다. 그러자 로베스피에르가 이끄는 급진적인 자코뱅파는 위기 대응을 명목으로 전시 정책을 내세워 독재 체제를 굳혀갔다.

구귀족이 반혁명 음모를 꾸미고 있다는 의혹, 식량 강제징수에 대한 농민 저항, 비가톨릭화 등을 추진한 문화혁명에 대한 반발이 내외의 위기와 연결되자 반혁명을 진압한다는 구실로 대규모 잔학 행위가 계속되었다. 1793년부터 1794년까지 전국에서 약 50만 명이 반혁명 혐의로 투옥되었고, 왕비 마리 앙투아네트를 포함해 3만 5,000명 이상이 처형되었다(공포정치).

공포정치의 종언 '테르미도르의 반동'

자코뱅파는 폭력을 수단으로 국가권력의 재편을 도모했는데, 이는 민중들 사이에 큰 불만을 야기했다. 특히 자코뱅파의 통제 정책은 경제 위기를 해결할 수 없었을 뿐만 아니라 오히려 악화시켰다.

1794년이 되자 국내 위기가 사라지고 대외적으로도 프랑스군이 우위를 차지하게 되었다. 이런 가운데 로베스피에르의 암살 미수 사건을 계기로 공포정치가 더욱 강화되었으며, 독재에 반대하는 움직임도 강해졌다. 7월 파리시청사에서 농성을 하던 로베스피에르파가 반대파에게 심야 습격을 당하면서 로베스피에르는 처형당하고 자코뱅파도 소탕되었다. 이것이 '테르미도르(혁명력 열월[熱月])의 반동'이다. 프랑스는 1795년 10월 다시 온건한 헌법(95년 헌법)을 제정하고 5명의 총재로 구성된 총재정부를 수립했다. 이로써 프랑스혁명은 마침내 끝이 났다.

최초의 '국민국가' 출현

프랑스혁명의 의의는 신분제 사회를 뒤엎고 자유·평등·박애를 기본 정신으로 시민사회를 이룩한 것이라고 평가된다. 그러나 실제 의의는 절대주의 국가가 무너지고 의회가 주권을 가진 국민국가가 수립된 것이라 할 수 있다.

국민주권 이념을 토대로 의회가 제정한 법률은 왕정 시대보다 더 강한 구속력을 지녔다. 단일한 법체계와 정치 시스템, 지방행정의 획일화, 고유 영토 확정, 언어와 도량형 통일 등으로 이룩된 최초의 국민국가가 프랑스에서 탄생한 것이다.

국민 징병권과 과세권을 지닌 국민국가의 우위성이 나폴레옹의 군사 행동에 의해 구체적으로 증명되자, 유럽 각국은 프랑스를 본떠 차례차례 국민국가로 옮겨 갔다.

나폴레옹은 영웅인가, 속물인가

영웅 나폴레옹의 등장

1795년 총재정부가 수립되면서 프랑스혁명은 일단 끝이 났다. 그러나 대내적으로는 좌우 양 세력의 대립이 치열했고, 대외적으로는 1차 대프랑스동맹이 계속되고 있어, 허약한 총재정부는 군부에 의존할 수밖에 없었다.

나폴레옹은 1796년 27세의 나이에 이탈리아 원정군 사령관으로 발탁되어 다음 해 오스트리아를 굴복시키고 1차 대프랑스동맹을 붕괴시키는 공적을 세웠다. 이어 나폴레옹은 인도와 영국의 통상을 막기 위해 이집트 원정을 떠났는데(1798~1799), 넬슨이 이끄는 영국 함대에 패해 이집트에 갇혀버렸다.

그사이 2차 대프랑스동맹이 결성되었고, 나폴레옹은 병사들을 내버려두고 서둘러 귀국했다. 그리고 1799년 무력한 총재정부를 무너뜨린 나폴레옹은 3명의 통령으로 구성된 통령정부를 수립하고 스스로 제1통령이 되었다.

"이, 속물!"

나폴레옹은 1800년 오스트리아를 또 한 번 격파하고, 1802년에는 영국과 화해하면서 2차 대프랑스동맹을 해체했다. 그리고 같은 해 국민투표로 종신통령이 되어 프랑스 은행을 창립하고, 국민 교육제도를 마련했다.

1804년에는 나폴레옹법전(프랑스민법)을 제정해 시민사회의 질서를 확립하기 위해 노력했다. 나폴레옹은 나중에 "나의 진정한 영예는 40회에 달하는 승전이 아니다. 영원히 살아남는 것은 나의 민법이다"라고 술회한 바 있다.

같은 해, 국민투표로 폭넓은 계층의 지지를 받아 제위에 오른 그는 스스로 나폴레옹 1세라 칭했다. 나폴레옹보다 한 살 아래로 열렬한 공화주의자인 베토벤은 새로운 시대를 여는 영웅 나폴레옹에 바치는 교향곡 〈보나파르트〉를 작곡했는데, 그가 황제가 되었다는 소식을 듣고는 "이 속물!"이라고 외치고 나폴레옹에 대한 헌사를 취소했다고 한다. 그 교향곡이 바로 제3번 〈영웅교향곡(에로이카)〉이다.

결코 무너뜨릴 수 없었던 영국

총재정부 시대의 대외 전쟁은 프랑스를 지키기 위한 방위 전쟁이었다. 그러나 나폴레옹 시대의 전쟁은 국민의 지지를 얻기 위한 대제국 건설이 목표인 데다가 나폴레옹의 야심이 겹쳐 침략 전쟁의 성격이 강했다.

1805년 3차 대프랑스동맹이 결성되자 나폴레옹은 스페인 해군과 동맹을 맺고 영국 본토 상륙을 시도했다. 함선 33척과 대포 2,640문을 지닌 나폴레옹군은 수적으로는 우세했으나(넬슨의 영국 해군은 함선 27척과 대포 1,238문) 지브롤터해협 서쪽의 트라팔가르해전에서 넬슨 제독이 이끄는 영국 함대에 20여 척의 함선이 침몰되거나 포획당했다. 트라팔가르해전의 패배로 영국을 점령하려는 나폴레옹의 계획은 좌절되었다.

징병제로 힘을 발휘한 나폴레옹의 전법

나폴레옹군의 강점은 징병제

나폴레옹군의 강점은 프랑스혁명 당시 생긴 징병제였다. 이전까지는 한정된 병력으로 요새를 지키며 공격하는 것이 통상적인 전법이었다. 하지만 징병제로 많은 청년을 병사로 동원할 수 있었던 나폴레옹은 전법을 바꾸어, 대군을 한 장소에 집중시켜 단번에 결말을 내는 기동전으로 적을 몰아붙였다.

나폴레옹은 1805년 아우스터리츠전투에서 러시아와 오스트리아를 무찔렀고, 1806년에는 오스트리아와 프로이센을 제외한 독일 서남부 16개 영방 군주와 프랑스에 우호적인 라인동맹을 맺었다. 그리고 황제를 퇴위시켜 850년간 계속된 신성로마제국을 무너뜨렸다.

프로이센에게 승리하고 난 후에는 영국 경제에 타격을 주기 위해 대륙과 영국의 무역을 금지하는 대륙봉쇄령을 내렸다(1806~1812). 1808년에는 이베리아반도까지 세력을 넓혀, 형제와 가까운 친척들을 7개 왕국과 30개 공국에 배치했다. 또 1810년에는 긴 세월을 함께해 온 여섯 살 연상의 아내 조세핀과 이혼하고, 오스트리아 황제의 장녀인 마리 루이즈(당시 19세. 조국의 적인 나폴레옹을 증오해 어린 시절 가장 싫어하던 인형에 나폴레옹이라는 이름을 붙이고 괴롭혔다고 전해진다)와 결혼했다. 이로써 나폴레옹은 대륙에 군림하는 황제가 되었다.

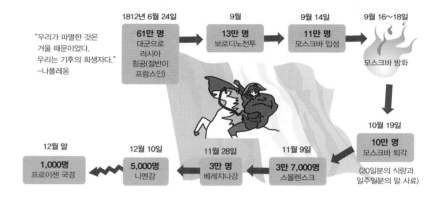

▶ 모스크바원정 과정

동장군에 패배한 황제 나폴레옹

그러나 나폴레옹의 대륙 지배는 스페인독립전쟁(반도전쟁)으로 흔들리기 시작한다. 영국에게 무기를 지원받은 스페인 민중의 게릴라전(게릴라는 스페인어로 작은 전쟁이라는 뜻)을 끝내 진압하지 못하면서 나폴레옹군의 불패 신화는 무너졌다.

한편 러시아가 대륙봉쇄령을 무시하고 공공연하게 영국과 통상하자 나폴레옹은 1812년 61만 명의 대군을 이끌고 러시아원정에 나선다.

나폴레옹군은 모스크바를 잠시 점령하기는 했다. 그러나 러시아군이 후퇴하면서 모스크바에 불을 질러 도시의 4분의 3이 불타버리는 바람에 나폴레옹군은 눈보라를 무릅쓰고 철수해야만 했다. 나폴레옹군은 뒤쫓아 오는 러시아군의 공격을 받아 40만 명이 죽고 10만 명이 포로로 잡히는 등 완전히 패배했다. 단기전을 예상하고 여름 장비만으로 러시아를 침입한 것과 충분한 준비 없이 모스크바에서 퇴각한 것이 나폴레옹의 패인이었다. 구사일생으로 파리로 돌아온 사람은 단 3명뿐이었다고 한다.

이 패배가 도화선이 되어 나폴레옹군은 1813년부터 여러 나라에서 일어난 국민 해방전쟁에서도 패배했다. 이윽고 1814년 나폴레옹은 지중해의 엘바섬에 유배되고 만다.

마지막으로 한 말은 "조세핀"

1815년 엘바섬에서 몰래 탈출한 나폴레옹은 과거 영광을 되살리려는 프랑스 국민의 추대를 받아 다시 제위에 올랐다. 그러나 그의 지배는 약 3개월밖에 가지 못했다(백일천하). 워털루전투에서 패배한 나폴레옹은 대서양의 절해고도(아프리카 가나의 남쪽 약 2,000킬로미터)인 세인트헬레나섬에 유배되어, 6년 후인 52세의 나이에 위암으로 파란만장한 일생을 마쳤다. 나폴레옹이 마지막으로 한 말은 '프랑스', '군대' 그리고 첫 부인인 '조세핀'이었다고 한다.

1815~1848년: **빈체제**

빈조약에 따라 유지된 국제 질서

나폴레옹의 재기 실패와 빈 의정서 체결

나폴레옹이 엘바섬에 유배당하자 전 유럽에 걸쳐 있는 나폴레옹 제국의 영토를 처리하기 위한 국제회의가 열렸다. 1814년 빈에서 열린 이 회의에는 90개 왕국, 53개 공국 대표가 참가했다.

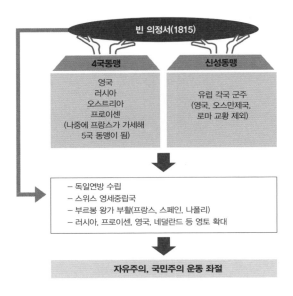

빈 의정서(1815)

4국동맹	신성동맹
영국 러시아 오스트리아 프로이센 (나중에 프랑스가 가세해 5국 동맹이 됨)	유럽 각국 군주 (영국, 오스만제국, 로마 교황 제외)

- 독일연방 수립
- 스위스 영세중립국
- 부르봉 왕가 부활(프랑스, 스페인, 나폴리)
- 러시아, 프로이센, 영국, 네덜란드 등 영토 확대

자유주의, 국민주의 운동 좌절

▶ 빈체제란 무엇인가?

그러나 이해가 조정되지 않아 회의는 질질 늘어지기만 한 채, 연일 화려한 연회, 무도회, 관극회가 열렸고 배후에서는 대국 간 뒷거래가 이루어졌다. 그러던 중 회의가 지리멸렬한 상태를 이용해 나폴레옹이 재기를 도모하자 유럽에는 전운이 감돌았고, 회의는 일시 중단되었다. 나폴레옹이 재기에 실패한 직후 대국은 이해를 조정해 겨우 빈 의정서를 체결했다.

프랑스혁명 이전의 정치체제와 국제 질서를 회복하겠다는 정통주의가 원칙으로 채택되면서 패전국 프랑스의 희생은 적었다. 러시아, 프로이센, 영국, 네덜란드 등은 모두 영토를 확장했다. 신성로마제국이 해체된 상태였던 독일은 독일연방으로 재탄생했다.

정상회담으로 유지된 빈체제

빈조약에 따라 유지된 국제 질서를 빈체제(1815~1848)라 한다. 대국의 군사동맹(4국동맹, 나중에 5국 동맹)과 러시아 황제 알렉산드르 1세의 제안으로 유럽의 거의 모든 군주들이 참가한 신성동맹이 맺어졌고, 대국의 협조 아래 체제가 유지되었다. 오늘날로 말하자면 일종의 정상회담인 것이다. 프랑스혁명 사상의 기운이 강하게 남아 있던 빈체제 아래에서는 자유주의와 국가주의(내셔널리즘)를 실현하고자 하는 운동이 각지에서 일어났다.

오스트리아의 외상(후에 수상)인 메테르니히는 2개의 동맹을 교묘히 이용해 봉건적 유럽을 유지하고자 필사적으로 노력했다. 산업혁명이 한창이던 영국은 대륙이 봉건 상태에 있는 편이 자국 경제에 유리하다고 판단해 빈체제를 적극적으로 지지했다.

그러나 1820년대에 들어서서 라틴아메리카가 스페인에게서 독립하려 하자, 영국 외무장관 캐닝은 라틴아메리카를 영국의 경제권에 포함시키려면 이들의 독립을 지원하는 것이 유리하다고 판단했다. 그는 라틴아메리카가 유럽의 일부분이라며 '간섭'을 주장하는 메테르니히에 반대해 5국 동맹을 탈퇴했고, 그 결과 '정상회담' 체제는 붕괴되고 빈체제는 반신불수가 되고 말았다.

선거권 때문에 일어난
7월혁명과 2월혁명

부르봉왕조를 무너뜨렸을 뿐인 7월혁명

프랑스에서는 빈체제 아래에 부르봉왕조가 부활해, 제한선거에 의한 입헌 왕정이 실시되었다. 하지만 귀족의 권한을 강화하려는 국왕과 그에 반대하는 의회 내 자유주의자의 대립이 깊어졌다.

1830년 선거에서 자유주의자가 의석의 다수를 점하자 국왕은 의회를 해산하고 출판의 자유를 금지했으며 선거권 제한을 강화했다. 그해 7월, 이에 반발하는 민중이 파리에서 봉기했고, 국왕은 국외로 망명한다. 이 것이 이른바 7월혁명이다.

그러나 혁명이 격렬해질 것을 우려한 은행가 등의 상층 시민은 열강이 혁명에 개입할 위험이 있다는 구실로 부르봉 왕가의 분가 출신이자 자유주의자로 유명한 루이 필리프를 새로운 왕으로 추대한다. 루이 필리프는 스스로를 "프랑스 국민의 왕"이라 불렀으나, 새로운 선거제도에 의한 유권자는 전체 인구의 0.6퍼센트에 불과했고, 금융 귀족이라 불린 소수의 은행가가 정치를 좌우했다. 서민은 왕을 "주식 중개인의 왕"이라 불렀다. 7월혁명은 부르봉왕조를 무너뜨린 데서 그쳤다.

2월혁명으로 빈체제 붕괴

그 후 프랑스에서는 산업혁명이 진행되었다. 지식인과 노동자 사이에서는 7월혁명으로 성립된 정치체제에 대한 불만이 쌓여갔고, 보통선거

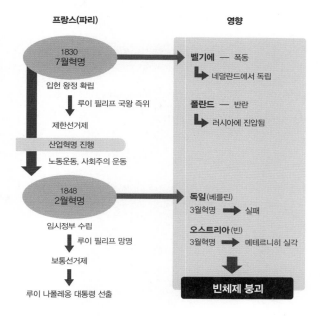

프랑스(파리)

1830
7월혁명

입헌 왕정 확립

루이 필리프 국왕 즉위

제한선거제

산업혁명 진행

노동운동, 사회주의 운동

1848
2월혁명

임시정부 수립

루이 필리프 망명

보통선거제

루이 나폴레옹 대통령 선출

영향

벨기에 — 폭동
네덜란드에서 독립

폴란드 — 반란
러시아에 진압됨

독일(베를린)
3월혁명 ➡ 실패

오스트리아(빈)
3월혁명 ➡ 메테르니히 실각

빈체제 붕괴

▶ 프랑스 7월혁명과 2월혁명의 영향

권을 요구하는 움직임이 '개혁 연회'라는 합법적 집회를 통해 전개되었다. 1848년 2월, 정부가 파리의 개혁 연회를 금지시키자 성난 파리 민중은 시가전을 벌였다. 결과는 파리 시민의 승리였다. 국왕 루이 필리프는 망명했고, 봉기에 참여한 노동자 대표가 참여하는 임시정부가 수립되었다. 이것이 2월혁명이다.

임시정부는 실업자를 구제하기 위해 국립 작업장을 만들고, 21세 이상 남자는 모두 선거권을 갖는 보통선거제를 실현했다. 그러나 전국 선거로 온건파가 의회의 다수를 차지해 국립 작업장이 폐쇄되자, 파리에서 다시 노동자 봉기(6월 봉기)가 일어났다. 그러나 봉기는 진압되었고,

나폴레옹의 조카인 루이 나폴레옹이 대통령에 선출되었다.

이 혁명의 영향으로 독일과 오스트리아에서는 3월혁명이 일어났다. 자유주의 운동과 독일 통일을 향한 움직임, 그리고 피지배 민족이 자립하려는 움직임이 커지자 빈체제를 이끌어온 메테르니히는 영국으로 망명했고, 빈체제는 완전히 막을 내렸다.

1832~1884년: **차티스트운동과 선거법 개정**
선거에서 소외된 노동자들의 차티스트운동

차티스트운동이란?

산업혁명으로 영국 사회는 크게 변했고, 정치에서도 대대적인 변화가 일어났다.

먼저 인구가 도시로 이동하면서 농촌 인구가 줄어들었다. 그러자 선거 인원이 농촌에 편중된 선거구(부패선거구, 지방 유력자가 투표자를 매수하는 등 문란한 양상을 보인 선거구)에 대한 비판이 일어났고, 1832년 1차 선거법 개정이 이루어졌다. 이를 통해 선거구 할당과 선거권 재산 자격이 대폭 바뀌어, 도시 유산자(산업자본가)가 의회로 진출했다.

그 결과 영국 의회는 지주 중심의 '젠트리' 의회에서 지주와 자본가 중심의 의회로 바뀌었다. 지주의 이익을 지키는 곡물법과 보호무역을 위한 항해법도 폐지되었다. '세계의 공장'이 된 영국은 자유무역주의를

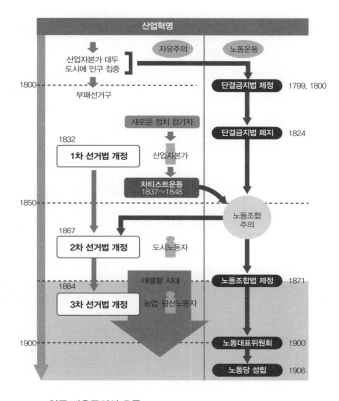

산업혁명

산업자본가 대두
도시에 인구 집중

자유주의

노동운동

부패선거구

1800

단결금지법 제정   1799, 1800

새로운 정치 참가자

1832
1차 선거법 개정

산업자본가

단결금지법 폐지   1824

차티스트운동
1837~1848

1850

노동조합
주의

1867
2차 선거법 개정

도시노동자

대불황 시대

1884
3차 선거법 개정

농업·광산노동자

노동조합법 제정   1871

1900

노동대표위원회   1900

노동당 성립   1906

▶ 영국 자유주의의 흐름

지향해 세계로 시장을 넓혀갔으며, 의회도 자본가의 이익을 옹호하는
데 앞장섰다.

1차 선거법 개정으로 선거에서 따돌려진 도시 노동자들도 잠자코 있
지만은 않았다. 프랑스의 7월혁명처럼 노동자의 참정권을 요구하는 차
티스트운동(1837~1848년경)이 전개되었다. 차티스트운동은 청년 남자
의 보통선거, 비밀투표, 의원의 재산 자격 폐지 등 6개조로 된 '인민헌

장'을 실현하고자 했다. 그러나 현금이 넘쳐나는 경제 활황으로 노동자의 생활이 개선되자 운동은 사그라지고 말았다. 노동자에게 선거권이 부여된 것은 1차 선거법 개정에서 35년이 지난, 1867년과 1884년의 선거법 개정에 의해서였다.

자본주의에 대한 의문에서 탄생한 사회주의

산업혁명으로 사회구조가 변하면서 도시에는 빈민가가 생겨났다. 노동자들의 생활이 갈수록 비참해지자 자본주의 사회 원리에 의문을 품는 사람들이 나타났다. 이에 따라 자유경쟁을 수정하고 생산수단의 사유제를 폐지함으로써 조화로운 사회를 만들자는 주장을 펴는 사회운동이 일어나기 시작했다.

영국의 공장 경영자이면서 조화로운 협동 사회를 건설하기 위해 사재를 기부한 로버트 오언, 자본주의경제를 분석하고 잉여가치설에 근거해 생산수단의 공유화가 필수라고 생각한 독일의 마르크스, 부유한 경영자의 아들이지만 노동자의 비참한 생활을 조사해 사회정의를 자각하고 마르크스의 협력자가 된 엥겔스 등이 대두했다.

경제력을 과시한 만국박람회와
대불황의 시작

제1회 만국박람회와 2개의 영국

1837년에 영국 역사상 5번째 여왕으로 즉위한 빅토리아 여왕은 64년 간 '세계의 공장'인 대영제국의 왕으로 군림했다.

산업혁명 후 영국은 면공업과 철도 건설 등에서 타의 추종을 불허하는 경제력과 기술 수준을 자랑하고 있었다. 이런 영국의 힘을 과시한 것이 바로 1851년 런던에서 개최된 제1회 만국박람회였다. 입장객 수는 600만 명에 이르렀고, 박람회장인 하이드파크에는 무려 30만 장이나 되는 유리를 사용한 전면 유리의 거대한 전시장 수정궁이 세워져 사람들을 경탄케 했다. 1863년에는 런던에서 세계 최초의 지하철도 등장했는데, 코크스를 연료로 사용한 탓에 승객들은 심한 연기로 고통스러워했다.

이 무렵 영국의 가장 큰 문제는 번영을 구가하고 화려한 생활을 영위하는 '자본가, 지주, 귀족'과 소음과 매연에 둘러싸인 도시 빈민가에서 비참한 하루하루를 보내는 '노동자', 이렇게 '두 부류의 국민'이 존재한다는 것이었다.

당시 영국 의회는 글래드스턴 등이 지도자인 자유당과 디즈레일리 등이 지도자인 지주·귀족의 보수당으로 구성된 2대 정당제였다. 자유당은 의회에서 우위를 차지하고자 노동자의 단계적 의회 참여를 강행했다. 이에 따라 1867년 숙련 노동자에게 선거권을 주고(2차 선거법 개정), 1807년에서 1872년에 걸쳐서는 보통교육 실시, 노동조합 합법화, 비밀

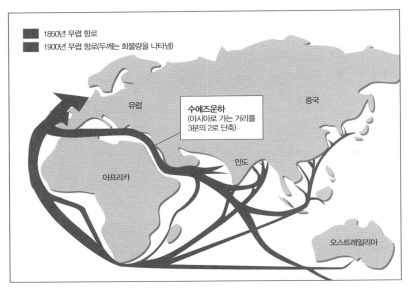

 안에 포함된 지도 레이블:
- 1850년 무렵 항로
- 1900년 무렵 항로(두께는 화물량을 나타냄)
- 유럽
- 중국
- 수에즈운하 (아시아로 가는 거리를 3분의 2로 단축)
- 인도
- 아프리카
- 오스트레일리아

▶ 수에즈운하로 바뀐 해상 루트

투표제 등을 실현했다. 1884년에는 소선거구제 실시를 조건으로 노동자 대부분의 선거권을 인정하는 3차 선거법 개정이 이루어졌다.

이로써 '2개의 영국' 문제는 해결되었고, 노동자들도 경제 번영의 혜택을 즐겼다.

대불황과 식민 제국으로의 전환

1870년대가 되면서 영국 경제는 대불황이라 불리는 긴 침체의 시대로 들어섰다.

영국은 종래 무역 우선주의에서 대외투자로 이익을 확보하는 금융 대국의 길로 방향을 전환하기로 하고, 적극적으로 식민지 획득에 나섰다.

유럽 해역의 제해권을 장악한 강력한 해군력이 이를 뒷받침했다.

특히 수상인 디즈레일리는 의회의 승인도 얻지 않고 유대인 금융가 로스차일드에게 400만 파운드를 빌려 이집트의 수에즈운하를 사들였다. 1875년 재정난에 빠진 이집트가 프랑스에 매각하려고 내놓은 수에즈운하 주식(총 40만 주 가운데 17만 7,000주)이었다. 이로써 영국은 유럽과 아시아의 거리를 6,000킬로미터나 단축하는 교통의 요지를 소유하게 되었다.

1877년에는 식민지 인도를 인도제국으로 개칭하고, 제위를 빅토리아 여왕에게 바쳤다. 이어 1878년에는 동지중해 키프로스섬을 차지했다.

세계시장 형성의 선두주자였던 영국은 1880년대에 들어서 값싼 노동력과 풍부한 자원, 새로운 기술을 지닌 미국과 독일의 추격을 받는다.

프랑스 제2제정의 붕괴와 러시아의 남하 정책

인정받지 못한 독재자

2월혁명 후 1848년 12월에 치러진 선거로 프랑스 대통령이 된 루이 나폴레옹은 1852년 황제(나폴레옹 3세)가 되었다. 그는 남자 보통선거에 의거해 의회를 구성했으나, 의회는 법안의 발의권과 수정권을 갖지 못했으므로 실질적으로는 황제의 독재(제2제정)였다.

나폴레옹 3세는 자본주의를 육성하고, '파리 대개조' 계획에 따라 도시 구조를 개혁했다. 또한 공공사업과 양로연금 등의 사회정책을 실시해 노동자를 회유하고자 했고, 농민들의 종교인 가톨릭을 보호했다.

그러나 독재가 권위를 갖기 위해서는 숙부인 나폴레옹 1세와 마찬가지로 대외 정책에서 성공을 거둬야 했다. 그는 크림전쟁과 이탈리아통일전쟁에서 성과를 올렸고, 베트남에서 영토를 획득했다. 그러나 멕시코 원정(1861~1867)에 실패하면서 권위를 잃었고, 인기를 회복하고자 일으킨 프로이센·프랑스전쟁에서는 급기야 포로로 잡혀, 제2제정은 완전히 무너지고 말았다.

근대 기술에 패한 러시아

전제정치와 농노제의 나라 러시아는 흑해 북쪽의 곡창지대인 우크라이나에서 서유럽까지 효율적으로 곡물을 수출하기 위해 지중해의 통로인 보스포루스와 다르다넬스 양 해협을 확보하고자 했다.

당시 발칸반도에서는 오스만제국의 지배력이 쇠퇴하고 슬라브족이 독립운동을 전개하고 있었다. 열강은 이를 이용해 튀르크령에 진출하고자 격렬하게 맞서고 있었다. 러시아가 튀르크령 내의 그리스정교 신자를 보호해 달라며 일으킨 크림전쟁(1853~1856)은 영국, 프랑스, 사르데냐가 참전하는 대전쟁이 되었다.

당시 러시아군은 정확한 크림반도 지도도 없었다. 대포 사정거리는 영국군이나 프랑스군보다 한참 뒤떨어졌고, 군함은 여전히 증기선이 아닌 범선이었다. 반도 남단의 세바스토폴 요새에 있던 5만 명의 러시아군은 영국, 프랑스, 튀르크의 5만 6,000명 연합군에 포위당한 채 약 1년간 공방을 벌였고, 끝내 함락되고 말았다. 그 옛날 나폴레옹군을 격파하고

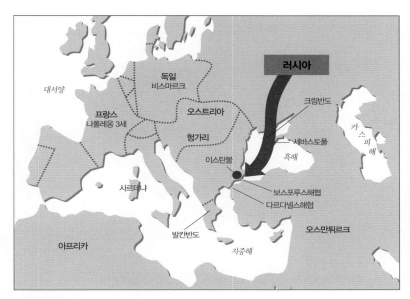

▶ 19세기 후반 유럽

유럽 최강이라 불리던 러시아 육군은 비참하게 패배했고, 남하 정책은
좌절되었다.

농노해방과 브나로드운동

크림전쟁은 러시아의 후진성을 여지없이 드러낸 전쟁이었다. 전쟁이
끝나자 농민들과 지식인들 사이에서는 비판의 소리가 높아졌다. 알렉산
드르 2세는 "아래에서 일어나기(혁명)보다는 위에서 하는 편이 좋다"며
1861년 농노해방령을 선포해 농노를 해방했다. 그러나 개혁은 지주 중
심이었기 때문에 해방된 농민의 생활은 오히려 더 곤궁해졌다.

개혁에 실망한 청년 지식인들은 "인민 속으로(브나로드)"라는 슬로건을 내걸고 농촌으로 들어갔다. 이들은 농촌공동체를 모체로 사회주의혁명을 실현하고자 하는 나로드니키 운동(1870년대~1880년)을 전개했으나, 농민들의 지지를 얻지 못하자 점차 테러 행동을 하는 등 과격해졌다. 러시아 정부는 이러한 국내의 불안을 누르기 위해서라도 남하 정책을 적극적으로 추진할 수밖에 없었다.

오스트리아와의 통일 전쟁

나폴레옹 3세의 야심을 이용한 이탈리아 통일

19세기 후반에 이르자 국민국가를 형성하려는 움직임은 심각하게 분열되어 있던 이탈리아에도 퍼졌다. 사르디니아공국의 수상 카보우르는 크림전쟁에 참가해 프랑스에 접근했다. 그는 영토 확장이라는 야심을 지닌 나폴레옹 3세와 밀약을 맺어 지원을 약속받았고, 오스트리아와 전쟁을 벌여 승리를 거두었다(이탈리아통일전쟁, 1859).

그런데 이웃 사르디니아가 강해지는 것을 우려한 나폴레옹 3세가 독단적으로 오스트리아와 강화하면서 사르디니아는 롬바르디아를 얻는 데 그치고 만다. 카보우르는 밀약이 지켜지지 않았음에도 불구하고 프랑스에 사부아와 니스를 떼어주고, 프랑스의 묵인 아래 중부 이탈리아의 여러 소국을 통일한다.

1860년에는 정치결사인 청년이탈리아당의 급진파 가리발디가

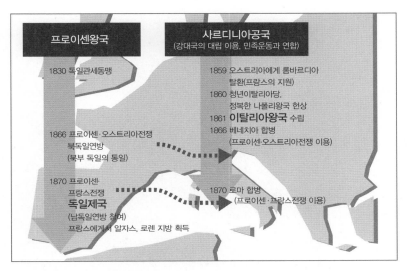

프로이센왕국	사르디니아공국 (강대국의 대립 이용, 민족운동과 연합)
1830 독일관세동맹	1859 오스트리아에게 롬바르디아 탈환(프랑스의 지원) 1860 청년이탈리아당, 정복한 나폴리왕국 헌상 1861 **이탈리아왕국** 수립
1866 프로이센·오스트리아전쟁 북독일연방 (북부 독일의 통일)	1866 베네치아 합병 (프로이센·오스트리아전쟁 이용)
1870 프로이센· 프랑스전쟁 **독일제국** (남독일연방 참여) 프랑스에게서 알자스, 로렌 지방 획득	1870 로마 합병 (프로이센·프랑스전쟁 이용)

▶ 독일과 이탈리아의 통일

1,000명의 '붉은 셔츠 부대'를 이끌고 시칠리아와 나폴리를 해방하면서 새로운 통일 움직임이 일어났다. 가리발디는 무엇보다도 통일이 중요하다고 생각했고, 시칠리아와 나폴리를 사르디니아공국에 바침으로써 로마 교황령과 오스트리아령 베네치아를 제외한 전 지역이 이탈리아왕국으로 통일되었다. 그 후 1866년 프로이센·오스트리아전쟁으로 베네치아를 병합하고, 1870년 프로이센·프랑스전쟁으로 교황령을 점령했으며, 1871년에는 로마로 수도를 옮겼다.

비스마르크의 철혈정책

1848년 3월혁명이 실패로 끝난 후 독일 통일을 둘러싼 오스트리아(대독일주의)와 프로이센(오스트리아를 배제하는 소독일주의)의 다툼이 표면화되었다.

1862년 프로이센의 수상이 된 비스마르크는 "독일의 큰 문제는 언론이나 다수결이 아닌, 철과 피에 의해서만 해결될 수 있다"는 철혈(鐵血)정책(철은 군비, 혈은 국민의 헌신)을 내걸었다. 그러고는 의회를 무시한 채 군비 확충을 강행하고, 독일 통일을 강력하게 추진했다.

이 과정에서 덴마크에게 독일인이 많이 거주하는 홀슈타인 등을 탈취했는데, 이를 둘러싸고 오스트리아와 전쟁이 일어났다. 프로이센은 불과 7주 만에 오스트리아를 무찔렀고, 오스트리아와 오스트리아 편을 든 남독일연방을 배제하고 북독일연방을 맺었다.

프랑스와 독일 사이에 생긴 깊디깊은 골

비스마르크는 통일을 위해서는 프랑스와의 전쟁을 피할 수 없다고 판단했다. 그래서 '엠스전보사건(1870년, 프랑스 대사 베니데티가 엠스 온천장에 정양 중이던 프로이센 왕 빌헬름 1세를 방문하고 에스파냐 왕위 계승 문제에 관해 회담한 내용을 보고하는 전보를 비스마르크가 고의로 문장을 바꾸어 발표한 사건)'을 꾸며 전쟁 태세를 갖추지도 못한 프랑스를 전쟁에 끌어들였다(프로이센·프랑스전쟁). 전쟁이 시작된 지 2개월 만에 나폴레옹 3세가 프로이센군의 포로로 잡히면서 전쟁은 빠르게 끝이 났다.

1871년 1월, 전쟁에 승리한 프로이센은 베르사유궁전 거울의 방에서 독일제국의 성립을 선언하고 숙원이던 통일을 이룩했다. 패배한 프랑스는 50억 프랑이라는 거액의 배상금을 지불하고도 알자스·로렌 지방까지 할양했다. 이로 인해 프랑스인은 독일에 큰 반감을 품게 되었다.

12장

미국의 독립

1607~1776년: **식민지 시대의 북아메리카**

13개의 식민지였던 아메리카합중국

영국이 만든 13개의 식민지

1607년 신대륙(아메리카)에 상륙한 105명의 영국 이민자는 당시 처녀 여왕(버진퀸)인 엘리자베스의 이름을 따 '버지니아'라 불리는 식민지를 만들었다. 이를 시작으로 영국은 대서양 연안을 따라 많은 식민지를 확보한다.

1620년에는 본국의 종교 박해에서 벗어나기 위해 네덜란드로 이주한 청교도 102명(이 중 약 3분의 1이 청교도)이 메이플라워호라는 180톤의 작은 배를 타고 현재의 매사추세츠주 코드곶에 상륙해(필그림파더스) 플

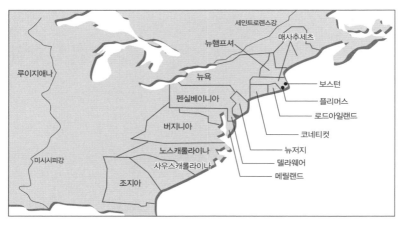

▶ 미국의 13개 식민지

리머스 식민지를 건설했다. 이후 1733년 만들어진 조지아 식민지를 비롯해 총 13개의 식민지가 건설되었다. 13개 식민지 모두 특유의 기풍이 있었으며 스스로 농지를 경작하는 자영 농민이 주류를 이루었다.

1619년 버지니아에서 시작된 노예제도는 남부의 면화·담배 농장 등이 대규모로 커지면서 독립전쟁 무렵에는 노예 인구가 50만 명에 이르렀다. 버지니아에서 면화·담배 등의 대규모 재배에 투입된 흑인 노예만도 1640년 150명에서 1750년에는 10만 2,000명으로 크게 늘었다.

느슨한 식민지 지배

영국 본국은 식민지에 본국과 동등한 수준의 과세를 매기지 않았다. 대신 식민지가 수입하는 상품에 높은 관세를 부과하거나 식민지에서 철 생산을 금하는 등 식민지를 본국 시장 또는 원료 공급지로 확보하는 중상주의 정책을 실시했다. 식민지는 쇠못 하나까지도 본국에서 수입하지 않으면 안 되었으나 지리적으로 멀리 떨어져 있었기 때문에 정치적으로는 식민지 의회를 중심으로 자치가 인정되었다.

당시 캐나다와 미시시피강 유역의 서부(루이지애나) 지역을 지배하고 있던 프랑스와 영국은 치열한 식민 전쟁 중이어서 영국 본국도 본격적인 식민지 지배를 할 수 없었다.

17세기 말부터 간헐적으로 진행된 양국의 대립은 7년전쟁(북미에서는 프렌치·인디언전쟁으로 불린다)에서 영국이 승리함으로써 프랑스의 북미 식민지를 모두 빼앗고 끝난다. 그러나 7년전쟁으로 영국 본국의 채무가 배로 늘면서, 북미 식민지의 경영 비용은 식민지 과세를 본국 수준으로 높여 해결해야만 하는 상황에 놓였다.

보스턴차사건과 〈커먼센스〉의 출판

홍차 강요는 이제 그만!

프랑스와 장기간 전쟁을 치르면서 재정적으로 곤란해진 영국은 1765년 식민지에 대한 인지조례를 제정했다. 이는 신문·팸플릿·증권·어음·유언장·졸업증서·영수증 등 각종 증명서에 본국과 같은 인지를 붙이도록 의무화하는 것이었다. 이에 대해 식민지의 신문 발행자나 법률가, 실업가 들은 "대표 없이 과세 없다(의회에 대표를 보내지 않으므로 본국에 대한 과세의 의무가 없다는 뜻)"를 슬로건으로 내걸고 격렬한 반대 운

▶ 미국의 독립 과정

동을 펼쳤다. 그와 동시에 본국 제품의 불매운동을 벌여 인지조례를 폐지하는 데 성공했다.

또 1773년, 영국 정부는 홍차를 지나치게 많이 사들여 재정 위기에 빠진 동인도회사를 구하기 위해 차조례를 공포했다. 이는 동인도회사가 식민지에 세금을 납부하지 않고 차를 독점으로 판매할 수 있게 한 조치였다. 그러자 유럽에서 홍차를 밀수해 차 소비량의 약 90퍼센트를 독점 판매하던 밀무역상들이 반발하고 나섰다. 이들의 반대 운동은 차의 하역을 저지하는 움직임으로 번져나갔다.

차를 선적한 배 3척이 보스턴항에 입항하자 인디언으로 변장한 약 60명의 급진파가 배를 습격해 342상자(7만 5,000달러)의 홍차를 보스턴 항으로 내던져 버렸다(보스턴차사건). 이때 보스턴 항구는 거대한 찻주전 자처럼 바닷물이 온통 붉은색으로 물들어 버렸다고 한다. 본국은 보스턴항을 폐항하고 집회를 금지하는 등의 강경책으로 식민지에 대응했다. 이로써 본국과 식민지의 대립은 격화되었고 곧이어 독립 전쟁이 일어나게 되었다.

전쟁의 성격을 바꾼 베스트셀러

1775년, 본국군과 식민지 민병(minuteman, 1분 안에 동원 가능한 민병) 사이에 무력 충돌이 일어났다. 식민지 측은 처음에는 식민지 지배 완화를 목표로 조지 워싱턴을 사령관으로 추대하고 전쟁을 시작했다. 그러던 1776년, 본국에서의 독립을 주장하는 토마스 페인의 8쪽에 불과한 팸플릿 〈커먼센스(Common Sense)〉가 출판되었다. 〈커먼센스〉는 3개월 만에 12만 부가 팔려나갔고, 전쟁 목적도 영국에서의 독립으로 바뀌었다.

같은 해 7월 4일 필라델피아에서는 〈독립선언〉이 선포되었다. 이 선언은 존 로크의 사회계약설에 명시된 '압정에 대한 저항권'을 독립 근거로 삼았다. 또한 푸른 바탕에 13개의 흰 별을 원형으로 배열한 성조기가 만들어졌는데, 이후 건국 당시 13개 주를 빨강색과 흰색 띠로 나타내고, 주(州)의 수만큼 별을 그린 지금의 성조기로 바뀌었다.

미국의 독립을 도운 프랑스

식민지 측은 1777년 연합규약을 제정하고 13개 주(states)로 이루어진 아메리카합중국을 세웠다.

당시 미국은 제철이 금지되어 있어 무기가 빈약했고, 내부에서도 분열이 일어나 독립 전쟁 초기에는 고전을 면치 못했다. 그러나 프랑스와 동맹을 맺는 데 성공하면서 백합 문장이 들어간 부르봉왕조의 총이 대량으로 보급되었고, 형세는 뒤집어졌다.

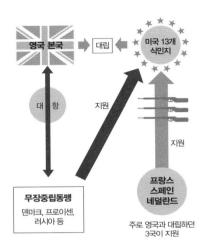

영국 본국 → 대립 ← 미국 13개 식민지

대항 지원 지원

무장중립동맹
덴마크, 프로이센,
러시아 등

프랑스
스페인
네덜란드
주로 영국과 대립하던
3국이 지원

▶ 미국 독립운동의 배경

　　미국의 독립 전쟁을 패권 국가인 영국에 압력을 가할 절호의 기회로 여긴 프랑스, 네덜란드, 스페인이 식민지를 지원했고, 러시아 등도 무장중립동맹을 맺어 식민지를 간접적으로 지원했다. 고립된 영국은 결국 1783년 파리조약을 맺고 13개 주의 독립을 인정했다.

　　독립 이후 중앙정부의 권한 범위를 두고 각 주 사이에 대립이 생겼지만, 1787년 아메리카합중국 헌법을 제정함으로써 입법·행정·사법의 삼권분립과 주의 강한 권한을 특색으로 하는 연방 국가가 탄생했다. 그리고 1789년, 워싱턴이 초대 대통령으로 뽑힌다.

아메리카합중국의 영토 확장과 남북전쟁의 서막

대서양 쪽에서 태평양 쪽으로 넓혀간 아메리카

독립을 달성한 아메리카합중국은 1803년 나폴레옹 1세가 지배하는

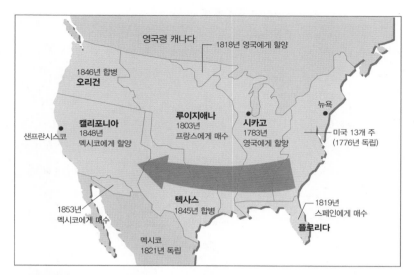

▶ 아메리카의 영토 획득 과정

프랑스에게 1,500만 달러(1에이커당 약 3센트)에 루이지애나를 사들여 영토를 배로 늘렸다.

　이어 스페인에게 플로리다를 사들이고, 1845년 멕시코령이었던 텍사스를 병합했다. 1848년에는 미국·멕시코 전쟁에서 승리해 그 대가로 캘리포니아를 병합(실제로는 무력으로 얻어냈으나 형식적으로는 1,500만 달러에 구입)함으로써 태평양에 다다르는 대륙 국가가 되었다.

　이들 지역은 실제로는 인디언 거주 지역이었으나 미국인은 '명백한 운명(Manifest Destiny)'이라 하며 인디언을 황폐한 토지로 강제 이주시키고, 이에 따르지 않는 인디언은 무력으로 탄압했다.

　인디언 가운데 가장 강한 세력이었던 체로키족은 거주 지역에서 금광이 발견되자 1838년부터 1839년에 걸친 겨울에 미시시피에서 오클라호마로 강제 이주되었다. 이 과정에서 1만 2,000명 가운데 4분의 1이 사망했다. 콜럼버스가 아메리카 대륙에 도착했을 당시 북미 인디언 수는 약 100만 명이었던 것으로 추정되나 1890년경에는 25만 명으로 줄었다.

1848년 캘리포니아에서 금광이 발견되자 다음 해부터 일확천금을 꿈꾸는 남자들(포티 나이너스, 1849년 금광 경기로 캘리포니아에 밀어닥친 사람들) 약 10만 명이 육로와 해로를 통해 몰려들었다(골드러시). 2만 명이 채 못 되었던 캘리포니아 인구는 급격히 늘어났고, 그 이후 미개척지(변경, 1평방마일당 인구 2명 이하 지역)의 개발이 급속하게 추진되었다. 1867년에는 재정이 악화된 러시아에게서 720만 달러, 1헥타르당 5센트라는 파격적인 가격으로 알래스카를 사들였다.

노예 문제로 대립한 남부와 북부

독립 전쟁으로 수립된 아메리카합중국은 실제로는 전혀 통일되지 않은 국가였다. 북부는 강력한 중앙정부를 이루어 국민국가를 만들고자 했고, 영국의 면 공장에 면화를 공급하는 남부는 경제적으로 영국과 종속 관계여서 주권주의(州權主義)를 주장했다.

남부의 면화 재배는 흑인 노예의 노동력을 이용하고 있었으므로(플랜테이션) 인도적 차원에서 노예제에 반대하는 북부와의 대립은 갈수록 커졌다.

한편 면화 재배는 토지를 척박하게 만들었기 때문에 남부는 끊임없이 새로운 개척지를 찾아 서부로 진출했다. 서부에 새롭게 생긴 주(州)가 노예제를 인정하는지 안 하는지 여부는 남부에게 사활이 걸린 문제였다. 또 합중국 전체에서 노예제를 인정하지 않는 자유주(自由州)와 노예제를 인정하는 노예주(奴隸州)가 차지하는 비율 변화, 멕시코와의 전쟁에서 빼앗은 캘리포니아, 유타, 뉴멕시코가 자유주가 되느냐 노예주가 되느냐 하는 문제 역시 남부에게는 대단히 중요했다.

1861~1865년: 남북전쟁

노예제를 둘러싼 남북전쟁과
새로운 아메리카

노예 문제로 일어난 내전

독립 이후 아메리카합중국에서는 영국에 면화를 대규모로 공급하던 남부와 공업화의 길을 걷는 북부의 대립이 해가 갈수록 심각해졌다. 남부가 노예제 허용, 자유무역, 주의 자립을 주장한 데 반해, 북부는 노예제 폐지, 보호무역, 강력한 중앙정부를 주장했다. 남과 북이 완전히 반대 입장이었던 것이다.

그러던 중 1860년 선거에서 켄터키주에서 가난한 농민의 아들로 태어난 링컨이 대통령에 당선되었다. 여태까지 남부 출신자가 차지해 왔던 대통령 자리를 북부에 빼앗긴 남부 11개 주는 다음 해, 아메리카 연합국을 내세우며 북부와의 분리를 꾀했다. 링컨은 성서의 "뿔뿔이 흩어져서는 집을 세울 수 없다"는 문구를 인용하며 분리를 인정하지 않았다. 이에 남부가 실력 행사에 나서면서 남북전쟁이 일어난다(1861).

전쟁 초반에는 남부가 우세했으나, 1863년 링컨은 310만 명에 이르는 흑인 노예의 해방을 선언해 유럽과 국내의 지지를 얻고 정치적 우위

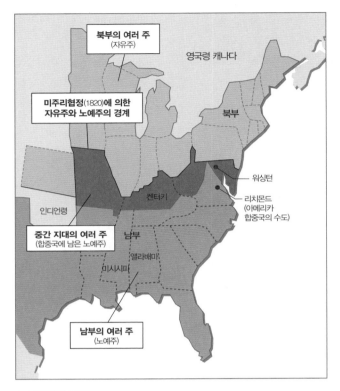

▶ 남북전쟁 구도

를 확보했다. 또한 남부군과 북부군을 합쳐 2만 3,000명의 사망자를 낸 게티즈버그 격전 이후로 북부가 우세해져 최종적으로 북부가 승리했다.

당시 아메리카합중국 인구는 약 3,000만 명이었는데, 남북전쟁의 사상자 수는 무려 62만 명이었다. 전쟁 비용만 해도 50억 달러에 달하는 비참한 내전이었다.

그 유명한 "국민에 의한, 국민을 위한, 국민의 정부(Government of people, by the people, for the people)"는 게티즈버그 전투의 전몰자 추

도식에서 링컨이 한 연설의 일부분이다. 그러나 이 명언은 사실 링컨의 생각이 아니라 설교사 파커의 저서에서 인용한 것으로 알려져 있다.

링컨은 1864년 대통령에 재선된 이후 "그 누구에게도 악의를 품지 않는다"며 남부군도 관대하게 대우했다. 그러나 그는 전쟁이 끝난 직후 연극을 관람하다 열광적인 남부주의자 배우에게 등 뒤에서 저격당하고 만다.

재탄생한 아메리카

남북전쟁이 한창이던 때, 북부는 경제성장을 위한 만반의 준비를 갖추었다. 모릴 관세법(1862)과 국립은행법(1863)은 산업 경쟁력을 강화했다. 1862년에 발표된 홈스테드법은 서부에서 5년간 개척 활동을 한 21세 이상 시민에게 160에이커(약 20만 평)의 토지를 무상으로 준다고 규정함으로써 서부 개척을 한층 가속화했다.

1869년에는 대륙횡단철도가 완성되었다. 정부의 토지 무상 제공과 건설 자금의 저리 대출로 아메리카합중국의 총 철도 길이는 1880년 이후 10년 만에 15만 킬로미터에서 26만 2,000킬로미터로 늘어났고, 이 역시 홈스테드법과 함께 서부 개발에 박차를 가했다. 그러나 노예해방 선언의 불충분한 이행으로 흑인에게는 참정권도, 토지도 주어지지 않았으며, 남부에 대한 북부의 경제 지배는 급속도로 진행되었다.

국내 시장 확대, 서부 개발 진전, 값싼 노동력 급증은 공업을 빠르게 성장시켰고, 19세기 말 미국은 영국을 앞지르고 세계 1위의 공업국이 되었다.

라틴아메리카의 불완전한 독립

라틴아메리카의 독립

라틴아메리카는 전 세계 육지 면적의 15퍼센트 이상, 인구의 6퍼센트를 차지하는 지역으로, 스페인과 포르투갈의 식민지였던 라틴아메리카의 독립은 세계사 관점에서도 대단히 중요한 사건이다.

1800년대 아메리카 대륙의 스페인 식민지 인구는 약 1,500만 명으로, 원주민 인디언이 약 1,000만 명, 유럽계 이민 자손 크리오요가 약 300만 명, 양자 혼혈인 메스티소가 약 200만 명으로 구성되어 있었다. 그런데 식민지 행정은 본국에서 파견된 약 30만 명이 독점했고, 무역 이익도 세비야 등 지배국 항구의 상인들에게 박탈당했다. 당연히 지배국 정부에 대한 불만이 팽배했다.

그러던 1810년, 나폴레옹군이 스페인을 점령하면서 본국이 정치적 위기에 빠지자, 이 틈을 이용해 라틴아메리카 각지에서 독립운동이 전개되었다. 1811년 베네수엘라가 독립을 선언했고, 1813년부터는 베네수엘라 출신의 시몬 볼리바르가 독립운동 지도자가 되어 1819년 대콜롬비아공화국을 건국하고 대통령이 되었다. 이어 페루와 볼리비아도 해방시키면서 볼리바르는 해방자라 불렸다. 볼리비아라는 지명도 그의 이름을 따서 지은 것이다.

이밖에 1814년에서 1821년에 걸쳐 우루과이, 아르헨티나, 칠레, 멕시코, 중앙아메리카 공화국이 독립했다. 1822년에는 브라질과 에콰도르가, 1824년에는 페루, 1825년에는 볼리비아가 독립했다.

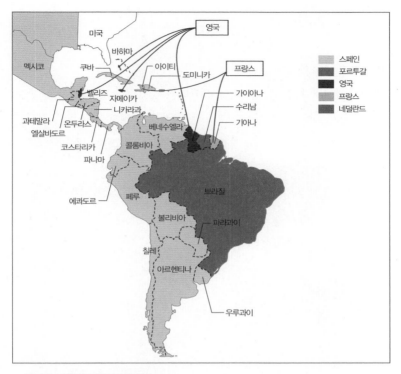

▶ 중남미 각국의 독립 전 종주국

혼란을 겪는 '국민국가'

라틴아메리카의 신흥 독립국에는 합중국 헌법을 본뜬 훌륭한 헌법이 있었으나, 부유한 지주 계층이 사병(私兵)을 키워 국가 시스템을 사유화하고(군사적 실력자를 '카우디요'라 한다) 가난한 민중은 카우디요가 자신들의 구세주라는 환상을 품는 일이 많았다. 이 때문에 라틴아메리카의 정세는 불안했고 쿠데타가 반복되었으며 또 토지 편재와 빈부 격차 또한 극심했다. 예를 들어 칠레에서는 570가구가 전체 사유지의 64퍼센트를 소유했을 정도였다.

영국과 미국의 대응

라틴아메리카에서 독립 움직임이 확대되자, 종주국 스페인의 탄압 또한 거세졌다. 이에 맞서 영국의 외무장관 캐닝은 경제 진출을 목적으로 라틴아메리카의 독립을 적극적으로 승인했다. 독립 이후 라틴아메리카 시장은 온통 영국 상품 차지가 되었다.

미국의 5대 대통령 먼로는 1823년 '먼로주의'를 선포하고 유럽과 아메리카 대륙 간 상호 불간섭을 주창하며, 유럽 각국이 아메리카로 군대를 파병하는 것을 강력하게 거부했다.

아메리카합중국을 만든 남자, 제퍼슨

미국 3대 대통령인 토머스 제퍼슨은 독립 전쟁이 일어났을 때 대륙회의에서 버지니아 대표로 활약한 인물이다.

제퍼슨은 1776년, 영국에서 의회의 민주화를 요구하는 이들의 정신적 지주였던 존 로크의 정치사상을 토대로 역사적인 문서, 〈독립선언〉을 기초했다.

선언문은 세 부분으로 이루어져 있는데, 첫머리에 기본적 인권과 압정에 대한 '저항권'을 기술한 후 영국 조지 3세의 폭정을 열거했고, 마지막으로 13개 식민지의 독립을 선언하는 형식이다. 조지 3세의 정치적 결단력은 매우 강인했으나 〈독립선언〉은 기본적 인권과 저항권을 기초로 새로운 국가의 형성을 주장한 것이다. 〈독립선언〉은 훗날 프랑스 〈인권선언〉에 큰 영향을 끼쳤다.

독립 전쟁 이후 제퍼슨은 대륙회의의 버지니아 대표가 되었다. 그는 달러 단위의 통화제도와 서부의 광대한 지역을 합중국에 편입하는 방법을 제안했다. 그의 주장을 바탕으로 1787년에는 북서부 토지조례가 제정되었고, 서부는 6,000명의 성인 남자가 거주하면 준주(准州), 2만 명 이상이 되면 주(州)로 자립할 수 있게 되었다. 그러나 그의 노예제 폐지 제안은 부결되었다.

제퍼슨은 1800년 선거에서 3대 대통령에 당선되자 수도를 워싱턴으로 옮겼고, 1803년에는 나폴레옹에게 미시시피강 서쪽에 있는 루이지애나를 1,500만 달러에 사들여 합중국의 영토를 배로 늘렸다. 제퍼슨은 합중국의 그랜드 플랜 수립에 심혈을 기울이며 영광의 일생을 보낸 것이다.

13장   확대되는 유럽

오스만제국의 쇠퇴를 틈타
우위를 차지하려는 열강

흑해 주변에서 다투는 열강

세계적으로 자유주의와 국가주의 사상이 널리 펴져나가자, 오스만제국의 지배를 받던 여러 민족들도 거센 민족운동을 전개했다. 유럽 열강들은 기다렸다는 듯 오스만제국의 분쟁에 끼어들어 서로 싸웠다. 동지중해와 흑해 주변에서 벌어진 열강들의 싸움은 유럽 최대의 국제 문제였다. 이를 유럽 쪽에서 지칭한 말이 '동방문제'이다.

동방문제의 기점은 그리스독립전쟁(1821~1829)이다. 그리스는 러시아, 영국, 프랑스의 지원을 받아 오스만제국에게서 독립했는데, 이때 러시아는 흑해와 에게해를 묶는 해협(보스포루스해협과 다르다넬스해협)의 항해권을 얻었다.

그 후 프랑스의 지원에 힘입어 위에서부터 서구화를 추진하고 강력한 군사력을 갖춘 이집트가 두 번에 걸쳐 자립과 영토 확대를 위한 전쟁을 벌이자 열강의 이해가 맞섰다. 결국 이는 영국의 주도로 해결되었는데, 러시아의 지중해 진출과 프랑스의 영향력 아래 있던 이집트의 독립은 저지되었다.

분쟁의 중심이 된 발칸반도

러시아는 크림전쟁을 일으켜 오스만제국을 굴복시키고 남하 정책을 실현하고자 했다. 그러나 영국과 프랑스 등이 오스만제국을 지원해 러시아는 패배하고 남하 정책도 꺾이고 말았다.

이후 발칸반도에서는 러시아의 지원을 얻어 슬라브족의 독립을 꿈꾸는 범슬라브주의 움직임이 강해졌다. 오스만제국이 이러한 움직임을 탄압할 기미를 보이자 러시아는 러시아·튀르크 전쟁(1877~1878)을 일으켰고, 에게해에 면한 영토를 지닌 불가리아를 지배하면서 일시적으로 남하 정책을 실현했다.

그러나 발칸반도에서 러시아의 우위 확립과 지중해 진출은 영국과 오스트리아의 맹렬한 반대에 부딪친다. 이에 신흥국 독일의 중개로 1878년 베를린회의가 열렸다. 이때 맺어진 조약으로 발칸 3국(루마니아, 세르비아, 몬테네그로)의 독립이 승인되었고, 불가리아의 영토가 축소되었으며, 영국은 키프로스섬을 영유하고 오스트리아는 보스니아 헤르체고비나의 행정권을 획득하는 등 열강 세력이 균형 유지를 꾀했다. 이로

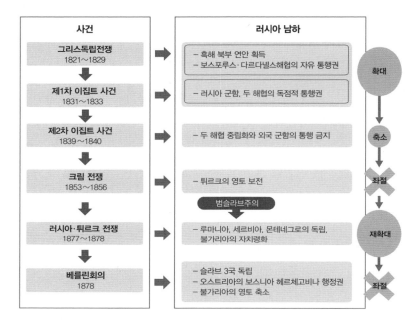

사건		러시아 남하	
그리스독립전쟁 1821~1829	⇨	– 흑해 북부 연안 획득 – 보스포루스·다르다넬스해협의 자유 통행권	**확대**
제1차 이집트 사건 1831~1833	⇨	– 러시아 군함, 두 해협의 독점적 통행권	
제2차 이집트 사건 1839~1840	⇨	– 두 해협 중립화와 외국 군함의 통행 금지	**축소**
크림 전쟁 1853~1856	⇨	– 튀르크의 영토 보전 **범슬라브주의**	**좌절**
러시아·튀르크 전쟁 1877~1878	⇨	– 루마니아, 세르비아, 몬테네그로의 독립, 불가리아의 자치령화	**재확대**
베를린회의 1878	⇨	– 슬라브 3국 독립 – 오스트리아의 보스니아 헤르체고비나 행정권 – 불가리아의 영토 축소	**좌절**

▶ 동방문제와 러시아의 남하 정책

써 러시아의 남하 정책은 다시 한 번 좌절을 맛본다.

그 이후에도 이 지역에서 열강의 대립은 계속되어 20세기 초 발칸 분쟁으로 이어진다.

인도를 토대로 번영한 영국

뒷거래에서 이긴 플라시 전투

18세기 인도를 지배하던 무굴제국이 쇠퇴하자 영국과 프랑스는 세포이(인도인 용병. 페르시아어로 병사를 나타내는 '시파히'가 변한 것으로, 이슬람교도나 상위 카스트의 힌두교도 출신 용병이다)를 교묘하게 이용하며 동인도회사의 세력을 넓혀갔다.

무굴제국의 쇠퇴 이후 벵골 지방에서 자립한 토후(나와브)들은 이 지방으로 진출하려는 영국 동인도회사와 심한 마찰을 일으켰다. 토후군과 프랑스 동인도회사군이 제휴해 콜카타를 함락하자 영국은 해군 부대를 이끌고 콜카타를 되찾는다. 이후 1757년 영국 동인도회사 서기 클라이브는 플라시 평원에서 토후군과 프랑스 동인도회사군의 대부대와 전투를 치르게 된다(플라시 전투).

이 전투에서 영국 동인도회사군은 약 3,000명인 데 비해 토후군은 기병이 1만 8,000명, 보병이 5만 명으로 압도적으로 유리했다. 하지만 서기 클라이브가 토후군 총참모장과 영국 측에 협조하면 왕위를 용인하겠다는 밀약을 체결함으로써, 전쟁이 시작되었으나 토후군 주력부대는 움직이지 않았다. 결국 영국 동인도회사가 승리를 거두었고, 프랑스는 이 패배로 인도에서의 거점을 잃었다.

착취당하는 인도의 부

영국 동인도회사는 1765년까지 벵골의 국고에서 526만 파운드의 재

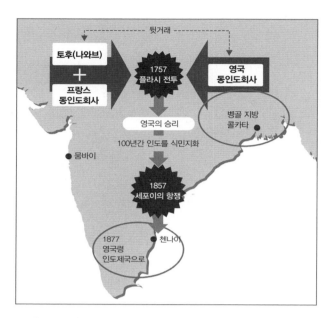

▶ 인도의 식민지화

산을 탈취했으며, 1765년에는 벵골 지방의 징세권을 얻었다. 이러한 대대적인 수탈은 기근을 낳았고, 1769년부터 70년에 걸쳐 벵골 주민의 무려 3분의 1이 사망하기에 이르렀다.

　동인도회사는 분쟁을 이용해 인도의 번왕(藩王)을 연달아 퇴출시키고 19세기 전반까지 인도의 주요 지역을 식민지화했다. 빅토리아 여왕의 왕관에 박힌 다이아몬드 가운데 가장 찬란한 빛을 발하는 것이 바로 인도에서 채굴한 세계 최대의 다이아몬드였다.

소문에서 시작된 세포이의 항쟁

　19세기 중엽 동인도회사는 식민지 인도를 지배하기 위해 23만

8,000명의 군을 보유하고 있었는데, 그중 20만 명이 세포이였다.

무거운 과세와 상품작물 재배 강요, 면공업 압박 등으로 사회불안이 점점 커지는 가운데 세포이들이 사용하는 신식총 탄약에 힌두교도가 신성시하는 소와 이슬람교도가 싫어하는 돼지기름이 발라져 있다는 소문이 퍼졌다. 이 때문에 1857년 세포이로 이루어진 제3기병 연대 90명 가운데 85명이 약포의 수령을 거부하고 10일간 중노동형을 받자, 그다음 날 일제히 봉기가 일어났다.

봉기군은 한때 영국 세력을 인도에서 철수시켰다. 그러나 동인도회사는 본국 지원군과 네팔 구르카병의 도움을 받는 한편, 인도의 구지배층이 분열하면서 1859년 승리를 거두었다.

영국은 무굴 황제를 폐위하고 동인도회사를 해방했으며, 1877년에는 빅토리아 여왕을 황제로 하는 영국령 인도제국을 수립했다. 인도를 완전히 영국의 식민지로 만들어버린 것이다.

1840~1842년: 아편전쟁
홍차가 일으킨 전쟁과 난징조약

아편 덕을 본 영국 경제

18세기 후반 중국과의 무역은 영국의 동인도회사가 거의 독점하다시피 했다. 산업혁명 이후 영국에는 값싼 홍차를 마시는 습관이 정착되어, 당시 유일한 차 수출국이었던 청나라에서 매년 막대한 양의 홍차를 수입해야만 했다.

당시 청나라는 대외 무역항을 광저우 한 곳으로 한정하고 13공행(公行, 해외무역 관허 상인 조합)이 대외무역을 독점하고 있어서, 영국 입장에서는 수출이 쉽지 않은 데다 홍차를 사려면 많은 은이 필요했다. 영국은 자유무역을 내세우며 자국에서 생산한 공업 제품을 수출하고자 했으나 청은 이를 허락하지 않았다.

18세기 말 이후부터 영국 동인도회사는 본국에서 생산한 면직물을 인도에 수출하고 인도의 벵골 지방에서 만든 마약, 아편을 독점으로 매입했다. 그리고 이를 지방 상인을 통해 중국에 밀수출하고 홍차를 사들여 본국으로 운반하는 삼각무역을 개시했다.

청나라 정부는 아편 밀수를 금지했으나 지방 관리들이 뇌물을 받고 이를 묵인하는 바람에 아편은 빠르게 번져나갔다(아편 흡입 인구는 1830년대 중반 200만 명을 넘어섰다).

그 결과 해마다 많은 은이 흘러 나가 은 가격이 2배로 상승했고, 은으로 세금을 내던 농민들의 생활이 궁핍해졌다.

아편전쟁과 난징조약

아편을 뿌리 뽑아야 한다고 생각한 도광제는 아편의 엄금을 주장하는 임칙서(林則徐)를 광저우에 사신으로 보냈다. 임칙서는 병사 1,000명으로 외국 상인의 상관을 포위해 물과 식료를 단절했다. 또 영국의 무역 감독관이 비밀리에 쌓아두었던 1,425톤에 이르는 아편을 몰수했다. 외국 상인들에게는 아편 무역을 하지 않겠다는 서약을 하지 않는 한 무역을 허가하지 않겠다고 통고했다.

이에 영국 내부에서는 청나라와의 전쟁을 두고 찬반양론이 팽팽하게

대립한다. 결국 중국이라는 거대 시
장을 포기할 수 없었던 영국은 전쟁
에 나선다.

당시 청나라의 군사 장비는 240년
전 주조된 대포가 사용될 정도로 시
대에 뒤떨어져서 영국 해군의 공격
을 막아낼 수 없었다. 수도와 가까운
톈진이 공격당하자 당황한 청나라는
철저한 항전을 주장하는 임칙서를
좌천하고, 결국 영국의 의도대로
1842년 난징에 정박한 콘월리스호의
선상에서 난징조약을 맺었다.

청조는 홍콩섬 할양, 상하이 등
5개 항 개항, 공행 폐지, 몰수한 아편

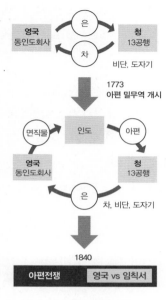

▶ 일방 무역에서 삼각무역으로

대금 600만 달러 보상, 영국이 요구한 전쟁 비용 지불 등을 우선 인정했
다. 다음 해 추가조약에서는 차를 제외한 물품에 일률적인 5퍼센트 관세
(관세자주권 상실), 영사재판권, 최고 수혜국 대우 등을 인정했다. 이렇게
청나라도 유럽을 중심으로 한 자유무역권에 편입되었다.

1851~1864년: **태평천국과 애로호사건**

청의 약점을 쥔 영국과 프랑스

기독교 포교가 세운 태평천국

아편전쟁 후에도 아편 유입은 늘어나기만 했고 은의 가격은 계속 올라갔다. 게다가 전쟁 비용과 배상금 지불을 위한 추가세가 더해지면서 민중의 생활은 더욱 궁핍해졌다. 이러한 상황에서 농민 대반란이 일어났다.

3년에 한 번씩 치러지는 성 단위 과거에 세 번 실패한 광둥의 농민 홍수전(洪秀全)은 광저우에서 기독교 입문 팸플릿인 〈관세양언(觀世良言)〉을 우연히 손에 넣어 읽고는 자신이 여호와의 아들이자 예수의 동생이며, 공자 등의 요마를 퇴치하라는 천명을 받았다고 믿게 되었다. 그래서 기독교적 비밀결사인 상제회(上帝會)를 조직한다.

1851년 홍수전은 약 1만 5,000여 명의 농민을 모아 광시성 진톈에서 군사를 일으켰다. 그들은 '멸만흥한(만주족의 청나라를 타도하고 한족의 왕조를 수립한다)'의 기치를 내걸고 각지에서 전투를 벌였으며, 1853년에는 50만 대군을 이루어 난징(톈징으로 개칭)을 점령하고 태평천국을 세웠다. 이들은 토지의 균등 분배와 같은 경제적 균등, 남녀 평등, 변발 금지 등을 주장했다.

약화된 청나라의 정규군 팔기(八旗)는 농민군을 진압할 힘이 없었기 때문에, 증국번(曾國藩)과 이홍장(李鴻章) 등의 한인 관료가 조직한 의용군 향남(鄕男)이 진압 주도 세력이 되었다. 또 유럽식으로 훈련받은 상승군(常勝軍, 서양인이 지휘한 중국인 의용군)의 압도적인 우위도 눈에 띄었

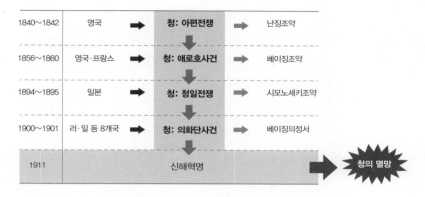

1840~1842	영국	➡	**청: 아편전쟁**	➡	난징조약
1856~1860	영국·프랑스	➡	**청: 애로호사건**	➡	베이징조약
1894~1895	일본	➡	**청: 청일전쟁**	➡	시모노세키조약
1900~1901	러·일 등 8개국	➡	**청: 의화단사건**	➡	베이징의정서
1911			신해혁명	➡	**청의 멸망**

▶ 여러 나라에 시달리는 청나라

다. 마침내 1864년 텐징이 함락되고 태평천국은 멸망했다. 이후 청나라
의 실권은 난 진압에 공적을 세운 한인 관료가 장악했다.

혼란을 틈타 득을 본 영·프·러

영국은 아편전쟁을 벌여 청을 자유무역권에 진입시켰으나 청이 내륙
국가인 탓에 시장 접근이 생각만큼 쉽지는 않았다. 그런데 태평천국이
세워지자 영국은 이를 절호의 기회로 여기고 다시금 진출을 시도했다.

1856년, 광저우에서 영국 선적의 밀수선 애로호(선장은 영국인, 선원은
중국인 14명)가 나포되었을 때 영국 국기가 모욕당하는 사건(애로호사건)
이 일어난다. 그러자 영국은 앞서 광시성에서 프랑스인 선교사가 지방
관헌에게 살해당한 일을 빌미로 프랑스를 부추겨 전쟁을 일으킨다.

연합군에게 베이징을 점령당한 청은 1860년 텐진 등 11개 항 개항,
노동력(노동자)의 해외 도항 공인, 외국 공사의 베이징 주재 인정 등을
내용으로 하는 베이징조약을 맺었다. 1861년에는 외무부에 해당하는

총리아문을 세워 유럽 중심의 국제 질서 편입을 인정했다.

애로호사건으로 청나라는 영국에 홍콩섬과 마주한 주룽반도 남부를 할양했고, 러시아에는 중재 대가로 광대한 연해주를 할양했다.

19세기 후반: **양무운동과 메이지유신**

중국의 중체서용 대 일본의 문명개화

중체서용으로 인한 표면적 개혁

태평천국을 진압한 후 청나라는 유럽의 군사기술, 군사 편성, 생산 시스템 등을 적극적으로 들여와 지배 체제의 재건을 꾀했다. 이렇게 증국번, 이홍장 등의 한인 관료가 주도해 이루어진, 위에서 시작된 서구 문명 도입 운동을 '양무운동'이라 한다.

그러나 이는 '중체서용(中體西用, 중국의 유학을 근본으로 하되 서양의 과학과 기술을 도입해 부국강병을 이루자는 것)'이라는 말에 나타는 것처럼 유교 관료의 통치, 왕조 체제, 전통적 사회를 온존하고(중체) 서양 문명을 도입하는 것(서용)이어서 정치·사회 개혁 등은 이루어지지 않는 표면적 개혁에 그쳤다. 게다가 양무 관료가 군대나 공장을 사유화함으로써 새로운 폐단이 생겼다.

메이지 정부의 수립

1854년 미일 화친조약을 맺으며 개국한 일본은 1858년 일방적인 최혜국 대우, 영사재판권(치외법권), 관세자주권 포기 등을 내용으로 미일 수호 통상조약을 체결했다. 그러자 이 같은 불평등 외교를 한 막부에 거센 비판이 일면서 체제가 크게 흔들렸다. 결국 1868년 막부는 무너지고 신정부가 성립되었다(메이지유신).

메이지 정부는 유럽의 주권국가를 표본으로, 집권적 관료제 확립, 법체계 정비, 민중 지배 체제 재편, 영토 확정, 부국강병에 착수했다. 독립국의 위치를 잃을지도 모른다는 강한 위기의식을 가졌던 일본 정부는 국내 체제를 강화하는 한편 주변 정세에도 큰 관심을 기울였다.

당시 일본은 남북의 국경이 애매해 러시아의 위협에 대처해야 했다. 1855년 러일 화친조약에서는 쿠릴열도에서의 러·일 국경을 규정했으나, 사할린 지역은 양국이 혼재하는 상태로 남아 있었다. 일본은 1875년 러시아와 상트페테르부르크 조약(사할린-쿠릴열도 교환 조약)을 맺어 북쪽 국경을 확정하고, 이어 1879년에는 청과 귀속 문제가 불거지던 류큐(琉球)에 오키나와현을 두어 주권국가로서의 일본 영토를 명확히 했다.

아시아의 급격한 판도 변화에 흔들리는 조선

한반도는 대륙의 여러 문화와 문명을 일본으로 전달하는 창구였을 뿐만 아니라 일본이 독립적 역사를 전개하기 위해 중요한 지역이었다. 러시아의 남하를 우려한 일본은 1876년 쇄국을 고집하는 조선에 수호조약을 맺도록 강력히 요구해, 강화도조약(한일수호조약)이라는 불평등 조약을 체결하고 자국의 영향력을 키우려 했다.

한편 조선에서도 주권국가 건설을 꾀하는 세력과 왕조제를 유지하고자 하는 세력 사이에 다툼이 일어났다. 또 청일 간 대립도 심화되었다.

1894~1895년: **청일전쟁**

청일전쟁을 계기로 청에 모여든 열강

청일전쟁으로 커다란 수확을 올린 일본

조선에서 동학의 지도 아래 궁핍한 농민들이 유럽과 일본 배제 등을 슬로건으로 대규모 봉기를 일으키자 이를 진압할 힘이 없었던 조선 정부는 청에 원조를 요청한다.

청은 종속국을 보호하기 위해 출병했는데, 일본은 청이 자국에 통보하지 않고 출병한 것은 청일 간 체결한 조약에 위배된다며 출병했다. 청일전쟁(1894~1895)이 시작된 것이다.

국민을 전쟁에 결집시킨 일본이 이홍장의 북양군을 중심으로 한 청군에게 이겨 시모노세키조약이 체결된다. 시모노세키조약에서 일본은 조선에 대한 청의 불간섭과 랴오둥반도, 펑후제도, 대만을 할양받았으며, 일본 돈으로 3억 6,525만 엔이라는 거액(메이지 26년 당시 국가 세출이 약 1억 5,000만 엔이었다)의 배상금을 거머쥐었다.

이 금액은 청조 세입의 3배에 이르는 것으로, 청조는 6년 후 의화단사건에서도 세입의 6배에 이르는 배상금을 지불하게 되어 외국에서 차관을 들여오지 않으면 재정을 지탱할 수 없는 비참한 상황에 놓인다.

청일전쟁으로 일본은 동아시아의 중화 질서를 완전히 무너뜨리고 독자적 세력권을 형성했으며, 동시에 본격적인 산업혁명을 추진하기 위한 자금을 얻게 되었다.

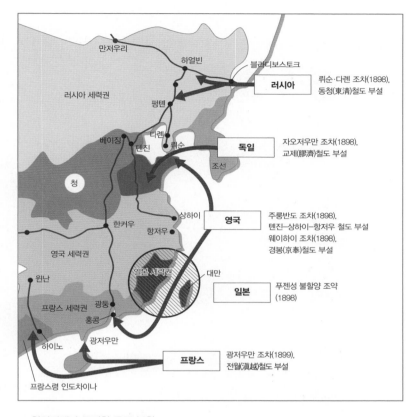

▶ 청일전쟁과 급격한 중국 분할

삼국간섭과 청의 분할

청이 광대한 영토를 일본에 넘겨주자 한반도와 청나라로 진출을 꿈꾸던 러시아는 독일과 프랑스를 부추겨 삼국간섭(1895)에 나섰다. 일본 정부에 청이 지불할 4,500만 엔의 보상금을 받는 조건으로 일본에 할양된 랴오둥반도를 반환하라고 권고한 것이다. 그 후 러시아는 랴오둥반도 남부의 뤼순과 다롄을 25년간, 독일은 산둥반도의 자오저우만을 99년간, 영국은 산둥반도 북동의 웨이하이를 25년간 조차했다.

'잠자는 사자'로 불렸던 청의 허상이 백일하에 드러나자 유럽 열강은 중국을 이권 쟁탈의 대상으로 삼았다. 열강은 먼저 조차지를 획득해 세력 범위를 정하고, 철도 건설, 광산 개발, 공장 설립 등 갖가지 이권을 챙겼다. 중국 진출이 한발 늦었던 미국도 1899년 국무장관 존 헤이가 통상의 기회균등을 요구하는 문호 개방 선언을 하고 분할에 합류했다.

대불황과 제국주의, 그리고 대외 팽창정책

제국주의란 무엇인가

제국주의(imperialism)는 자국의 정치적·경제적 지배권을 다른 민족이나 국가의 영토로 확대하려는 침략주의적 국가 활동으로, 고대 로마의 '임페리움(imperium)'에서 유래했다. 이러한 경향은 세계사에서 다양한 형태로 반복되어 왔는데, 특히 1870년대부터 제1차세계대전에 이르는 시기에 열강은 마치 광기를 부리듯 식민지 획득에 나서 '세계의 분할'을 완성했다. 세계사에서는 이 시기를 제국주의 시대라 한다.

국내 불안이 팽창정책의 원인

1870년대 이후부터 20세기 초까지는 유럽의 빛과 그림자가 두드러

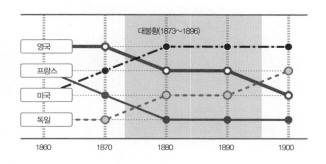

공업 생산 순위

대불황(1873~1896)

영국
프랑스
미국
독일

1860　　1870　　1880　　1890　　1900

자본수출액

(억달러)
200

영국
독일
미국
프랑스

100

0

1870　　1880　　1890　　1900　　1913

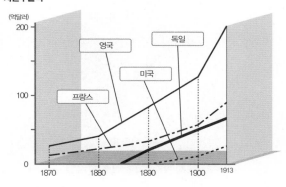

▶ 열강의 공업 생산력과 자본력

지는 시기였다. 1913년까지 유럽에서 세계 각지로 이주한 인구는 3,000만 명에 이르렀으며 무역량은 4배나 늘어났다. 그러나 다른 한편으로는 1870년대 이후 과잉생산으로 대불황이라 불리는 심각한 불경기가 20년 동안이나 계속되었다.

철강, 전기, 화학 등의 분야에서 신기술이 도입되었고(제2차산업혁명),

새로운 산업 분야가 개척되었다. 새 산업에는 방대한 설비투자가 필요했기 때문에 은행이나 증권회사 등을 통해 거액의 자금이 모아졌고, 개인 자본을 대신해 주식회사 형태로 경영이 이루어졌다.

어려운 경제 상황에서 막대한 자본을 필요로 하는 산업 분야는 거대 자본 카르텔(기업연합)이나 트러스트(기업합동) 등으로 시장을 과점함으로써 이익 확보를 꾀했으나 이는 소비자와 마찰을 일으켰다.

한편, 1870년대 대불황으로 민중의 생활이 위기에 처하자 불안을 바깥으로 돌려 국내 긴장을 완화하려는 하는 움직임이 일어났다. 열강은 국가주의나 배외주의를 강화하고 적극적인 대외 팽창정책을 추구했다.

이익을 얻기 위한 수단의 하나로, 식민지에는 공장·철도·광산·농장 경영 등 다양한 형태의 방대한 투자가 이루어졌다. 1910년에는 영국·미국·독일·프랑스 4개국이 세계 유가증권 총액의 약 80퍼센트를 소유했다.

특히 '세계의 공장' 자리에서 밀려난 영국은 축적 자본을 이용해 금융 대국으로 변신을 꾀하는 한편, 이전보다 더 가혹하게 식민지를 약탈했다. 또한 러시아, 프랑스와 함께 독일 등 신흥국가들의 진출을 막는 데 혈안이 되었다.

콩고에서 시작된 아프리카 분할 전략

벨기에의 콩고 영유 선언

1870년대 유럽 각국이 지배하던 아프리카 땅은 10퍼센트 정도에 불과했고, 아프리카는 '암흑대륙'이라 불렸다. 그러나 1880년대에 들어와 급격한 분할이 진행되면서, 1900년경까지 에티오피아와 라이베리아를 제외한 모든 아프리카가 분할되기에 이르렀다.

이러한 분할은 아프리카 대륙 중앙부의 콩고(자이르)강 유역을 둘러싼 분쟁에서 시작되었다. 1878년 미국 신문기자 스탠리가 콩고강 유역을 탐험한 후 그 경제적 중요성을 지적하자, 식민지가 없었던 벨기에 왕 레오폴드 2세는 스탠리를 고용해 국제콩고협회를 조직하고 학술적 탐험으로 위장해 점차 영유 준비를 진행했다. 그리고 1883년, 벨기에는 돌연 콩고 영유를 선언했다.

일방적인 선언에 영국과 포르투갈이 강하게 반발하자 아프리카에서 식민지를 획득하겠다는 의욕을 보이던 독일의 비스마르크가 중재에 나섰다. 그리하여 14개국이 참가한 가운데 1884년 말부터 100일이 넘는 기간 동안 베를린회의가 열렸다.

회의에서는 아프리카 분할 원칙이 정해져, 먼저 지역을 점령해 실효성 있는 지배권을 확립한 나라의 지배를 인정하는 선점 원칙이 확인되었다. 또 1885년에는 콩고강 유역에서 자유로운 교역을 인정하는 등의 조건하에 레오폴드 2세의 선점을 인정했으며, 사령(私領)으로서 콩고 자유국을 승인했다. 이로써 아프리카 분할은 태풍과 같이 진행된다.

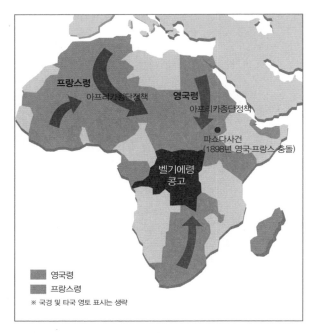

영국령
프랑스령
※ 국경 및 타국 영토 표시는 생략

프랑스령
아프리카횡단정책

영국령
아프리카종단정책

파쇼다사건
(1898년 영국·프랑스 충돌)

벨기에령
콩고

▶ 영국과 프랑스의 아프리카 분할 전략(20세기 초)

벨기에는 천연고무와 상아 등을 세금으로 거둬들이고, 의무를 이행하지 않을 경우 사형에 처하는 가혹한 지배를 했다. 그 결과 레오폴드 2세는 세계 제일의 재산가가 되었다. 레오폴드 2세가 지배한 15년 동안 콩고의 인구는 2,000만 명에서 900만 명으로 크게 줄었다고 한다.

횡단하는 프랑스와 종단하는 영국

아프리카 분할에는 유럽의 많은 나라들이 참가했다. 1875년에 이집트에게 수에즈운하 관리권을 획득해 이집트와 케이프 식민지를 잇는 종단정책을 전개한 영국과 알제리에서 사하라사막을 가로질러 아프리카

동해 연안에 이르는 횡단정책을 전개한 프랑스가 대표적이었다.

1898년 양국은 수단의 파쇼다에서 충돌했으나(파쇼다사건), 다음 해 프랑스의 양보로 영국이 수단을 확보했다. 영국은 남아프리카전쟁(보어 전쟁, 1899~1902)에서 금과 다이아몬드를 풍족하게 생산하는 보어인(네 덜란드계 이민)의 두 나라를 병합해 종단정책을 완성했다.

1898~1914년: 미국의 태평양 진출

멋진 소전쟁으로 태평양 진출의 발판을 마련한 미국

미국에겐 '멋진 전쟁'

미국과 남아메리카 사이에 있는 동부와 서부 해운의 중계 해역 카리 브해 지배는 미국의 중요한 정치 과제였다. 미국은 몽둥이 정책이라는 폭력적인 간섭 정책으로 카리브해의 내해화(內海化)를 꾀했다.

팽창주의자로 유명한 25대 대통령 매킨리는 스페인의 식민지이지만 실질적으로는 미국 자본의 지배를 받던 쿠바에서 반스페인 반란이 일어 나자, 아바나항에 최신예함 메인호를 파견했다. 그런데 1898년 2월 메 인호가 원인 모를 폭발로 침몰하자 미국은 이를 스페인의 음모로 몰아 선전포고를 했다(미국·스페인 전쟁).

스페인은 쿠바의 독립을 인정했으며, 푸에르토리코와 괌을 할양하고 필리핀을 2,000만 달러에 매각했다. 미국은 필리핀의 민족운동을 진압

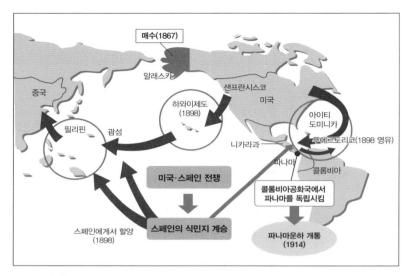

매수(1867)
알래스카
중국
샌프란시스코
미국
하와이제도
(1898)
아이티
도미니카
필리핀
괌섬
푸에르토리코(1898 영유)
니카라과
파나마
콜롬비아
미국·스페인 전쟁
콜롬비아공화국에서
파나마를 독립시킴
스페인에게서 할양
(1898)
스페인의 식민지 계승
파나마운하 개통
(1914)

▶ 미국의 태평양 진출

하고 동아시아 진출의 거점으로 확보했다.

한편 하와이에서는 대거 이주해 있던 미국 이민자들이 미국 해병대의
지원을 받아 1893년 카메하메하 왕조를 무너뜨리고 공화국을 건설해
미국에 병합을 요구하는 운동을 전개하고 있었다. 스페인과 전쟁 중인
1898년 매킨리 대통령은 하와이를 미국에 병합했다. 이로써 미국은 태
평양 해역에서 중요한 기지를 확보했으며, 미국의 동아시아 진출 또한
본격화되었다.

운하 건설을 위해 독립시킨 파나마

미국·스페인 전쟁 후 미국은 쿠바를 사실상 보호국으로 만들었으며
쿠바에 거대한 해군기지를 두고 카리브해를 통제했다. 그러나 당시 미

국 공업의 중심은 동부의 대서양 연안에 있었으므로 서부나 동아시아에서 대량의 물자를 수송할 경로를 해상에 구축해야 했다. 이러한 이유로 카리브해와 태평양을 연결하는 파나마해협에 운하를 건설하는 계획이 현실화되었다.

파나마운하는 수에즈운하를 개통한 프랑스인 레셉스가 1881년에 착공했으나 난공사였던 탓에 파산하면서 실패로 끝났다. 미국은 그 공사권을 사들여 콜롬비아에게 건설지 양도를 요구했다(일시금 1,000만 달러, 연금 25만 달러). 하지만 콜롬비아 의회가 이를 인정하지 않자 미국은 파나마주의 대지주가 약 1,000명의 사병을 이끌고 일으킨 반란을 지원해 1903년 콜롬비아에서 파나마공화국을 독립시켰다.

미국은 파나마공화국에게 운하 공사권과 운하 지대 조차권(폭 16킬로미터, 면적 890제곱킬로미터)을 얻어내고, 1904년 운하 건설에 착공했다. 10년 후인 1914년, 제1차세계대전이 일어난 지 2주 후, 총길이 80킬로미터의 갑문식 파나마운하가 완성된다.

파나마운하가 완성되면서 미국의 동부와 서부는 해운의 굵은 파이프로 연결되었고, 태평양과 아시아로의 진출도 활발해졌다.

일본의 무모한 도전과
어려운 승리

의화단사건과 러시아의 남하

청일전쟁 후 유럽 열강의 간섭에 위기감이 높아진 청나라는 일본의
메이지유신을 표본으로 입헌군주제 수립을 겨냥한 변법자강 운동을 벌
여 개혁을 꾀했다. 그러나 개혁은 서태후를 중심으로 한 수구파의 쿠데
타(무술정변)로 불과 3개월 만에 실패로 끝났다.

한편 유럽 세력의 진출은 보수적인 중국 민중을 불안 속으로 몰아넣
었다. 이에 산둥 지방에서 세력을 확대한 의화단은 기독교 배척과 부청
멸양(청조를 돕고 유럽인을 격퇴한다)을 내세우며 북상했다. 1900년 의화
단이 베이징에 입성하자 청나라도 열강에 선전포고를 했다. 열강은 약
4만 7,000명으로 이루어진 8개국 연합군(이 중 일본군이 2만 2,000명)을
보내 베이징을 점령했다. 그리고 1901년 조약을 맺어 베이징 주병권과
어마어마한 액수의 배상금을 얻어냈다.

러시아는 의화단 활동이 둥베이지방(만주)에까지 파급되었다면서 군
대를 남하시키고는 사건이 끝난 뒤에도 철수하지 않고 둥베이지방을 지
배하며 조선에까지 세력을 뻗쳤다.

두 나라 모두 곤궁에 처한 러일전쟁

러시아가 조선 해역으로 진출하자 일본은 영일동맹을 등에 업고 러시
아와의 전쟁을 준비했다. 대국 러시아와 싸우는 것은 아무리 보아도 무

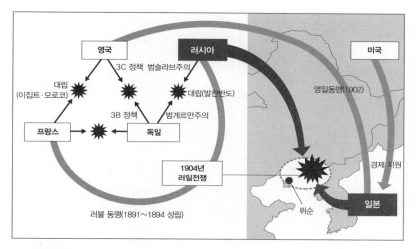

▶ 러일전쟁 구도

모했으나 일본은 자국의 안전을 보장하기 위해 전쟁이 부득이하다고 생각했다.

　일본은 러시아가 시베리아철도(우랄산맥 동남쪽 첼랴빈스크에서 블라디보스토크까지 장장 7,416킬로미터에 이르는 장대한 철도)를 완성하면 전쟁에서의 승리는 불가능하다고 판단하고, 1904년 병참선을 확보하기 위해 뤼순항을 기습해 전쟁을 개시했다. 전쟁은 막대한 비용이 드는 총력전으로 전개되었는데, 경제 기반이 약한 두 나라는 곧 곤궁에 처했다. 일본은 전비의 60퍼센트에 이르는 12억 엔을 영국과 미국에게 빌려 어렵게 전쟁을 계속했다.

　한편 러시아도 식량 사정이 악화되면서 1905년 1월 수도 페테르부르크에서 일어난 '피의 일요일(시위를 하던 14만 명의 노동자에게 황제의 군대가 발포해 2,000명 이상의 희생자가 발생한 사건)'을 계기로 파업과 농민운동이 전국 규모로 확대되었다.

　이러한 내부 사정으로 전쟁을 계속하기가 어려웠던 러시아는 같은 해 5월 발트해에서 아프리카, 인도양을 돌아 온 발트함대가 해전에서 패하자 강화조약 체결로 방향을 바꾸었다.

소국 일본에 패한 대국 러시아

　러일전쟁을 중재해 세력균형을 꾀하는 것이 자국에게 이익이 된다고 판단한 미국의 시어도어 루스벨트 대통령이 포츠머스회담을 알선하면서 1905년 포츠머스조약이 체결된다. 일본은 조선에서의 우월권, 랴오둥반도 남부의 조차권, 사할린 남부, 동만주 철도 남만주 지선 등을 획득하는 데 성공했다. 그 뒤 일본은 1910년 한일합병조약을 맺고 대한제국(1897년 조선은 대한제국으로 국호를 변경)을 합병했다.

1911~1912년: **청나라의 멸망**

청의 멸망과
완성하지 못한 혁명

쑨원의 중국혁명동맹회와 청의 정치 개혁

　러일전쟁으로 동아시아 정세는 점차 긴장 국면으로 치달았다. 이 가운데 1905년 일본 도쿄에서 흥중회(쑨원) 등 3개 단체가 대동단결한 혁명단체, 중국혁명동맹회가 결성된다.

총재로 선출된 쑨원은 민족 독립, 민권 신장, 민생 안정이라는 삼민주의를 내세워 청조를 무너뜨리고 공화제 국가를 건설하겠다는 목표로 세웠다. 중국혁명동맹회는 화교의 기부로 자금을 조달하고 무장봉기를 거듭했으나 모두 실패로 끝났다.

한편 청 정부는 신정이라 불리는 정치 개혁에 착수하고, 1905년에는 근대화에 걸림돌이 되는 과거를 폐지하면서 체제 혁신을 꾀했다. 1908년에는 일본의 메이지 헌법을 표본으로 한 헌법 대강을 공포하고 국회 개설을 공약했다. 그러나 청의 재정은 매우 곤궁해 체제 개혁조차 곤란한 지경이었다.

1894	쑨원, 하와이에서 '흥중회' 조직
1905	쑨원, 도쿄에서 중국혁명동맹회 결성(삼민주의)
1906	청, 신군 설치
1908	청, 헌법 대강 발표, 국회 개설 약속
1910	영·미·프·독 4개국 차관단의 철도 부설 참여
1911	쓰촨 폭동 우창에서 신군 봉기
	⬇
	신해혁명
1912. 1	중화민국 수립. 쑨원, 임시 대총통
1912. 2	선통제(부의) 퇴위
	⬇
	청조 멸망
1912. 3	위안스카이, 임시 대총통
1913. 7	제2혁명, 쑨원 일본 망명
1915	천두슈, 《청년잡지》《신청년》 창간
	⬇
	문학혁명
1916	위안스카이, 제정(帝政) 취소

▶ 청나라 멸망의 길

14개 성이 독립한 신해혁명

1911년 재정난에 허덕이던 청조는 재정 개혁의 일환으로 민간 철도를 국유화하고 이를 담보로 외자(차관)를 들여오고자 했다. 그러자 쓰촨성에서의 폭동을 비롯해 대규모 반대 운동이 일어났다.

이러한 상황에서 같은 해 10월 10일 창장강 중류 지역의 군사 거점 도시인 우창에서 신군(청 말기에 창건된 서양식 군대로 3분의 1은 혁명파)이 일어나 혁명정권이 수립되었다(무장봉기). 2개월 사이에 전체 성의 80퍼센트에 달하는 14개 성(省)이 잇따라 독립했고, 청조는 붕괴 위기에 처했다. 이 사건을 이 해의 간지를 따 '신해혁명'이라 부른다.

중화민국 건국과 쑨원의 죽음

1912년 독립을 선언한 성의 대표들이 난징에 모여 쑨원을 임시 대총통으로 하는 중화민국을 건국했다.

청조는 북양군벌(신군에서 파생된 중국 최대의 정치 및 군사 세력)의 지도자인 위안스카이(袁世凱)에게 혁명정부와의 교섭을 맡겼으나 위안스카이는 자신이 임시 대총통에 취임하는 것을 조건으로 황제의 퇴위를 인정했다. 1912년 2월, 6세에 불과했던 마지막 황제 선통제(부의)가 퇴위하고 청조는 멸망했다.

혁명파는 임시 대총통이 된 위안스카이에 맞서기 위해 중국혁명동맹회를 의회 정당인 국민당으로 개편하고 다수파를 형성했다. 그러나 열강의 원조를 받은 위안스카이는 의회를 탄압하고 독재권을 확립했다. 1913년에 일어난 혁명파의 거병(제2혁명)도 실패로 돌아간다.

정식으로 대총통이 된 위안스카이는 1915년 황제의 자리에 오르고자 했으나 내외의 강한 반대에 부딪쳐 실패하고 1916년에 병사했다. 그 후 대총통은 군벌의 지도자가 차지했으나 출중한 지도자는 나타나지 않았다. 이후 중국은 열강의 원조를 받은 군벌들이 각지에 세력권을 형성해 분쟁하는 시대에 들어가게 된다.

중화민국은 형태일 뿐 실질적으로는 분열 상태인 중국을 보며 실의에 빠진 쑨원은 "혁명은 아직 이루지 못했다"는 말을 남기고 1925년 베이징에서 세상을 떠났다.

6부

두 번의 세계대전으로
몰락하는 서유럽

총력전으로 몰락하는 유럽

인류의 행보가 20세기에 도달했다. 그러나 20세기 전반은 불과 20년 간격으로 세계 규모의 전쟁이 두 번이나 일어난 광기의 시대였다.

제1차세계대전은 급속한 경제성장을 이루면서 세계 질서의 재편을 원했던 독일과 이미 방대한 이권을 가지고 독일의 진출을 저지하려 한 영국·프랑스의 전쟁이었다.

이 전쟁은 일반 시민까지 끌어들인 총력전으로 치러졌고, 유례없는 대규모 전투와 파괴로 유럽 각국은 그때까지 축적해 온 부를 단숨에 소모해 버렸다.

전쟁은 무기와 식량의 보급기지인 미국이 1917년 영국 편에 가담하면서 독일의 패배로 끝났다. 전쟁으로 지칠 대로 지친 러시아는 같은 해 두 번의 혁명으로 무너졌고, 인류사상 최초의 사회주의 정권이 탄생했다.

세계 질서 개편과 미국에서 시작된 세계공황

전쟁이 끝난 후 세계 질서는 재편되었다. 유럽에서는 영국과 프랑스가 전쟁에 대한 책임과 보상을 요구하며 도저히 감당할 수 없는 거액의 부담을 독일에 부과했다. 또 러시아에서 탄생한 사회주의 정권을 타도해 전쟁 전의 번영을 되찾으려 했다.

세계경제의 주도권을 쥐고 최강의 해군국이 된 미국은 독일에 막대한 투자를 해 유럽 경제를 지탱했으며, 나아가 중국의 민족운동을 지원하면서 경제 진출을 꾀했다. 세계의 모든 질서가 미국의 어깨에 달려 있다 해도 과언이 아니었다. 그러나 이러한 전후 질서는 미국의 월가에서 세계로 퍼져나간 세계공황으로 흔들리고 만다.

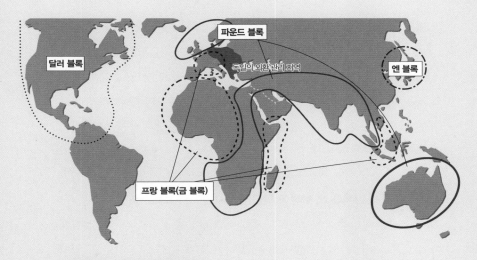

파운드 블록

달러 블록

엔 블록

독일의 외환 관리 지역

프랑 블록(금 블록)

▶ 세계공황에 따른 블록경제

독일 경제의 혼란으로 대두한 나치스

독일에서는 큰 은행들이 연달아 파산하고, 국민들은 생활을 제대로 영위할 수 없었다. 사람들은 무력한 의회에 실망해 나치스를 지지했다.

정권을 장악한 나치스는 경제 회복에 성공하자 '예전의 대독일을 부활시키자'는 슬로건을 내걸고 동유럽에서의 세력 확대에 나섰다. 그리고 폴란드 침공을 시작으로 영국과 프랑스 등과 다시 전쟁을 시작했다.

태평양전쟁이 제2차세계대전으로

아시아에서는 중국 내 민족운동이 활발해지자, 잇따른 경제 정책 실패로 경제 붕괴 위기에 처한 일본이 이권 상실을 염려해 만주사변과 중일전쟁을 일으킨다.

중일전쟁 중 일본이 취한 동남아시아 진출 정책은 미국과 부딪쳐 태평양전쟁이 발발한다. 그 결과 아시아와 유럽의 전쟁은 하나가 되어 제2차세계대전으로 확대되었다.

제2차세계대전은 원폭 투하가 상징하는 것처럼 전쟁 규모와 비참함의 정도가 제1차세계대전과는 비교할 수 없을 정도여서 전 세계가 황폐해졌다. 그러나 미국만은 국토가 전쟁터가 되지 않았던 덕에 전후 미국경제는 호황을 누리며 세계 금의 절반을 지닌 초대국으로 성장했다.

새로운 국제 질서와 핵 보유에 의한 냉전시대

제2차세계대전 후 미국의 주도 아래 5대국을 중심으로 한 정치·경제의 새로운 국제 질서가 만들어졌다. 달러가 세계 통화로 공인되고, 일체화된 세계 질서의 기반이 정비되었다. 그러나 동유럽과 동아시아에 사회주의가 확대되면서 미국과 소련의 대립이 격화된다. 냉전시대가 시작된 것이다.

14장

제1차세계대전과 유럽

사라예보사건으로 폭발한
유럽의 화약고

독일과 영국의 깊어가는 골

신흥공업국 독일의 세계정책과 영국·러시아 등 이미 큰 세력을 거머쥐고 있던 국가들의 대립은 러일전쟁 이후 삼국동맹(독일·오스트리아·이탈리아)과 삼국협상(영국·프랑스·러시아)의 대립이라는 명확한 도식을 형성했다.

독일은 베를린·비잔티움(이스탄불)·바그다드의 세 도시를 연결하는 철도를 부설해, 바그다드 외항인 바스라에 항만 시설을 갖추고 페르시아만으로 진출하려는 3B정책을 추진했다. 북대서양과 페르시아만을 최단거리로 잇는 것이 목표였던 이 정책은 인도양을 내해로 확보하려는 영국의 3C정책(케이프타운·카이로·콜카타)을 뒤흔들었다. 독일이 해군력을 늘리자 제해권에 위협을 느낀 영국은 발칸반도에서 세력을 확대하려는 러시아와 손잡고 중동과 서아시아에 진출하려는 독일의 야심을 꺾으려 했다.

민족 분쟁으로 불타는 발칸

옛 오스만제국령인 발칸반도에서는 슬라브족이 민족운동을 활발하게 전개하고 있었다. 그들은 러시아를 뒷배로 발칸반도를 탈환하자는 범슬라브주의를 제창했다. 이에 다수의 슬라브족이 살고 있는 오스트리아는 국내에 슬라브 민족운동이 파급될까 두려워, 독일을 방패 삼아 범게르만주의를 내걸고 발칸반도에서 세력을 확대하고자 했다.

양 세력이 맞부딪친 곳은 1878년 베를린회의에서 오스트리아가 행정권을 획득한 보스니아 헤르체고비나였다. 이 지역에는 슬라브계 세르비아인이 많이 거주하고 있었다.

'우연히' 일어난 사라예보사건

오스트리아 육군 훈련을 시찰하기 위해 1914년 6월 28일 보스니아의 주도 사라예보를 방문한 오스트리아의 프란츠 페르디난트(52세) 황태자 부부가 19세의 세르비아인 대학생에게 살해당하는 사건이 일어났다(사라예보사건). 이 사건을 계기로 '유럽의 화약고'는 단숨에 폭발했다. 한 달 후 오스트리아가 세르비아에 선전포고하면서 삼국동맹국과 삼국협상국 간의 제1차세계대전이 발발한다.

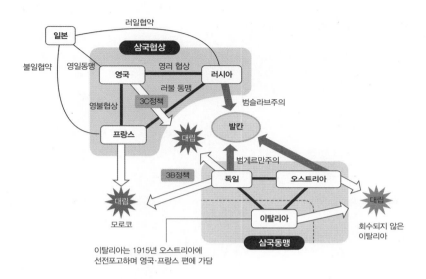

▶ 제1차세계대전의 복잡한 배경

사건이 일어난 6월 28일은 세르비아가 발칸전쟁에서 튀르크와 불가리아를 이긴 기념일로, 민족주의 비밀결사 '검은손'은 조직적인 황태자 암살 계획을 세웠다. 역에서 기념식이 열리는 시청사로 가는 황태자의 차에 폭탄을 던진 것이다. 이로 인해 10여 명의 수행원이 부상을 입었으나 황태자는 무사했다. 식이 끝난 후 황태자의 차는 예정된 귀로를 변경해 초고속으로 역을 향해 달렸으나 운전사가 길을 잘못 들어 모퉁이에 잠시 차를 세운 틈에 황태자 부부가 저격당해 즉사하고 만다.

유럽 몰락의 계기가 된 제1차세계대전은 귀신의 장난과도 같은 우연에 의해 시작된 셈이다.

미국이 정한 제1차세계대전의 승패

수렁에 빠진 전쟁

제1차세계대전은 동맹국인 독일·오스트리아·튀르크(오스만제국)·불가리아 4개국과 협상국 27개국(연합국)이 싸운 유례없는 대전쟁이었다.

이 전쟁에서 독일이 승리하려면 단기 결전을 치러야 했다. 전쟁이 시작되자 독일은 전 육군참모총장 슐리펜이 1906년에 내놓은 도상 계획에 따라, 동원 체제가 느린 러시아가 태세를 정비하기 전에 프랑스를 항복시킨 다음, 군대를 동쪽으로 되돌려 러시아를 친다는 작전을 세웠다. 그러나 벨기에의 저항으로 프랑스 공격에 시간이 걸린 데다 러시아가 예상 외로 동원 체제를 빨리 정비해 독일의 작전은 수포로 돌아갔다. 프랑스의 서부전선은 레마르크가《서부전선 이상 없다》에서 묘사한 바와 같이 교착상태에 빠졌고, 동부전선에서는 독일의 점령지가 급속하게 늘어났으나 러시아를 굴복시키지는 못했다.

시민까지 끌어들인 총력전

전쟁의 규모는 점점 커져, 시민들까지 동원된 총력전(소모전)이 되었다. 서전(緖戰)인 마른전투의 탄약 소비량은 러일전쟁의 전체 탄약 소비량과 필적할 정도였다. 1916년 베르됭 전투에서 3개월간 독일군과 프랑스군이 쏜 포탄은 2,700발이었고 양군 사상자가 각각 50만 명이나 되었다. 독가스, 탱크(전차), 비행기 등의 무기가 이 전쟁에서 새로 등장했다.

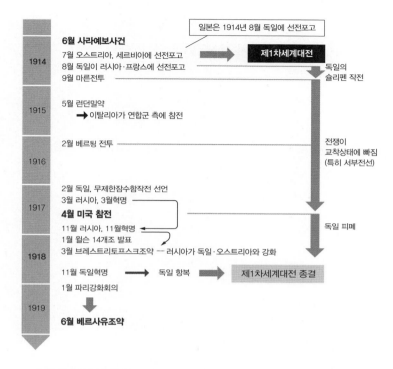

일본은 1914년 8월 독일에 선전포고

6월 사라예보사건

1914
7월 오스트리아, 세르비아에 선전포고
8월 독일이 러시아·프랑스에 선전포고
9월 마른전투

제1차세계대전

독일의
슐리펜 작전

1915
5월 런던밀약
➔ 이탈리아가 연합군 측에 참전

1916
2월 베르됭 전투

전쟁이
교착상태에 빠짐
(특히 서부전선)

1917
2월 독일, 무제한잠수함작전 선언
3월 러시아, 3월혁명
4월 미국 참전
11월 러시아, 11월혁명
1월 윌슨 14개조 발표

독일 피폐

1918
3월 브레스트리토프스크조약 ······ 러시아가 독일·오스트리아와 강화
11월 독일혁명 ➔ 독일 항복 ➔ 제1차세계대전 종결
1월 파리강화회의

1919
6월 베르사유조약

▶ 제1차세계대전의 경과

    동원 병력은 협상국이 4,835만 명, 동맹국이 2,516만 명이었다. 인도 160만 명, 북아프리카 제국 150만 명, 중국 10만 명 등도 전장에 투입되었다. 영국군 병사 10명 가운데 1.3명은 인도 병사였다고 한다. 또한 전사자와 부상자는 각각 약 1,000만 명과 2,000만 명이었으며, 직접 전비는 2,000억 달러에 달했다.

미국의 참전으로 새 국면에 접어든 전쟁

1917년 러시아에서 혁명이 일어나자 러시아는 전선을 이탈했다. 게다가 독일의 '무제한잠수함작전(아군과 적군에 관계없이 모든 선박을 공격하는 작전)'을 구실로 미국이 협상국으로 참전하면서 전쟁은 새로운 국면으로 접어들었다.

1918년 독일을 제외한 나머지 동맹국들은 전선에서 물러났다. 같은 해 11월 독일혁명이 일어나면서 독일제국은 무너졌고, 신정부는 전쟁을 끝냈다. 결국 미국의 참전이 승패를 결정지은 것이다.

일본은 영일동맹에 따라 독일에 선전포고했으며, 산둥반도와 태평양 전쟁에서 독일의 권익을 빼앗는 등 유리한 전쟁을 치렀다. 총력전을 폈던 유럽 나라들은 모두 채무국으로 전락한 반면, 방대한 군수품과 식량을 공급한 미국은 세계 제일의 채권국이 되었다.

세계 최초의 사회주의혁명과 볼셰비키 독재

식량 위기가 낳은 혁명

제1차세계대전이 발발하자 경제 기반이 약한 러시아는 위기에 빠졌다. 1914년에서 1916년까지 2년 동안, 빵은 5배, 버터는 8.3배나 가격이 올랐다.

1917년 3월, 수도 페트로그라드(페테르부르크가 독일풍 호칭이라 하여 바꾸었음)에서 부녀자들을 중심으로 식량 폭동이 일어났다. 이를 계기로 각지에서 소비에트(노동협의회)가 결성되어 혁명운동이 퍼져 나갔다.

소비에트는 페트로그라드의 지배권을 장악했으며, 소비에트의 승인을 얻어 유산계급 중심의 임시정부가 수립되었다. 비현실적인 예언자 라스푸틴에 의존하다가 신하들의 신뢰를 잃은 황제 니콜라이 2세는 퇴위당하고, 300년간 지속된 로마노프왕조는 멸망했다(3월혁명).

혁명 후에는 임시정부와 소비에트의 이중정권 구조가 유지되었고, 임시정부가 전쟁을 계속하면서 민중들의 궁핍한 생활도 계속되었다. 이 가운데 스위스 취리히로 망명한 볼셰비키(다수파라는 의미)의 지도자

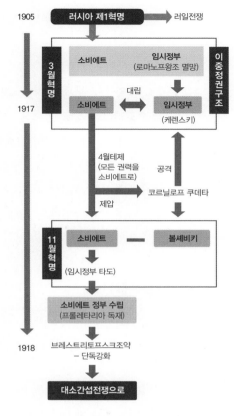

▶ 1917년 러시아혁명

레닌이 귀국해 4월테제를 선언했다. 4월테제는 권력을 소비에트에 집중해 임시정부를 무너뜨릴 것, 노동자와 농민이 손을 잡을 것, 전쟁을 중지하고 평화를 실현할 것 등을 주장했다.

임시정부는 7월에 일어난 볼셰비키 궐기는 진압했으나 9월에 일어난 코르닐로프 장군의 반혁명 쿠데타에는 대항조차 못했고, 소비에트를 무

장시킨 볼셰비키가 쿠데타를 진압했다.

세계 최초의 사회주의혁명

혼란스러운 와중에 주요 도시의 소비에트 지도권을 장악한 볼셰비키는 순양함 오로라호의 동궁 공격을 신호로 페트로그라드에서 봉기해 임시정부를 쓰러뜨리고(11월혁명), 사회주의 정권을 수립했다. 그때 오페라극장에서는 베르디의 가극 〈돈 카를로스〉가 상연되고 있었는데, 오로라호의 포격으로 잠시 중단되었다가 곧바로 공연이 이어졌다고 한다.

세계 최초의 사회주의혁명은 불과 5시간 만에 끝났으며 완전히 성공한 것이다.

레닌의 볼셰비키 독재

혁명정부는 즉시 정전과 무합병·무배상에 의한 평화, 지주 토지의 무상몰수, 국내 소수민족의 자결권 승인 등을 선언했다. 그러나 헌법제정의회의 선거로 나로드니키가 이끄는 사회혁명당이 제1당이 되어 혁명정부의 정책에 반대하자, 레닌은 1919년 1월 무력으로 의회를 해산하고 볼셰비키의 일당독재 체제를 확립했다. 그 후 볼셰비키는 당명을 공산당으로 개칭하고 수도를 모스크바로 옮겼으며, 크렘린궁전에 정부를 세웠다.

4개의 공화국이 단결한
소비에트연방

대국에 저항한 전시(戰時)공산주의

1918년 3월 소비에트 정부는 단독으로 독일과 강화조약(브레스트리토프스크조약)을 체결하고 전선을 이탈했다. 동부전선 붕괴와 공산주의 혁명의 파급을 두려워한 영국, 프랑스, 미국, 일본 4개국은 러시아 내에서 반란을 일으킨 체코 병사를 구출한다는 핑계로 군대를 파견해 러시아 내의 반혁명군을 도왔다(대소간섭전쟁).

국토의 대부분을 잃고 곤경에 빠진 소비에트 정부는 붉은 군대(赤軍)를 조직해 반격에 나서는 한편, 반혁명 용의자를 체포 · 투옥하고, 농민들에게 강제로 식량을 징수하고 노동을 의무화하는 등 엄격한 정책(전시공산주의)을 시행, 전쟁에 필요한 물자를 확보함으로써 간신히 위기를 넘겼다.

약간 자유로운 신경제정책(NEP)으로 전환

하지만 대소간섭전쟁을 치르느라 농업 생산은 전쟁 전의 2분의 1, 공업 생산은 7분의 1로 줄어들어, 도시는 만성적인 곡물 부족 상태가 되었다. 1921년에는 대기근으로 300만 명이 굶어 죽을 정도였다.

소비에트 정부는 민중의 불만을 무마하려면 강력한 통제경제를 완화해야 한다고 판단했다. 이에 따라 1921년 전시공산주의를 중단하고, 농민들의 곡물 자유판매를 허용하고 개인의 중소기업 영업을 인정하는 등

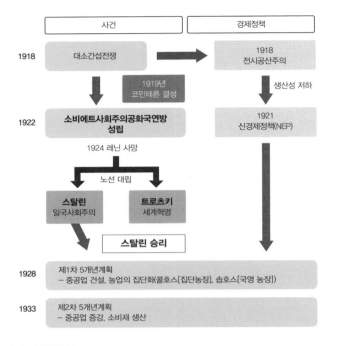

| 사건 | 경제정책 |

1918　대소간섭전쟁　→　1918 전시공산주의

1919년 코민테른 결성

생산성 저하

1922　소비에트사회주의공화국연방 성립　1921 신경제정책(NEP)

1924 레닌 사망

노선 대립

스탈린 일국사회주의　　트로츠키 세계혁명

스탈린 승리

1928　제1차 5개년계획
　　　－ 중공업 건설, 농업의 집단화(콜호스[집단농장], 솝호스[국영 농장])

1933　제2차 5개년계획
　　　－ 중공업 증강, 소비재 생산

▶ 소비에트연방 형성

자본주의를 일부 부활시키는 신경제정책으로 전환했다.

　이듬해인 1922년에는 러시아, 우크라이나, 캅카스, 백러시아의 4개 사회주의 공화국이 단결해 소비에트사회주의공화국연방(소비에트연방)을 수립했다.

　1924년 레닌이 죽자 혁명 노선을 둘러싼 지도자 사이의 다툼이 표면화되었다. 유럽에 미치는 혁명 파급력이 약화되는 가운데, "한 나라만으로 사회주의를 건설할 수 있다"고 주장하며 권력을 장악한 스탈린은 세계혁명의 필요성을 강조하는 트로츠키를 추방하고 독재 체제를 굳혔다. 이후 트로츠키는 암살당한다.

일국사회주의의 한계

신경제정책 이후 소비에트연방이 취한 경제정책은 5개년계획이었다. 1928년 이후의 제1차 5개년계획은 중공업 육성에 중점을 두어, 농업 생산에 대한 공업 생산의 비율이 70퍼센트나 되었다.

1930년대 후반이 되자 농업집단화에 실패하고 국제 정세 악화에 직면한 스탈린은 반혁명파라는 낙인을 찍어 반대 세력을 탄압하고 1,200만 명을 체포했다. 그중 100만 명은 사형에 처해졌으며, 200만 명은 수용소에서 사망했다. 독재 체제의 폐해가 나타나기 시작한 것이다.

1918년: 베르사유체제 ①

파리강화회의와 베르사유조약

14개조평화원칙과 파리회의

제1차세계대전이 끝나갈 무렵인 1918년 1월, 미국 윌슨 대통령은 비밀외교 폐지, 해양 자유, 군비 축소, 민족자결, 국제연맹 설립 등의 내용으로 '14개조평화원칙'을 발표해 전후 세계의 청사진을 제시했다. 윌슨은 미국 남부 출신으로 아홉 살 때 남북전쟁에서 비참한 패배를 경험해 봤기 때문에 평화와 새로운 세계 질서의 확립을 희망했다.

전후 혼란이 계속되고 러시아혁명과 대소간섭전쟁, 독일혁명, 헝가리에서의 사회주의 정권 수립 등 혁명과 반혁명이 엎치락뒤치락하는 가운데, 1919년 1월 파리강화회의가 열렸다. 패전국과 소비에트 정부 대표

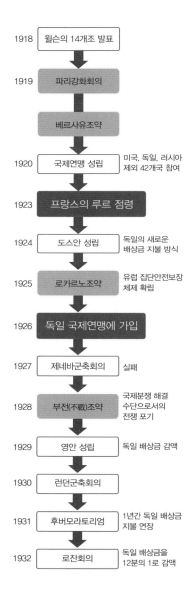

1918	월슨의 14개조 발표	
1919	파리강화회의	
	베르사유조약	
1920	국제연맹 성립	미국, 독일, 러시아 제외 42개국 참여
1923	프랑스의 루르 점령	
1924	도스안 성립	독일의 새로운 배상금 지불 방식
1925	로카르노조약	유럽 집단안전보장 체제 확립
1926	독일 국제연맹에 가입	
1927	제네바군축회의	실패
1928	부전(不戰)조약	국제분쟁 해결 수단으로서의 전쟁 포기
1929	영안 성립	독일 배상금 감액
1930	런던군축회의	
1931	후버모라토리엄	1년간 독일 배상금 지불 연장
1932	로잔회의	독일 배상금을 12분의 1로 감액

▶ 베르사유체제

는 회의에 초청받지 못했고, 전승국인 27개국만이 참가했다. 그중 미국, 영국, 프랑스, 이탈리아, 일본의 5개국이 전반적인 이해관계가 있는 나라라 하여 최고회의를 구성하고 주도권을 장악했다.

유럽의 새 질서, 베르사유체제

프랑스는 독일에 혹독한 보복을 가했다. 베르사유조약 체결로 독일은 모든 식민지를 포기하고 철광석의 90퍼센트를 산출하는 알자스·로렌 지방을 프랑스에 반환했으며, 석탄의 보고인 자르 지방은 국제연맹의 관리를 받게 되었다. 인구의 약 10퍼센트와 유럽 영토의 13퍼센트를 잃고 배상금이 부과되었으며, 군비도 육군 10만 명과 해군 군함 10만 톤으로 제한되었다. 물론 독일의 다른 동맹국들 또한 영토가 줄어들었다.

이렇게 베르사유조약을 비롯한 일련의 여러 조약에 따라 독일에 대해 보복을 행하고, 소련을 적대시하는 유럽의 새 질서를 '베르사유체제'라 한다.

한편 승전국이 자국의 이익을 주장했기 때문에 윌슨의 14개조는 국제연맹 설립(1920)을 제외하고는 거의 실현되지 못했다. 42개국이 창설한 국제연맹도 정작 미국은 의회가 고립 외교를 주장하며 반대해 참가하지 못했고, 소련과 독일도 참가하지 않은 무력한 기관으로 출발했다.

동유럽 국가들의 독립

윌슨이 14개조에 포함한 민족자결 원칙은 아시아와 아프리카 식민지에는 적용되지 않았고, 독일, 오스트리아, 러시아가 붕괴한 동유럽에만 적용되어 동유럽에서 많은 독립국이 탄생했다.

그러나 동유럽 지역은 여러 민족이 섞여 있고 여전히 봉건적인 지주제가 강했다. 게다가 영국과 프랑스가 독일을 동서로 포위하고 러시아 혁명을 봉쇄하고자 동유럽 지역의 신흥국가들을 이용하려고 하면서 동유럽 정세는 다시 복잡해졌다.

1919~1939년: 베르사유체제 ②
독일의 인플레이션과
이탈리아에서의 파시즘 등장

독일혁명으로 끝난 제1차세계대전

1918년 11월, 킬 군항의 수병 폭동을 계기로 혁명이 일어나 독일제국은 붕괴하고 임시정부가 수립되었다. 임시정부의 주도권을 쥔 사회민주당은 11월 11일 연합국에 항복했다. 신정부는 혁명을 뒷수습하느라 분주했다. 1919년 6월 베르사유조약을 수락했으며, 8월에는 당시 가장 민주적이라는 바이마르헌법을 제정했다.

달걀 1개가 3,200억 마르크?

좌우 세력의 대립으로 고민하던 독일에게 도저히 지불할 수 없는 보복격의 배상금(1,320억 마르크 금화)은 무거운 부담이었다. 독일은 해외 자산을 매각해 배상금을 지불하고자 했으나 도저히 불가능하자 지불 연장을 요청했다.

그러나 1923년 프랑스와 벨기에는 지불 지연을 구실 삼아 독일 최대 중공업 지대인 루르를 점령했다. 말하자면 담보를 압류한 것이다. 이에 대해 독일은 노동자가 파업을 하는 등 '소극적 저항'으로 대항했다.

이미 위기에 처해 있던 독일 경제는 단숨에 파탄 나버렸다. 그해 말, 1달러가 4조 2,000억 마르크(1914년에는 1달러가 4.22마르크)로 달걀 1개 값이 3,200억 마르크나 하는 파국적인 인플레이션이 발생했다. 지폐가 거의 휴지 조각이 되어버린 것이다.

1923년에 성립한 슈트레제만 내각은 루르에서의 저항을 중단하고, 전국의 토지를 담보로 신용 있는 지폐를 새로 발행했다. 그리고 구1조 마르크를 신1마르크(렌텐마르크)로 만들어 인플레이션을 수습했다.

그 후 외무장관이 된 슈트레제만은 1924년 도스안을 채택하게 해, 미국에서 막대한 자본을 도입함으로써 기적적으로 경제 재건에 성공했다.

이탈리아에 파시즘 등장

이탈리아는 전승국이기는 했으나 전후 경제 위기를 맞아 노동자의 공장 점거, 농민운동의 고양 등 혁명 전야와도 같은 상태였다. 이러한 상황에서 1919년 무솔리니는 국민 단결과 체제 유지를 주장하며 파시스트당을 조직하고, 농민운동과 노동운동을 폭력으로 파괴하는 대중운동으로 세력을 확장했다.

1922년, 파시스트당이 전국에서 4만 명을 동원해 '로마 진군'이라 예고된 쿠데타를 실행하자, 놀랍게도 국왕은 정부가 이를 진압하게 하지 않고 강력한 정부를 기대하며 무솔리니에게 내각을 구성하라고 명했다. 밀라노의 사무소에서 도망칠(망명할) 준비를 하던 무솔리니는 검은 셔츠를 입고 침대차를 타고 왕에게 가서는 "전장에서 왔다"고 보고했다고 한다.

정권을 잡은 파시스트당은 전체 투표수의 25퍼센트 이상을 득표한 최대 정당이 의석의 3분의 2를 차지한다는 선거법을 정하고, 1924년 선거에서 하원 의석을 275석으로 늘렸으며, 1928년에는 일당독재 체제를 굳혔다.

1919 — 베르사유조약
독일의 배상금
지불을 의무화함

1921 — 런던회의
배상금 1,320억
마르크 금화로 결정
독일, 지불 일부 불능 상태

1923 — 루르 점령
독일, 혹독한 인플레이션 발생

1924 — 도스안 성립
미국이 거액의 자본금을
독일에 제공
독일, 경제 부흥
베르사유조약 이행

1929 — 영안 성립
세계 공황
배상금을 358억 마르크
금화로 감액
미국이 독일에서 자본 회수

1931 — 후버모라토리엄
지불을 1년간 유예
– 효과 없음

1932 — 로잔회의
배상금을 30억 마르크
금화로 감액

실패

나치스의 지불 거부

▶ 독일 배상 문제 추이

미국이 주역이 된 새로운 세계

외교의 중심을 빼앗긴 일본

제1차세계대전 이후 동아시아·태평양 지역에서 일본의 세력은 크게 확대되었다. 일본은 중국 산둥반도와 태평양 제도 등 독일의 이권이었던 지역을 차지했을 뿐 아니라 영국과 프랑스 등이 제1차세계대전으로 쇠퇴하고 유럽 정치에 매달릴 수밖에 없었던 틈을 타 세력을 키웠다.

그러나 파나마운하의 개통 등으로 한층 동아시아·태평양 지역과 밀접해진 미국은 일본의 진출을 막고 이 지역의 신질서를 형성하기 위한 주도권을 장악하고자 했다.

1921년 11월 미국의 하딩 대통령은 전후 군비 축소와 동아시아·태평양 문제를 논의하기 위해 미국, 영국, 일본, 프랑스, 이탈리아의 5개국 대표와 더불어 네덜란드, 벨기에, 포르투갈, 중국의 4개국 대표를 워싱턴으로 초청, 국제회의(워싱턴회의)를 열었다.

12월에는 미국, 영국, 프랑스, 일본이 '4개국조약'을 체결해 태평양 지역의 영토와 권익을 상호 존중하고 비군사화하기로 약속했다. 이 조약의 영향으로 영국과 일본의 특수한 동맹인 영일동맹은 폐기되었고, 일본은 외교의 중심을 잃었다.

아시아를 노리는 대국, 미국

1922년 체결한 '워싱턴 해군 군축 조약'에서는 각국의 주력함 보유 비율을 영국, 미국, 일본, 프랑스, 이탈리아가 각각 5 : 5 : 3 : 1.67 :

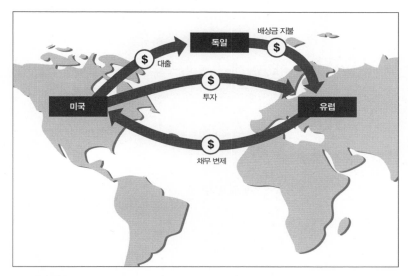

배상금 지불

대출

투자

채무 변제

독일

미국

유럽

▶ 미국 번영 구조

1.67로 결정했다. 이로써 미국은 영국과 어깨를 나란히 하는 해군국으로 인정받았다.

또한 같은 해 미국의 주장을 토대로 '9개국조약'을 체결해, 중국의 주권과 독립 존중, 영토 보전, 기회 균등, 문호 개방이 확인되었다. 그 결과 전쟁 중이던 1917년, 일본 주미대사 이시이 기쿠지로 [石井菊次郎] 와 미국 국무장관 랜싱이 주고받은 교환공문(이시이·랜싱 협정, 중국에 대한 일본의 '특수 권익을 승인한다는 내용이었다)은 폐기되었다. 동시에 일본이 이어받겠다고 주장했던 산둥반도의 독일 이권(자오저우만)도 중국에 반환되었다.

이 3개 조약에 기초한 동아시아·태평양 체제를 '워싱턴 체제'라고 한다. 일본과 영국이 주도하는 시대가 종말을 고하고, 미국에 의해 새로운 국제 질서가 형성된 시대가 온 것이다.

동아시아 질서의 중심 역할을 담당하려 한 미국과 일본은, 예전의 영국과 일본이 협조를 이뤘던 것과는 달리 주도권 쟁탈을 되풀이했다. 결국 미국이 태평양전쟁에서 승리하며 동아시아 세계의 패권을 장악한다.

1919~1934년: **튀르크와 인도의 민족운동**

터키공화국 수립과
간디의 소금 행진

술탄-칼리프제에서 대통령제로

제1차세계대전은 사실 오스만제국(튀르크)의 분할을 둘러싼 전쟁이기도 했다. 오스만제국은 패전으로 해체되었고, 프랑스가 시리아를, 영국은 이라크와 팔레스타인을 국제연맹의 위임통치라는 명목 아래 실질적으로는 식민지로 지배했다(이집트는 전쟁 중에 이미 영국의 식민지가 되었다).

소아시아가 겨우 튀르크령으로 남긴 했지만, 제2항구인 스미르나의 그리스 할양, 관세자주권 제한, 치외법권 인정 등으로 튀르크는 반식민지로 전락했다. 이 가운데 튀르크 민족운동 지도자 케말 파샤는 침입한 그리스군을 격퇴하고 술탄을 추방한 뒤 터키공화국을 수립했다. 그리고 스스로 대통령이 되어 칼리프제를 폐지하고 정치와 종교를 분리했다. 케말 파샤는 서유럽을 모델로 국가 건설을 추진했다.

그 결과 이슬람 세계는 결속 중심이었던 칼리프를 잃었고 유럽 문명의 영향이 비약적으로 강해졌다. 케말은 민법 제정, 일부다처제 폐지, 부녀자 베일과 튀르크 모자 금지, 알파벳 채용 등 전통적 관습까지도 고쳐나갔다.

인도의 비폭력 반영 운동

영국은 제1차세계대전 중 인도에 전후 자치권을 인정하겠다고 약속하며 전쟁에 협력하라고 요구했다. 그러나 영국은 전쟁이 끝난 후 약속을 지키기는커녕 롤럿법을 제정해 영장 없이 체포하거나 재판 없이 투옥할 수 있는 권한을 총독에게 부여하고 민족운동을 탄압했다.

남아프리카에서 이주한 인도인에 대한 차별을 없애 명성을 얻은 변호사 간디는 이에 맞서 민족운동을 이끌었다. 그는 힌두교 사상에 근거한 비폭력·불복종 저항운동을 펼쳐 영국에 큰 타격

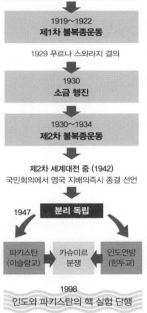

▶ 인도의 독립운동과 인도·파키스탄

을 주었다. 그러나 운동이 고조되면서 무력투쟁이 자주 일어나자, 정신과 사랑에 의한 진리의 승리를 추구했던 간디는 운동을 중지하라고 지시했다.

소금 23그램이 다시 일으킨 운동

그러던 중 1929년 개최된 라호르 대회에서 푸르나 스와라지(완전 독립) 방침과 적색·청색·백색으로 된 국기가 정해지자, 다음 해 간디는 영국의 제염 금지법에 반대하며 '소금 행진'이라 불리는 대중운동을 전개함으로써 민족운동의 새 물결을 일으켰다.

60세가 넘은 간디는 민중들의 열렬한 환영을 받으며 79명의 제자를 이끌고 29일에 걸쳐 170여 마을을 돈 끝에 약 320킬로미터 떨어진 해안까지 걸어가 영국이 금지한 소금 23그램을 만들었다. 이 조악한 품질의 소금 한 줌에서 인도의 독립으로 이어지는 2차 저항운동이 시작된 것이다.

1919~1931년: **동아시아의 민족운동**

잡지 한 권에서 시작된 중국의 혁명

문학혁명의 조류를 낳은 《청년잡지》

중국에서는 전쟁 중인 1915년 일본의 21개조 요구로 뤼순과 다롄의 조차 기한이 99년으로 연장되고, 산둥반도의 독일 이권이 일방적으로 계승되는 등 일본의 이권이 크게 확대됐다. 이로 인해 민족적 위기의식이 높아지면서 천두슈는 《청년잡지》(다음 해에 《신청년》으로 개칭)를 창간했다.

그는 이 잡지에서 '민주와 과학'을 슬로건으로 내걸고 유럽과 미국의 신사상을 소개했으며 구도덕을 비판했다. 창간호의 권두 논문에서는 청년들이 자각해야 한다며 "자각이란 무엇인가. 스스로의 지능을 빼앗고 진부하게 썩히는 것을 불구대천의 적으로 없애는 것이다"라고 선언했다. 이 잡지는 청년층에 신사상을 침투시켜 문학혁명이라는 조류를 낳았다.

새로운 시대의 주역은 대학생

전쟁 후 파리의 강화회의에 참석한 중국 대표는 전승국의 일원으로 21개조 철폐와 주권 회복을 요구했으나 대국 중심의 회의는 이를 묵살했다. 그러자 1919년 5월 4일 약 3,000명의 베이징 대학생들이 이에 반대하는 시위를 벌였다. 운동은 전국으로 확대되어 반군벌 민중운동으로 발전했다(5·4운동). 정부는 베르사유조약의 조인을 거부할 수밖에 없었다. 운동이 격렬해지자 쑨원은 1919년 중국국민당을 조직했고 천두슈 등은 1921년 코민테른의 지원을 받아 중국공산당을 조직했다.

1923년 소련의 외교정책에 공감한 쑨원은 소련과의 연합·공산주의 용인·공업과 농업 지원 노선을 걸었다. 1924년에는 공산당원이 개인 자격으로 국민당에 입당하는 것을 인정해(제1차국공합작) 새로운 민족운동의 길을 열었다.

▶ 중국 민족운동의 발전

중화 소비에트 공화국 임시정부의 수립

쑨원이 죽자 장제스가 국민당의 지도권을 장악했다. 1925년 5월 30일 상하이에서 영국 관헌이 데모대에게 발포해 다수의 사상자를 낸 사건(5·30사건)이 일어났다. 이를 계기로 반제국주의 운동이 격렬해지자 이듬해 장제스의 국민혁명군은 광둥에서 북상해 여러 군벌을 평정하는 '북벌'을 시작했다.

북벌은 빠르게 진행되어 2대 도시 난징과 상하이가 해방되었다. 그런데 이 과정에서 국민당 우파와 공산당 사이의 골이 점점 깊어져, 1927년 장제스는 공산당 탄압을 단행했다.

그 후 장제스는 북벌을 재기해 1928년 베이징을 지배하던 펑톈 군벌 장쭤린을 쫓아내고 중국 통일을 거의 이루었다. 국민당의 탄압을 받은 공산당은 농촌에 거점을 두고 토지개혁을 추진하면서 세력을 키워 1931년 루이진을 거점으로 하는 중화 소비에트 공화국 임시정부(주석 마오쩌둥)를 수립했다.

COLUMN 10

느닷없이 찾아온 세계의 파탄

1920년대 미국은 '황금의 20년대'라 일컬어질 만큼 전에 없는 번영에 취해 있었다. 대중 차인 T형 포드 가격이 950달러에서 290달러로 낮아져, 1929년에는 5명 중 1명꼴로 자동차를 소유할 정도였다.

또한 전기 제품이 대량생산되어 생활양식이 크게 바뀌었다. 약 40퍼센트의 가정에 라디오 수신기가 보급되었으며 할리우드의 영화 산업은 매주 8,000만 명을 영화관으로 불러들였고, 재즈 등의 음악과 야구, 농구 등의 프로 스포츠도 사람들을 열광시켰다.

1920년대 미국의 도시인구는 전체 인구의 50퍼센트를 넘었는데, 특히 전후 국제금융의 중심이 된 뉴욕이 눈부시게 성장해 인구 800만 명을 헤아리는 세계 최대의 도시가 되었다.

1929년 당시 주가는 오르기만 할 뿐이었다. 예를 들어 여름 3개월 사이 US 철강의 주가지수가 165에서 258로 상승했을 정도였다. 주가의 이상 급등에 대해 재무장관 멜런은 "아무 걱정할 필요 없다. 우리의 번영은 계속될 것이다"라며 매우 낙관적인 견해를 피력했다.

그러나 10월 24일 갑작스러운 주가 대폭락이 일어났다. 심한 충격을 받은 투자가들은 월가로 몰려들었고 주가의 연속 하락, 파산, 실업의 악순환으로 경제는 급속히 시들었다. US 철강의 주가는 3년 연속 하락해, 1925년 당시 주가의 20퍼센트까지 내려갔다. 1932년의 경우 제강업의 공장 가동률은 불과 12퍼센트였다.

속 빈 강정과도 같은 황금의 1920년대를 상징하는 102층짜리 엠파이어스테이트빌딩이 완공된 것은 사람들이 실업으로 고통받던 1931년이었다. 경제 파탄은 이렇듯 갑자기 찾아왔다.

15장   제2차세계대전과 세계의 변모

전 세계로 확대된 공황과
뉴딜 정책

갑자기 찾아온 세계경제의 파탄

대량 소비 시대에 들어선 미국에서는 자동차, 라디오, 세탁기, 냉장고 등이 널리 보급되어 황금의 1920년대를 구가했다. 이 시기에는 도시 술집을 중심으로 새 이민자들이 결속할까 두려워한 46개 주에서 금주법(1919~1933)을 실시해 알 카포네를 비롯한 갱들이 밀주를 팔아 큰돈을 벌기도 했다.

그러나 과잉생산은 점차 건전성을 잃어버렸고, 급기야 경제는 주가 급등이라는 거품 국면으로 접어들었다. 세계 총생산의 42퍼센트를 점하던 공업은 막다른 골목에 다다르고 말았다.

1929년 10월 24일 목요일, 뉴욕 월가 증권거래소의 주가 대폭락(암흑의 목요일)을 계기로 경제 파탄은 만천하에 드러났고, 10월 29일 화요일에는 경제가 완전히 붕괴해 버렸다. 악순환은 계속되어 연내 주식 가격은 반토막 났으며, 소비는 크게 줄고 실업자가 늘었다. 4년 동안 공업 생산량도 절반으로 줄었다. 1933년에는 1,300만 명, 즉 국민 4명 중 1명이 실직자였으며 부랑자가 거리에 넘쳐났다.

40퍼센트 이상 하락한 세계 공업 생산력

당시 미국은 세계 금융시장을 지배하며 약 150억 달러의 대외투자를 하고 있었고, 거액을 투자해 쇠퇴한 독일 경제를 지탱하고 있었다. 따라서 미국의 공황은 곧 세계공황이 되었다. 미국 자본이 철수하면서 독일 경제까지 휘청한 것이다. 1931년 6월, 독일 경제의 붕괴를 막기 위해 미국 후버 대통령은 독일의 배상금 지불을 1년간 유예하자고 제안(후버모라토리엄)했으나, 이미 때는 늦어 독일과 오스트리아 경제는 무너지고 말았다.

세계공황으로 세계의 공업 생산력은 44퍼센트(이전에는 최대 규모의 공황이라도 7퍼센트), 세계무역은 65퍼센트(이전에는 최고 7퍼센트)나 줄어들어 계획경제인 소련을 제외한 각국 경제는 뒷걸음쳤다.

뉴딜 정책과 블록경제

경제가 크게 나빠지자 '정치는 경제에 개입하지 않는다'는 자본주의의 원칙이 무너졌다. 정치가 경제에 적극적으로 개입할 수밖에 없게 된

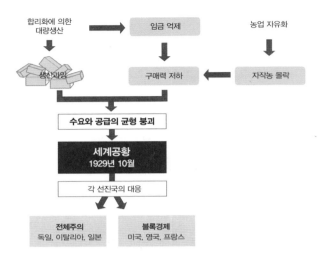

합리화에 의한
대량생산 → 임금 억제

농업 자유화

생산과잉

구매력 저하 ← 자작농 몰락

수요와 공급의 균형 붕괴

세계공황
1929년 10월

각 선진국의 대응

전체주의
독일, 이탈리아, 일본

블록경제
미국, 영국, 프랑스

▶ 세계공황 발생 배경

것이다. 미국 32대 대통령 프랭클린 루스벨트는 공공투자에 의한 실업
자 및 잉여 물자의 흡수를 도모한 뉴딜(처음부터 다시 시작함) 정책을 시
행했다.

　많은 식민지를 지닌 영국과 프랑스 등은 본국과 식민지 경제 모두 구
제하기 위해 본국과 식민지 사이에 배타적인 경제블록(파운드 블록, 프랑
블록)을 형성하고 보호무역 체제를 굳혔다. 이로 인해 국제 무역량은 크
게 줄었으며, 식민지가 없는 나라들은 더욱 심각한 위기에 몰렸다.

대중의 지지를 받은 나치스

독일 제3제국의 출현

독일 경제는 잠시 부흥기를 맞았으나 세계공황으로 미국 자본이 철수하면서 금방 무너졌다. 4년간 독일의 공업 생산력은 40퍼센트나 감소했고, 1932년에는 실업자가 620만 명에 달했다. 분열되고 혼란스러운 의회가 효과적인 대책을 세우지 못하는 사이, 나치스가 등장했다.

베르사유조약의 파기, 게르만족의 우월성 인정, 대독일 건설, 유대인 배척, 반공산주의를 제창한 나치스는 히틀러의 교묘한 대중 선동으로 도시 중산층과 청년층, 농민의 지지를 받아 1930년 총선거에서 12의석에서 107의석까지 크게 약진했다.

1933년 1월 수상이 된 히틀러는 국회의사당 방화 사건을 꾸며 공산당을 탄압하고, 전권 위임법을 제정, 독재 체제를 확립했다. 전권 위임법은 히틀러에게 자유롭게 법률을 제정할 권한을 부여하는 법이었다.

1934년 대통령 힌덴부르크가 죽자 히틀러는 총통으로 제3제국(신성로마제국과 비스마르크의 독일제국의 뒤를 잇는 제3제국)의 국가원수 자리에 올랐다.

나치스는 아우토반(자동차 전용 고속도로)을 건설하는 등 공공사업을 벌여 실업을 극복하고 군사색이 짙은 통제경제 체제를 확립했다. 한편으로는 친위대와 비밀 국가경찰(게슈타포)을 동원해 대중의 공포심을 이용한 통치를 확립하고, 유대인을 박해했다.

베르사유체제의 붕괴

세계대전 후 독일을 희생해 유지하던 유럽의 신질서는 나치스가 대독일 건설을 꾀하면서 급속히 무너져 내렸다.

독일은 국제연맹을 탈퇴하고 군비를 증강하기 시작했다. 1936년에는 로카르노조약을 파기하고 비무장지대인 라인란트에 군대를 배치했다. 이로써 지역적 집단안전보장을 축으로 하는 베르사유체제는 붕괴하고 말았다.

파시스트당이 지배하는 이탈리아도 국경 분쟁을 구실로 에티오피아를 침공했다. 국제연맹이 이를 비난하고 경제제재를 가했으나 별 효과가 없었다. 이탈리아는 에티오피아 합병을 선언했다.

야망을 키워가는 독일과 이탈리아

1936년, 스페인 보수파의 지원을 받은 프랑코 장군이 인민전선 정부에 대항해 반란을 일으키자, 독일과 이탈리아는 대량의 무기와 8만이 넘는 군대를 스페인에 보내 프랑코를 도왔다. 그러나 영국과 프랑스는 스페인 내전이 유럽 규모로 확대될까 두려워 불간섭 정책을 취했고, 소련과 각국 민간인으로 조직된 의용군만이 인민전선 정부를 도왔다. 작가인 헤밍웨이(미국)나 오웰(영국)이 이때 의용군으로 참전한 사실은

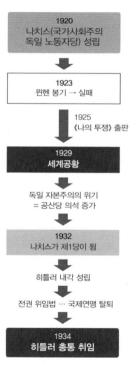

▶ 나치스의 권력 장악 과정

1920
나치스(국가사회주의 독일 노동자당) 성립

1923
뮌헨 봉기 → 실패

1925
《나의 투쟁》 출판

1929
세계공황

독일 자본주의의 위기
= 공산당 의석 증가

1932
나치스가 제1당이 됨

히틀러 내각 성립

전권 위임법 … 국제연맹 탈퇴

1934
히틀러 총통 취임

유명하다. 스페인 내전은 결국 프랑코의 승리로 끝났고, 나치스는 유럽의 새로운 질서 형성을 향해 야망을 불태우기 시작했다.

1937~19456년: **중일전쟁**

제2차국공합작과 일본의 패색이 짙어진 중일전쟁

공산당 세력을 재생한 장정

국민당은 중국을 통일한 후에도 공산당 지배 지역에 계속 공격을 가했다. 1934년 공산당 거점인 장시성의 루이진이 함락되자 공산당군은 새로운 거점을 찾아 이동하기 시작해 1936년 산시성의 옌안으로 옮겨갔다. 2년 동안 무려 1만 2,500킬로미터를 이동했는데, 이를 장정(長征, 서천[西遷])이라 부른다. 무척 힘든 장정으로, 이동 시작 당시 10만 명이던 병력이 옌안에 도착했을 때는 3만 명으로 줄어 있었다고 한다. 이 과정에서 마오쩌둥의 지도권이 확립되었다.

다시 손을 잡은 국민당과 공산당

국민정부가 영국과 미국에 접근하려 하자 초조해진 일본은 허베이성 동부에 지둥(冀東)방공자치정부라는 괴뢰정부를 수립하고 화베이 침략에 나섰다. 중국의 대일 민족운동은 한층 격렬해졌다.

1936년 옌안으로 거점을 옮긴 공산군을 토벌하기 위해 시안에 온 장

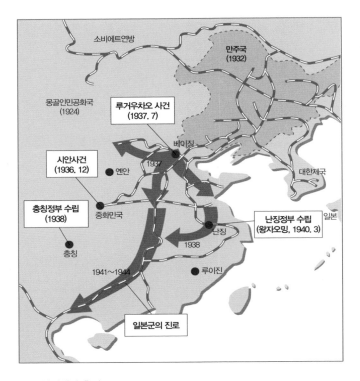

▶ 중일전쟁의 추이

제스가 '항일을 우선해 내전을 정지하자'고 주장하는 장쉐량에게 감금
당하는 일이 벌어졌다(시안사건). 결국 장제스도 공산당과 제휴하기로
결심한다.

　1937년 7월 루거우차오에서 일본군과 중국군이 충돌한 사건을 계기
로 중일전쟁(1937~1945)이 발발하자 공산당과 국민당은 서로의 자립성
을 인정하고 제휴하는 제2차국공합작을 이루고, 함께 일본과 싸우게
된다.

중일전쟁의 추이

베이징 근처 루거우차오에서 일어난 군사 충돌에서 중일 간 전면전쟁이 시작되었다. 전쟁 초기에는 일본군이 압도적으로 우세했다. 일본은 화베이와 화중의 주요 도시를 차례차례 함락해 1937년 12월에는 수도 난징을, 1938년 10월에는 창장강 중류의 우한 삼진(우창, 한양, 한커우)을 차지했다. 그러나 국민정부는 수도를 쓰촨성의 충칭으로 옮기고 항전을 계속했다.

일본군이 광활한 중국 대지에서 전선을 유지하기란 어려운 일이었고, 점과 선의 지배에 불과할 뿐이었다. 공산당은 일본군 배후에서 게릴라전을 전개하며 농촌 지역으로 급속히 세력을 넓혀갔다.

미국과 영국, 소련도 중국을 지원했다. 수렁에 빠진 전쟁에서 이길 방법이 없어진 일본은 난징에 왕자오밍 정권을 수립하고 충칭의 국민정부에 대항하게 하려했으나 전세를 뒤집을 수는 없었다.

독일의 민족 통합에서 시작된
두 번째 대전쟁

정권을 잡은 나치스

제1차세계대전이 끝난 지 불과 20년 후에 일어난 제2차세계대전 (1939~1945)은 60개국이 참전했고, 전장이 유럽, 아시아, 북아프리카,

남태평양에 이르는 인류 역사상 최대의 전쟁이었다. 전쟁의 원인은 제1차 세계대전에서 해결되지 못한 과제와 세계공황으로 인한 독일 경제의 붕괴 등이었다. 독일 국민들은 무력한 의회 대신 나치스에 경제 재건의 기대를 걸었다.

정권을 잡은 나치스는 계획경제(4개년 계획)를 도입하고 공공투자를 실시해 경제 재건을 궤도에 올리는 한편, 재군비 선언(1935)을 했다. 또한 베를린 올림픽을 열어 독일의 위대함을 선전하고, 군사력을 배경으로 국외 독일인 통합에 나섰다.

나치스를 교만하게 만든 유화정책

나치스는 1938년 우선 오스트리아를 합병하고, 다음으로 체코슬로바키아에 수데테란트(주민의 20퍼센트가 독일인)의 할양을 요구했다. 체코슬로바키아는 거절했지만, 영국과 프랑스는 작은 나라를 희생해 나치스의 창끝을 소련으로 향하게 할 생각으로 1938년 열린 뮌헨회의(영국·프랑스·독일·이탈리아의 정상회담)에서 나치스의 요구를 받아들였다(유화정책).

그 후 나치스는 폴란드로 화살을 돌렸다. 나치스는 독일을 둘로 분단하는 '폴란드회랑'의 할양을 강경하게 요구했다. 스탈린이 독재 중인 소련과는 폴란드 분할을 인정하는 비밀 조항이 포함된 독소불가침조약을 맺었다.

제2차세계대전의 발발

독소불가침조약을 맺은 다음 달 독일군이, 이어서 소련군이 폴란드를 침공하자 영국과 프랑스는 독일에 선전포고를 하지 않을 수 없었다.

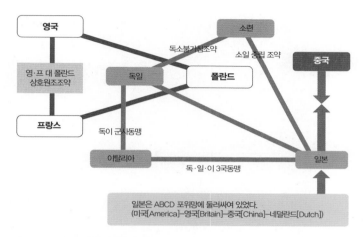

영국

소련

독소불가침조약

소일 중립 조약

중국

영·프 대 폴란드
상호원조조약

독일

폴란드

프랑스

독이 군사동맹

이탈리아

독·일·이 3국동맹

일본

일본은 ABCD 포위망에 둘러싸여 있었다.
(미국[America]–영국[Britain]–중국[China]–네덜란드[Dutch])

▶ 제2차세계대전 직전 각국 관계

제2차세계대전이 발발한 것이다.

독일은 덴마크, 노르웨이, 네덜란드, 벨기에로 진격했고, 북프랑스에
전격적으로 침입해 파리까지 점령했다. 상황이 유리하다고 판단한 이탈
리아는 참전을 단행했고, 중일전쟁으로 막다른 곳에 몰린 일본도 독일,
이탈리아와 공조해 미국과의 전쟁에서 서로 협력하자는 독·일·이 3국
(군사)동맹을 체결했다.

만만치 않았던 소련

1941년 11월, 3개월이면 소련을 이길 수 있다고 판단한 나치스는 독
소전쟁을 일으키고 300만 병력(독일군의 75퍼센트)과 2,740대의 항공기
(공군의 61퍼센트), 3,580대의 전차를 투입했다. 전선을 동서로 나누는 바
람에 지구전에 빠졌던 제1차세계대전의 실패를 경계한 것이다.

놀란 쪽은 소련이었다. 독소불가침조약을 일방적으로 파기당한 소련

은 심각한 타격을 입긴 했으나 독일군의 진공을 막아내고 전선을 계속 유지했다.

1942년, 역전된 전세

일본의 진주만공격

중일전쟁이 장기화되면서 고민에 빠진 일본은 독일군의 힘을 과대평가한 나머지 독일과 손을 잡고 아시아의 신질서를 꾀하고자 했다.

1941년 12월 8일, 일본군은 태평양의 미군 거점 기지인 하와이의 진주만을 기습 공격해 태평양전쟁을 일으켰다. 이로 인해 유럽과 아시아의 전쟁이 하나로 연결되었고, 각 전쟁은 세계적인 규모로 확대되었다.

미·영과 소련의 제휴

독소전쟁이 시작되자 미국과 영국 양국은 소련을 지원했다. 동시에 1941년 8월 미국 대통령 루스벨트와 영국 수상 처칠은 영토 불확대, 영토 불변경, 평화기구 재건 등의 내용을 담은 대서양헌장을 발표했다. 또한 미국, 영국, 소련 3국은 '전체주의와 민주주의의 싸움'이라는 슬로건을 내걸고 결속을 강화했다.

초기 전세는 독일과 일본이 우세했다. 1942년 독일군은 모스크바의 40킬로미터 부근까지 공격해 들어갔으며, 일본은 말레이·필리핀·자

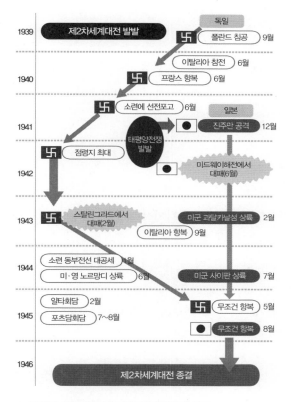

1939 제2차세계대전 발발 / 독일 / 폴란드 침공 9월

이탈리아 참전 6월
1940 프랑스 항복 6월

소련에 선전포고 6월 / 일본
1941 진주만 공격 12월 / 태평양전쟁 발발

점령지 최대
1942 미드웨이해전에서 대패(6월)

1943 스탈린그라드에서 대패(2월) / 미군 과달카날섬 상륙 2월
이탈리아 항복 9월

1944 소련 동부전선 대공세 1월 / 미·영 노르망디 상륙 6월 / 미군 사이판 상륙 7월

얄타회담 2월 / 무조건 항복 5월
1945 포츠담회담 7~8월 / 무조건 항복 8월

1946 제2차세계대전 종결

▶ 독일과 일본에서 본 제2차세계대전의 흐름

바·수마트라·버마의 광대한 영역을 점령했다. 그러나 물량이나 정보와 선전 면에서 더 우수했던 연합국이 서서히 힘을 발휘, 1942년 하반기가 되자 전세는 크게 바뀌었다.

또다시 동서 양쪽에 낀 독일

미국은 1942년 6월 미드웨이해전에서 승리해 태평양 해역을 차례차

례 되찾고 일본 본토까지 공습, 1945년에는 오키나와에 상륙한다. 동부
전선에서는 1943년 1월 스탈린그라드전투에서 독일 정예군 30만 명이
전멸한 이후 소련군이 각지에서 독일군을 무찌르고 동유럽을 제압했다.
5월에는 아프리카 전선에서 이탈리아군이 영국군에 패해 무솔리니는
실각했으며 이탈리아는 9월에 항복한다.

1944년 6월 6일, 연합군은 공군의 엄호를 받으며 선박 4,000척과 전
함 700척을 이끌고 프랑스 노르망디에 병사 32만 명과 차량 2만 대를 상
륙시켰다. 8월에는 파리가 해방되었고, 동서로 공격받은 독일은 붕괴해
갔다. 1945년 5월 베를린이 함락되자 히틀러는 스스로 목숨을 끊었다.

일본의 여러 도시에 무차별 폭격을 계속한 미군은 1945년 8월 히로
시마와 나가사키에 연달아 원자폭탄을 투하했다. 소련도 소일 중립 조
약을 파기하고 일본에 선전포고를 했다. 1945년 8월 15일 일본은 연합
국에 무조건 항복했고, 이렇게 5,000만 명 이상의 희생자를 낸 비참한
전쟁이었던 제2차세계대전은 끝이 났다.

'5인의 경찰관'이 지키는 세계 평화

전쟁 중에 이미 구상된 유엔

제2차세계대전에서 연합국 측의 전쟁 이념은 1941년 8월 미영 정상
의 공동선언(대서양헌장)과, 같은 해 12월 26개국으로 시작해 47개국이

참가한 연합국공동선언으로 분명히 알 수 있다.

그 연장선상에서 전후 세계 질서를 만들려 한 것이 '국제연합(The United Nations)'이다. 명칭은 소련이 'World Union'으로 하자고 했고, 영국도 '연합국(United Nations)'과는 다른 이름으로 하자고 했으나 결과적으로 미국이 내놓은 'United Nations'가 통과되었다.

국제연합은 전쟁 중에 미국 국무성에서 구상했으며, 이를 토대로 1944년 10월 워싱턴 교외의 덤버턴 오크스에서 미국·영국·소련·중국의 대표가 논의해 국제연합헌장 초안을 작성했다. 이어서 제2차세계대전이 끝나기 직전인 1945년 6월 샌프란시스코에서 연합국 측 50개국 대표가 참석한 국제연합헌장 채택 회의가 열렸고, 같은 해 10월 51개국이 가맹하며 국제연합이 정식으로 발족했다.

5인의 경찰관

국제연합헌장은 전시색이 대단히 짙다. 이 같은 경향은 평화 유지 시스템에도 강하게 나타나 있다. 미국 루스벨트 대통령의 '4인의 경찰관' 구상을 토대로 미국·영국·소련·중국의 4개 제안국과 프랑스가 안전보장이사회의 상임이사국으로 총회 이상의

1941
대서양헌장
국제연합의 기초 확립과 전후 평화 구상

1942
연합국공동선언
대서양헌장의 원칙 확인

1943
평화기구 설립 선언
국제연합 설립의 일반 원칙 결정

1944
덤버턴오크스회의
국제연합헌장 초안 작성과 거부권 문제

1945
샌프란시스코회의
국제연합헌장 채택 … 연합국 50개국

1945년 10월 24일
국제연합 발족

안전보장이사회에 대한
5대국의 거부권, 군사적 제재

국제연맹과 가장 큰 차이

▶ 국제연합 성립 과정

권한을 갖고 거부권을 지님으로써 국제연합의 의사 결정권을 장악했다.

안전보장이사회가 결정하면 회원국은 경제제재를 가하거나 국교를 단절해야 하는 것이 의무였다. 또한 연합국의 적국인 독일과 일본 등은 평화 구성의 틀 밖에 두었으며, 중립국도 평화 애호국임이 확인되어야 비로소 가입할 수 있다.

성격이 변하는 국제연합

그런데 연합국 공동의 적이 무너지자 협조 체제는 냉전, 즉 미국과 소련의 대립으로 간단하게 붕괴되었다. 양국이 거부권을 발동하면서 안전보장이사회의 평화 유지 기능이 극단적으로 저하된 것이다.

자유주의 진영의 북대서양조약기구(NATO)와 공산주의 진영의 바르샤바조약기구(WTO)를 축으로 미국과 소련 사이에 맺어진 여러 가지 안전보장 협정이 간신히 평화를 유지하고 있었으나, 이 시기에도 국제연합은 많은 신흥국가들을 회원으로 받아들여 세계 규모의 공식·비공식 토의와 협의를 하는 장이 되었다.

냉전이 끝난 현재 국제연합은 남북문제나 인권 문제, 환경 문제 등 다양한 문제로 활동의 장을 비약적으로 넓혀가고 있다.

달러의 지배 아래 놓인 세계경제

금본위제의 종말

세계공황 시대에 대량의 실업자를 안고 경제 위기에 직면한 세계 각국은 금본위제에 종지부를 찍고 환율 절하 경쟁을 벌여 무역 전쟁에서 우위에 서고자 했다. 또 한편으로 파운드, 달러, 프랑 등을 중심으로 하는 경제블록을 형성해 보호무역을 추진했다.

그 결과 세계무역은 급격하게 축소되었고, 세계경제 질서가 무너져 제2차세계대전이 일어나는 큰 요인이 되었다. 각국은 이를 반성해, 전후 국제금융 제도를 재검토했다.

세계를 제압한 달러

1944년 7월 뉴욕 교외의 뉴햄프셔주 브레턴우즈에서 환율 절하 경쟁을 하지 않고 국제 무역의 확대를 꾀하는 연합국 통화 금융 회의가 열렸다. 그리고 그 결과로 국제통화기금(IMF)과 국제부흥개발은행(IBRD, 세계은행)이 창설된다.

이 회의에서 미국이 금 1온스(31.104그램)당 35달러의 비율로 금과 달러의 교환을 보증하면서 달러는 유일한 국제통화로 기능하게 되었다. 각국은 대달러 환율을 설정하고(예를 들면 1달러=1,100원), 평가의 상하 1퍼센트 이내로 외환시세의 변동을 제한할 수 있게끔 시장에 개입하기로 했다.

달러는 실질적으로 유일한 국제통화로 국제통화 제도를 지탱했다. 전

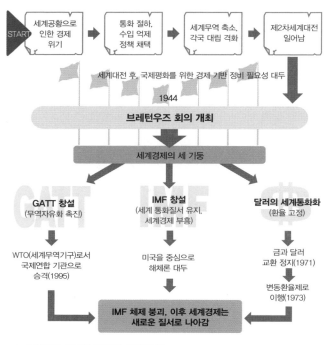

START
세계공황으로 인한 경제 위기 → 통화 절하, 수입 억제 정책 채택 → 세계무역 축소, 각국 대립 격화 → 제2차세계대전 일어남

세계대전 후, 국제평화를 위한 경제 기반 정비 필요성 대두

1944
브레턴우즈 회의 개최

세계경제의 세 기둥

GATT 창설
(무역자유화 촉진)

IMF 창설
(세계 통화질서 유지, 세계경제 부흥)

달러의 세계통화화
(환율 고정)

WTO(세계무역기구)로서 국제연합 기관으로 승격(1995)

미국을 중심으로 해체론 대두

금과 달러 교환 정지(1971)

변동환율제로 이행(1973)

IMF 체제 붕괴, 이후 세계경제는 새로운 질서로 나아감

▶ 제2차세계대전 이후의 세계경제

후의 국제경제 질서(브레턴우즈 체제, IMF 체제)는 세계 금의 80퍼센트를 보유하고 있던 미국의 월등한 경제력에 의존해 이루어진 것이다.

자유무역의 추진

미국은 1948년 자유무역을 확대하기 위한 국제무역기구(ITO)의 결성을 주장했지만 다른 국가들이 동의를 얻지 못했다. 이에 대한 잠정 조치로 스위스의 제네바에서 무역 확대로 국제경제 발전을 도모하는 협정인 관세무역일반협정(GATT)이 세계 주요 23개국에 의해 맺어졌다.

GATT는 가입국을 무차별한 최혜국이자 내국민으로 대우(수입품과 국산품을 차별 없이 취급)하는 것을 원칙으로, 포괄적이고 다각적인 무역 협상에 의해 수량 제한을 전면 철폐하고 관세율 인하 및 지구 시장을 실현하는 것이 목표였다.

GATT는 이후 발전적으로 해체되어 1995년 81개 지역과 국가가 가입한 세계무역기구(WTO)로 출범했고, 이는 국제연합의 한 기관이 되었다.

1945~1989년: 냉전의 전개
서서히 심해지는
자유주의와 사회주의의 대립

동유럽에서 힘을 키워가는 공산당

소련군은 종전이 가까워진 1944년, 독일군을 추격해 동유럽으로 진격했고, 동유럽 국가들에서는 소련군의 지지 아래 공산당 세력이 확대되었다. 소련은 구정권에 거액의 배상을 부과해 자국의 전후 부흥에 요긴하게 쓰려고 했다.

불가리아와 루마니아에 공산당 정권이 수립되었고, 유고슬라비아와 알바니아에서는 내전을 거쳐 사회주의혁명이 성공했다. 1946년에는 동독에서, 1947년에는 헝가리에서, 1948년에는 체코슬로바키아에서 연립정부가 무너지고 공산당 주도 체제가 굳어졌다.

소련의 세력 확대에 점점 위기의식을 느낀 미국은 1947년 3월의 트루먼독트린과 6월의 마셜플랜(유럽 부흥 계획) 같은 소련 봉쇄정책을 취했다. 이에 소련은 9월 동유럽의 블록화를 꾀하는 코민포름(공산당과 노동당의 정보기관)을 설립하며 맞섰다.

냉전의 시작

동서의 긴장이 고조되는 가운데, 1948년 6월 소련이 서독에서 서베를린에 이르는 모든 도로와 철도를 막으면서 서방 국가들이 서베를린에 1일 평균 8,000톤이나 되는 물자를 공수해야 하는 위기(베를린봉쇄)가 11개월간 계속되었다. 그러나 미국과 소련은 제3차세계대전으로 이어지는 군사 충돌은 피했다.

1949년 4월 서방은 북대서양조약기구(NATO)를 결성하고, 9월 사회주의권에 대한 수출 통제를 개시하는 등 더욱 강한 봉쇄정책을 추진했다. 한편 소련은 1949년 1월 코메콘(comecon, 동유럽경제상호원조회의)을 설립해 소련을 중심으로 사회주의 국가 간 국제분업 체제를 수립했다.

핵전쟁 발발 위기

1949년 9월 소련은 원자폭탄 실험에 성공했다. 같은 해 10월 중화인민공화국이 수립해 미국은 자국의 세력권에 있던 중국을 잃었다.

6·25전쟁(1950~1953) 그리고 미국과 소련의 수소폭탄 실험 성공으로 두 진영 사이에는 불신과 공포가 팽배했으며, 대규모 해군 확장과 세계의 군사 블록화가 진행되었다. 1955년 NATO에 대항하는 동유럽 제국의 바르샤바조약기구(WTO, 동유럽 8개국 우호 상호원조조약)가 설립되었다. 이렇게 지구 상 많은 국가가 미국과 소련 양국의 영향 아래 놓이게 되었다.

특히 1962년 소련의 쿠바 미사일 기지 설치와, 그 철수를 요구하는 미국의 해상봉쇄(쿠바위기)는 핵전쟁 발발로 인류가 멸망하는 시나리오가 하마터면 현실이 될 뻔한 사건이었다.

위기에 직면한 미국과 소련 정상은 커뮤니케이션을 강화할 필요성을 통감하고 백악관과 크렘린 사이의 직통 통신선인 '핫라인 협정'(1963. 6)을 체결했다. 미국·영국·소련은 부분적핵실험금지조약(1963)에 이어 핵확산방지조약(1968)을 체결해 미국과 소련이 중심이 되어 핵무기를 관리하고자 했다.

1950~1953년: 6·25전쟁

냉전 중에 한국을 침략한 북한

동아시아에서도 대립한 미국과 소련

한반도는 미국과 소련의 생각에 따라 복잡한 역사를 만들어가게 되었다. 일본이 항복한 이후 한반도는 북위 38도선을 잠정 경계선으로, 북쪽은 소련이, 남쪽은 미국이 통치했다. 처음 통치 기간은 5년이었는데 동서 냉전이 계속됨에 따라 분단을 고정화하려는 움직임이 일어났다.

이러한 미국과 소련의 냉전을 배경으로 1948년 8월 남에는 대한민국이, 같은 해 9월 북에는 조선민주주의인민공화국이 각각 수립되었다.

왜 북한은 한국을 침략했는가?

6·25전쟁은 1950년 6월 25일 북한이 38도선을 넘어 남쪽으로 내려오면서(무장 남진) 시작되었다. 그러나 아무리 생각해도 소련의 지원과 승인 없이 북한이 전쟁을 시작하는 것은 불가능한 일이었다.

소련 지도자 스탈린의 생각이 어떠했는지 명확하지는 않지만, 그해 6월 주한 미군이 완전히 철수했다는 것, 서유럽에서 베를린봉쇄가 실패로 끝나 실추한 소련의 위신을 회복할 필요가 있었다는 것, 중국에서 정권 수립 직전인 마오쩌둥에 대한 입장을 강화할 필요가 있었다는 것 등

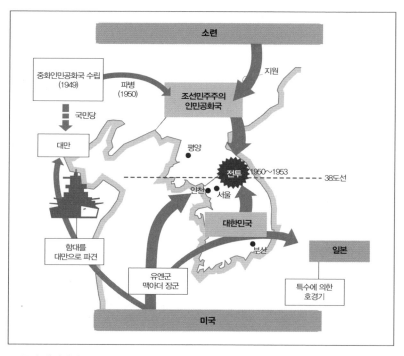

▶ 동서 대립이기도 했던 6·25전쟁

이 남침 배경으로 작용했을 가능성은 충분하다.

처음에는 북한군이 압도적으로 우세해, 8월에는 미군과 한국군이 부산까지 쫓겨 갔을 정도였다. 그러나 혁명 후 중국의 유엔 대표권을 둘러싸고 소련이 안전보장이사회를 거부하던 차에 안전보장이사회가 "무력 침공을 격퇴하고 또한 이 지역에서의 국제 평화와 안전을 회복한다"고 결의해 미군을 중심으로 한 유엔군의 한국 파병이 결정되었다.

유엔군은 사령부를 도쿄에 두고 9월에는 맥아더 장군이 이끄는 미군이 인천 상륙작전을 감행, 서울을 수복하고 38도선을 넘어 중국 국경까지 가려 했다. 그러나 11월, 막 혁명이 끝난 중국군이 북한 측에 가담하며 참전해 전쟁은 격렬해졌고, 곧 38도선 부근에서 교착상태에 빠지고 말았다. 그리하여 1953년 7월 양 세력은 겨우 휴전을 합의했다.

세계로 확대되는 냉전

미국의 트루먼 대통령은 6·25전쟁을 이용해 냉전의 세계화를 적극적으로 추진했다. 미국은 연간 군사비 예산을 130억 달러에서 350억 달러로 늘렸다.

6·25전쟁이 일어나자 일본은 샌프란시스코 강화회의에서 서방 여러 나라와만 강화조약을 맺고 독립을 회복했다. 그리고 동시에 미국과 미일안전보장조약을 맺어 서방에 가담했다.

영국의 밀약으로 야기된
팔레스타인 문제

영국에 속은 아랍

제1차세계대전이 한창일 때 영국은 적대국인 오스만제국을 내부에서 흔들기 위해 아랍의 민족운동을 이용했다. 영국은 육군 정보국 소속의 로렌스를 아랍 세계로 파견해 아랍 반란군 조직을 지원했다. 동시에 1915년, 아랍 지도자인 후세인과 영국 고등판무관인 맥밀런은 왕복 서한(후세인·맥밀런 협정)을 교환하고 전후 아랍 국가 건설을 약속했다.

그러나 영국은 전쟁 비용을 모으는 데 유대인 금융자본의 협력이 필요해지자 1917년 아랍인 거주지인 팔레스타인에 유대인 국가 건설을 지지했다(밸푸어선언). 이처럼 영국은 제1차세계대전 중 아랍과 유대 양쪽 편을 다 든 무책임한 이중외교를 전개한 것이다.

전후 팔레스타인은 영국의 위임통치령이 되었다. 그러나 영국의 이러한 이중외교는 이후 팔레스타인 문제를 불러일으켰다.

제2차세계대전 후 이스라엘 건국

제2차세계대전 후 유대인은 밸푸어선언에 의거, 팔레스타인으로 이주했다. 1920년에는 전 팔레스타인 인구의 10퍼센트, 7만 명이던 유대인이 1928년에는 인구의 40퍼센트가 넘는 40여만 명에 달했다. 1930년대에 나치스가 등장하자 유대인의 이주는 더욱 늘었다.

제2차세계대전이 끝난 뒤 1947년 영국은 위임통치를 반환했고 유엔

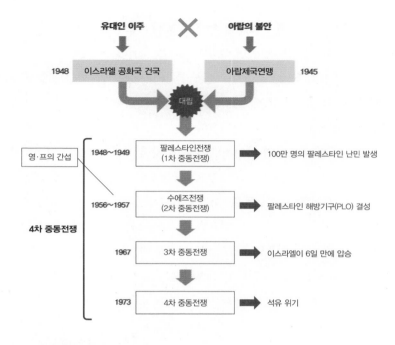

▶ 중동전쟁의 흐름

은 팔레스타인을 아랍 독립국과 유대 독립국으로 분할하기로 결정했다. 아랍인은 이에 분개해 내전을 일으켰고, 1948년 유대인은 이스라엘 독립을 선언했다.

4번의 중동전쟁

이스라엘이 독립을 선언하자 아랍연맹은 부당한 조치라며 수만 명의 군을 이스라엘로 보냈다(팔레스타인전쟁, 1차 중동전쟁). 그러나 이스라엘 측이 압도적인 승리를 거두면서 1949년 맺은 휴전협정에서 팔레스타인 전체 영토의 80퍼센트는 이스라엘이 지배하게 되었고, 나머지 20퍼센트는 요르단왕국에 합병되었다. 이 과정에서 이스라엘이 팔레스타인인을 추방해 100만 명의 난민이 생겼다.

1956년 이집트의 나세르 대통령은 수에즈운하의 국유화를 선언했다. 이에 영국, 프랑스, 이스라엘은 이집트를 침공(수에즈전쟁, 2차 중동전쟁)했으나 유엔 결의에 의해 격퇴당했다.

1967년에는 이집트의 아카바만 봉쇄에 맞서 이스라엘이 전격적으로 전쟁을 일으켜(6일전쟁, 3차 중동전쟁) 골란고원, 시나이반도, 요르단강 서안 등을 점령했다. 이집트와 시리아는 실지를 회복하고자 1973년 다시 이스라엘을 상대로 전쟁을 일으켰다(4차 중동전쟁).

이때 아랍은 석유 금수(禁輸) 조치를 취해, 이스라엘 편을 드는 국가에는 석유를 공급하지 않겠다고 선언했다.

첨단기술 혁명을 바탕으로
급속하게 글로벌화하는 인류 사회

세계사의 새로운 조류

20세기 후반에 일어난 최대 변화는 유럽 각국이 아시아와 아프리카 등의 광대한 지역에 사는 사람들을 지배해 온 19세기 세계 질서가 마침내 붕괴한 것이다. 이로 인해 세계사는 새로운 과도기로 들어섰다.

제2차세계대전 후 식민지 해방의 파도가 아시아에서 아프리카로 퍼져나갔고, 1950~1960년대에 걸쳐 대부분의 식민지가 정치적으로 해방되었다. 그러나 아시아와 아프리카 각국이 오랜 세월에 걸쳐 왜곡된 경제구조를 바로잡고 경제적으로 자립하기란 어려운 일이었으며, 구미 각국과의 빈부 격차는 독립 후에도 계속 커졌다.

이러한 문제는 '남북문제'라 불렸으며, 국제사회를 위협하는 요인이므로 해결되어야 한다는 주장이 일어났다. 구미 각국이 경제원조로 경제 격차를 줄이려는 노력을 보였으나 그다지 효과는 보지 못했다.

새로이 일어나는 민족 분쟁의 시대

또한 20세기 후반은 민족 분쟁의 시대라고도 한다. 말만으로도 알 수 있듯이 독립을 이룬 이후 유럽의 국민국가 시스템을 기계적으로 도입한 아시아와 아프리카 여러 지역에서 분쟁이 자주 일어나고 있다.

부족이나 민족, 종교 차이 등이 짙게 남아 있는 국가에서 다수파가 국가기관을 장악하면 소수파에게는 국가 시스템이 자신들을 억압하는 장치가 된다. 따라서 다양한 형태의 분쟁이 계속 일어날 수밖에 없었다.

급격하게 진전되는 글로벌 혁명

컴퓨터의 보급과 정보혁명이라고 불리는 통신 기술의 혁신적인 변화는 위성TV나 국제전화, 인터넷 등 다양한 네트워크에 의해 사회구조를 글로벌화했다.

1970년대 초기의 달러쇼크와 석유 위기는 세계를 대불황과 인플레이션의 복합 상태(스태그플레이션)에 빠뜨렸다. 세계적으로 경쟁이 격화되면서 글로벌 규모의 자본 수출과 기업 제휴 및 합병이 탄생했고, 개발도상국으로의 기술이전을 촉진해 경제 역시 세계화되었다.

경제의 세계화 움직임은 소련이 무너지고 냉전이 종식되면서 가속도가 붙어, 격렬한 경쟁과 혼란 속에서 시시각각 바뀌고 있다. 재화, 돈, 사람이 세계 전체를 무대로 돌아다니고 있으며, 세계은행과 세계기업이 속속 생겨나고 있다.

앞으로의 인류 세계를 고찰하는 키워드는 '세계화'와 '글로벌화'이다.

자연과 지구의 관계를 재검토하는 시대

19세기 세계에서 지구는 무한한 자원을 인류에 제공하는 자애로운 어머니이며 영원히 계속되는 개발이 인류의 진보를 보장해 주리라는 믿음이 있었다.

그러나 자연이란 유한하며 무한한 개발은 있을 수 없다. 산업혁명 이후 200년에 걸친 과도한 개발과 인구 폭발은 인류가 존속하기 위한 토대인 자연을 대대적으로 파괴했다. 오로지 개발만을 위해 달려온 인류사의 궤도를 수정하는 것이 지금 그 무엇보다 중요한 시대적 과제가 되었다.

하룻밤에 읽는 세계사

1판 1쇄 발행 2003년 3월 27일
2판 1쇄 발행 2012년 10월 26일
3판 1쇄 발행 2017년 11월 23일
3판 9쇄 발행 2024년 3월 1일

지은이 미야자키 마사카츠
옮긴이 이영주

발행인 양원석
디자인 남미현, 김미선
영업마케팅 양정길, 윤송, 김지현
펴낸 곳 ㈜알에이치코리아
주소 서울시 금천구 가산디지털2로 53, 20층(가산동, 한라시그마밸리)
편집문의 02-6443-8826   **도서문의** 02-6443-8800
홈페이지 http://rhk.co.kr
등록 2004년 1월 15일 제2-3726호

ISBN 978-89-255-6243-8 (04900)